Verkauf beginnt, wenn der Kunde nein sagt!

Richard S. Seelye
O. William Moody

Die Deutsche Bibliothek – CIP-Einheitsaufnahme

Seelye, Richard S.:
Verkauf beginnt, wenn der Kunde „Nein" sagt / Richard S. Seelye/O.
William Moody. – Landsberg/Lech : mvg-verl., 1997
  (Business-Training ; 1202)
  ISBN 3-478-81202-X

© Alle deutschsprachigen Rechte bei verlag moderne industrie AG,
  86895 Landsberg a. L.

© mvg-verlag im verlag moderne industrie AG, Landsberg a. L.
  Internet: http//www.mvg-verlag.de

Alle Rechte, insbesondere das Recht der Vervielfältigung und Verbreitung
sowie der Übersetzung, vorbehalten. Kein Teil des Werkes darf in irgendeiner
Form (durch Fotokopie, Mikrofilm oder ein anderes Verfahren) ohne
schriftliche Genehmigung des Verlages reproduziert oder unter Verwendung
elektronischer Systeme gespeichert, verarbeitet, vervielfältigt oder
verbreitet werden.

Umschlaggestaltung: Gruber & König, Augsburg
Satz: abc satz bild grafik, 86801 Buchloe
Druck- und Bindearbeiten: Presse-Druck Augsburg
Printed in Germany 081 202/897402
ISBN 3-478-81202-X

Inhaltsverzeichnis

Vorwort 13

Kapitel 1: Mentale Widerstandsfähigkeit – Wie Sie Unwägbarkeiten im Alltag handhaben, um Ihr Leistungspotential voll auszuschöpfen

Herausforderung: Wenn persönliche Probleme und Ängste bewirken, daß Sie Ihr Ziel aus den Augen verlieren 15

- Fallbeispiel: Bruce 16
- Problemquellen 20
- Lösung für das Fallbeispiel 28

Kapitel 2: Kundenentwicklung – Schaffen und nutzen Sie Verkaufschancen

Herausforderung: Wie Sie unerwartete Entwicklungen bewältigen 31

- Fallbeispiel: Robert 32
- Die beiden Phasen des Verkaufszyklus: Der sichtbare und der unsichtbare Teil 35
- Wie Sie Ihre Zielpersonen identifizieren 37
- Gezielte Abfangmanöver 40
- Umsetzung des Kundenentwicklungs-Konzepts 42
- Lösung für das Fallbeispiel 43

Kapitel 3: Organisationsstrukturen und Geschäftsprozesse – Wie Unternehmen funktionieren und wie Verkaufschancen entstehen

Herausforderung: Wie Sie einen Fuß in die richtige Tür bekommen 45

- Fallbeispiel: Yvonne 46
- Profile Ihrer Kundenunternehmen 49
- Wie Sie Ihr Wissen für sich arbeiten lassen 55
- Die Angehörigen der Kundenorganisation 57
- Lösung für das Fallbeispiel 63

Kapitel 4: Verständnis verschiedener Persönlichkeitstypen – Ein erfrischender Blick auf einen persönlichkeitsspezifischen Verkaufsansatz

Herausforderung: Der potentielle Kunde hört nicht zu oder geht in die Defensive 65

- Fallbeispiel: Harry 66
- Der dominante Typ 68
- Der distanzierte Typ 72
- Der beziehungsorientierte Typ 77
- Analysieren Sie Ihre eigene Persönlichkeit 82
- Wissen bringt „Pluspunkte" 85
- Lösung für das Fallbeispiel 87

Kapitel 5: Wirkungsvolle Kommunikation – Funktionierende Techniken, die in den meisten Verkaufssituationen anwendbar sind

Herausforderung: Der Umgang mit negativen Wahrnehmungen 89

- Fallbeispiel: Scott 90
- Die richtige Berührung 92
- Bindeglieder 94
- Zuhören ist eine Kunst 100
- Bildhafte Informationen 103
- Bewahren Sie sich eine positive Einstellung 107
- Lösung für das Fallbeispiel 109

Kapitel 6: Der Weg in die Schaltzentralen der Macht – Warum und wie Sie Ihren Einfluß bei allen wichtigen Kunden in die Waagschale werfen

Herausforderung: Wenn die Konkurrenz fest im Sattel sitzt und Widerstand gegen Veränderungen herrscht 113

- Fallbeispiel: Kevin 114
- Warum Sie an die Spitze der Pyramide vordringen sollten 116
- Wann Sie den Unternehmensgipfel stürmen sollten 117
- Ein Erfolgskonzept 124
- Der Verkaufsbesuch auf oberer Managementebene 134
- Lösung für das Fallbeispiel 139

Kapitel 7: Der Verkaufsprozeß – Ein weiterer Sesam-öffne-Dich, der nie versagt

Herausforderung: Unproduktive Kundenbesuche 143

- Fallbeispiel: Mike 144
- Verkaufskontrollsystem 145
- Planung 148
- Die Eröffnungsphase 150
- Bedarfsanalyse 153
- Präsentation 159
- Abschluß 163
- Einwände ausräumen 164
- Follow-up 168
- Lösung für das Fallbeispiel 171

Kapitel 8: Kundenbesuch nach Maß – Besuch bei der Zielperson Ihrer Wahl

Herausforderung: Wankelmütige Einkäufer und undankbare Anwender 175

- Fallbeispiel: Keith 176
- Ihr Besuchsziel 178
- Besuche an der Spitze 179
- Besuche an der Basis 188
- Lösung für das Fallbeispiel 191

Kapitel 9: Eine Präsentation, die den Erfolg garantiert – Wann, wo und wie Sie bei einmaligen Verkaufschancen auf das Siegertreppchen gelangen

Herausforderung: Jeder ist überzeugt, aber niemand kauft 195

- Fallbeispiel: Sie, lieber Leser 197
- Präsentationen vor Gruppen 198
- Logistik vor der Präsentation 201
- Die Stunde der Präsentation ist gekommen 205
- Verkaufstechniken bei Präsentationen 209
- Die Verbindung zum Publikum 216
- Lösung für das Fallbeispiel 228

**Kapitel 10: Verhandlung, Annäherung, Kompromiß –
Für den Kunden von Nutzen, für Sie kein Verlust**

Herausforderung: Wie Sie Hürden im Verkauf umgehen 231

- Fallbeispiel: Matt 232
- Verhandlung 235
- Annäherung 237
- Kompromiß 238
- Spielregeln 239
- Vorprogrammierte Käufer 242
- Der Blick über den Zaun – Unternehmen und Käufer 245
- Lösung für das Fallbeispiel 249

**Kapitel 11: Investitionsprogramm für die Kundenbetreuung –
Investieren Sie in Verkaufschancen und reduzieren Sie Ihr
Engagement bei unergiebiger Rendite**

Herausforderung: Sie können nicht überall gleichzeitig sein 251

- Fallbeispiel: Karen 252
- Das Investitionsumfeld 252
- Ein Investitionsprogramm nach Maß für die Kundenbetreuung 254
- Kundenklassifikation 256
- Investitionsmethoden für die Kundenbetreuung 258
- Vorteile eines Investitionsprogramms für die Kundenbetreuung 260
- Selektive Streuung Ihrer Investitionen 261
- Lösung für das Fallbeispiel 261

**Kapitel 12: Veränderungen im Kundenunternehmen aktiv
herbeiführen – Nehmen Sie, was Sie haben, und machen Sie
das Allerbeste daraus**

Herausforderung: Wie Sie alte Kunden an neue Methoden
gewöhnen 263

- Fallbeispiel: Greg 265
- Die umfassende Ausgangsbasis: Verbessern Sie die Qualität
  Ihrer Kundenbesuche 266
- Eine andere Ausgangsbasis: Besuche auf höherer
  Managementebene 268

- Eine Ausgangsbasis, die sich auf Aktivitäten stützt 271
- Lösung für das Fallbeispiel 272

Anhang A: Persönlichkeitsprofile und Verkaufsstrategien 275

Anhang B: Der Verkaufsprozeß 281

Anhang C: Präsentationen 286

Stichwortverzeichnis 289

Widmung

Für unsere Kunden, für unsere Freunde, die verkaufen, für unsere Konkurrenten, die das Nachsehen hatten, für unsere Familien, die unnachgiebig waren, für unser Ego und unseren Ehrgeiz; sie alle haben uns bei diesem Projekt geholfen.

Unser Dank gilt auch dem Werk von Alan S. Schoonmaker. Es ergänzte unsere eigenen Erkenntnisse über Verkaufsprozesse und Persönlichkeitsmerkmale. Unsere besondere Anerkennung gilt den redaktionellen Fähigkeiten von Carol Y. Ost. Sie war unsere Geheimwaffe.

Vorwort

Im Verkauf gibt es immer einige Mitarbeiter, die erfolgreicher sind als andere. Das hat Gründe, die oft die gleichen sind unabhängig davon, in welchem Verkaufsbereich oder welcher Branche diese Spitzenkräfte arbeiten. Jedes Gebiet (z.B. Einzelhandel, Großhandel, Verkauf an gewerbliche Adressen usw.) hat seine eigenen charakteristischen Funktionen, die perfekt beherrscht und ständig angewandt werden müssen, damit Spitzenleistungen möglich sind.

In diesem Buch lernen Verkaufs- und Außendienstmitarbeiter generell, ihre Fähigkeiten noch weiter zu verbessern. Es zielt jedoch in erster Linie ab auf den Business-to-Business-Bereich – also den Verkauf an gewerbliche Kunden. Es wurde für alle sturmerprobten „alten Hasen" geschrieben, die ihr Know-how wieder auffrischen wollen, und für die Neulinge, die ihren Enthusiasmus mit erfolgreichen Verkaufsstrategien, -techniken und -fähigkeiten abrunden möchten.

Im Verkauf auf gewerblicher Ebene erhält der Verkäufer eine Art Landkarte, die ihm als Orientierungshilfe dient, um seine breitgefächerte Aufgabenpalette zu bewältigen. Produkt oder Dienstleistung sind klar definiert, die Verantwortlichkeiten in seinem Verkaufsgebiet, die Leistungsvorgaben, Anreizmechanismen und ähnliche Instrumente vom Unternehmen eindeutig festgelegt. Der Verkäufer kennt die grobe Marschroute, die er nehmen soll, entdeckt aber bald, daß sie zahlreiche Unwägbarkeiten verbirgt, vor allem an den Stellen, wo Barrieren an der Tagesordnung zu sein scheinen. Diese Barrieren sind schwierige und zugleich herausfordernde Verkaufssituationen, die sein Tempo drosseln oder seine Verkaufsbemühungen sogar vollends vereiteln!

Wir reden hier nicht über Kundeneinwände – das sind in unseren Augen ganz normale Hürden, die von den meisten guten Verkäufern bald beiseite geräumt werden. In diesem Buch geht es vielmehr um scheinbar unüberwindliche Hindernisse, die nicht vorhersehbar sind und Sie vor Probleme stellen, die Ihnen kaum vertraut sind. In diesen herausfordernden Verkaufssituationen greift nur eine einzige Strategie: Sie müssen den Problemen zuvorkommen oder sie entschärfen, bevor sie eskalieren.

Diese Strategie läßt sich unter dem Begriff *Aktive Kundenentwicklung* zusammenfassen. Sie ist Thema unseres Buches. *Aktive Kundenentwicklung* beinhaltet einen Leitfaden, mit dessen Hilfe Sie klare Verkaufsziele in Ihre Verkaufschancen integrieren. Es handelt sich dabei um einen dynamischen, interaktiven Prozeß, bei dem wahrscheinliche Ereignisse vorab bedacht und Strategien erarbeitet werden, mit denen sich potentielle Hindernisse überwinden lassen. Der Kundenentwicklungsprozeß wird zur Landkarte für die Aktivitäten und Fähigkeiten, die unabdingbar für die erfolgreiche Umsetzung der Verkaufsstrategien sind.

Mit diesem Buch bekommen Sie ein praxisorientiertes Verkaufsinstrument an die Hand, das Ihnen helfen soll, die tagtäglichen Herausforderungen in realen Verkaufssituationen erfolgreich zu meistern. Es wird Sie zu persönlichen Spitzenleistungen motivieren: weil es Ihnen neue Erkenntnisse über den Verkaufsprozeß vermittelt, weil es dazu beiträgt, Ihre vorhandenen Verkaufsfähigkeiten aufzufrischen und zu verfeinern, und weil es Ihnen zeigt, wie Sie den Verlauf der Ereignisse zu *Ihren Gunsten* beeinflussen.

Die hier geschilderten Perspektiven und Techniken stützen sich auf eine jahrelange Tätigkeit im Verkauf und auf umfassende persönliche Erfahrungen. Die Schlußfolgerungen und Problemlösungen sind weder rein akademisch noch hypothetisch. Sie zeugen von Scharfblick und gesundem Menschenverstand, der erforderlich ist, um sich in der harten Welt des Verkaufs zu behaupten. Es warten ungeahnte Belohnungen auf Sie, wenn Sie das Potential, das in Ihnen steckt, voll entwickeln!

Also nehmen Sie dieses Buch heute in die Hand ... und beginnen Sie morgen, die Strategien umzusetzen. Und das nächste Mal, wenn Ihr Kunde sagt: „Nein, da bin ich anderer Meinung, weil ..." wissen Sie, was zu tun ist – und wie Sie an das Problem herangehen!

Kapitel 1

Mentale Widerstandsfähigkeit

– Wie Sie Unwägbarkeiten im Alltag handhaben, um Ihr Leistungspotential voll auszuschöpfen –

Herausforderung:

Wenn persönliche Probleme und Ängste bewirken, daß Sie Ihr Ziel aus den Augen verlieren

Wenn Sie Ihre Gedanken nicht auf das Hier und Jetzt lenken können, sind Sie außerstande, sich überhaupt zu konzentrieren – egal wo und wann. Jede Verkaufssituation wird zur Tortur, weil Ihre Aufmerksamkeit nachläßt und Ihre Konzentrationsspanne kurz ist. Ungelöste persönliche Konfliktsituationen pflegen sich anzuhäufen und zehren zunehmend an Ihren Kräften. Sie verlieren Ihr Ziel aus den Augen, sind jedoch nicht in der Lage, die Weichen neu zu stellen.

Fallbeispiel: Bruce

Die Uhr am Armaturenbrett zeigte 19.20 Uhr, als Bruce plötzlich merkte, daß er fast eine halbe Stunde lang einfach nur im Auto gesessen hatte. Er konnte sich nicht mehr erinnern, wo er in den letzten dreißig Minuten mit seinen Gedanken gewesen war. Eine Träne rann ihm langsam die Wange hinunter, und er wischte sie weg, begleitet von leisen Unmutsäußerungen. Kathy hatte inzwischen Tochter Sarah abgeholt und war um 18 Uhr zu Hause gewesen. Sie fragte sich inzwischen sicher, wo er wohl stecken mochte. Bruce kramte nach dem Schlüssel; er wußte, daß er nicht vor 20 Uhr daheim sein konnte. Seine Frau würde sich über sein Zuspätkommen nicht gerade freuen, aber sie schien schon seit Monaten unzufrieden zu sein. Kathys Mutter hatte angeboten, Sarah eine zeitlang zu nehmen – wie oft schon? Aber das wollte Bruce nicht. Seit Kathys Eltern damals die Hochzeitsreise bezahlt hatten, glaubten sie, ein Recht darauf zu haben, sich in alles einzumischen.

Bruce verließ den Firmenparkplatz und wußte, daß die Heimfahrt eine gute Gelegenheit war, die Verkaufsaktivitäten des heutigen Tages Revue passieren zu lassen. Er spulte mental mehrere Kundenbesuche ab, konzentrierte sich aber nicht auf ein spezielles Ereignis. Es war nichts Wichtiges passiert, und morgen würde es vermutlich nicht anders sein.

Kathy mißfiel es, Sarah tagsüber in den Kindergarten bringen zu müssen, und nun wartete sie jede Woche mit neuen Gründen auf, warum sie ihren Beruf haßte. Jeden Abend das gleiche Theater – entweder Probleme mit dem Hort oder am Arbeitsplatz. Nun, sie würde die Zähne zusammenbeißen müssen, denn sie brauchten das zweite Gehalt; es reichte nicht einmal, um etwas auf die hohe Kante zu legen, sondern ermöglichte es ihnen nur, mit Ach und Krach und ohne Schulden über die Runden zu kommen.

Bruce erreichte die Auffahrt auf die Fernstraße, beschleunigte, fädelte sich in den fließenden Verkehr ein und wechselte auf die Überholspur; er vergaß, das Radio einzuschalten. Warum hatte er heute bloß diese Betty Thompson angebrüllt? Mein Gott, schließlich versuchte sie nur, ihr Bestes zu geben. Er wünschte, er wäre auf die Idee gekommen, sich bei ihr zu entschuldigen. Doch davon abgesehen hätte sie wirklich besser aufpassen und Zuständigkeiten zu verknüpfen. Irgend jemand (Sie oder eine andere Person) sollte Abhilfe schaffen. Wenn dieser Problemlösungsprozeß Erfolg hat, wird die Krise in eine Situation umgewandelt, die der Veränderung unterliegt. Deshalb sollte sie Ihre Aufmerksamkeit erst dann wieder erfordern, wenn der Veränderungsprozeß abgeschlossen ist. Daraus folgt, daß die Ihre Aufmerksamkeit ablenkende Situation fürs erste mental „gespeichert" wird und ein erneuter Zugriff auf die Informationen nur dann erfolgt, wenn (und falls) neue Maßnahmen unumgänglich sind. Ängste werden wesentlich seltener mit Situationen assoziiert, von denen bekannt ist, daß sie in einer konstruktiven Veränderung begriffen sind. Der geschilderte Prozeß versetzt Sie in die Lage, sich aus dem Bann der destruktiven Aspekte anhaltender Probleme zu befreien und sich unverzüglich fruchtbareren Aktivitäten zuzuwenden. Damit entfalten Sie Eigenschaften, die auf eine unverwüstliche Natur hindeuten, und auf dieses Ziel sollten Sie hinarbeiten.

Wie Ihnen das gelingt, ist das wichtigste Thema unserer Diskussion über mentale Widerstandsfähigkeit. Auf den nachfolgenden Seiten erfahren Sie etwas über Techniken der „Schadensbegrenzung". Mit ihrer Hilfe lernen Sie, sich aus dem Bannkreis weit verbreiteter persönlicher Probleme zu befreien. Mentale Stärke und innere Zufriedenheit, die aus der Bewältigung persönlicher Krisensituationen resultieren, helfen Ihnen, eine unverwüstliche Haltung gegenüber Problemen zu entwickeln und zu üben. Nach Abschluß des Lernprozesses wird dies zu einer inneren Kraftquelle, und durch ständige Übung zu einer positiven Gewohnheit. Obwohl Sie anfangs auch weiterhin den Stachel ablenkender Probleme spüren werden, die Ihnen die Außenwelt aufoktroyiert, haben Sie dennoch wesentlich bessere Chancen, nach solchen Tiefschlägen auf den Füßen zu bleiben. Ihre Gewohnheit, sich unverwüstlich zu zeigen, ist eine Waffe, die ihre Wirkung nie verfehlt!

Eine unverwüstliche Haltung ist keine „Kopfgeburt" oder ein Spiel, das sich auf die geistig-intellektuelle Ebene beschränkt. Sobald Sie eine Problemsituation im Griff haben, liefert Ihnen der bewußt durchlaufene Prozeß eine ganz bestimmte Erfahrung oder ein Modell, das sich immer wieder verwenden läßt, um ähnliche Probleme zu lösen. Sie müssen das Rad nicht ein zweites Mal erfinden, weil diese Verhaltensmuster real und bombensicher in Ihrer unverwüstlichen Haltung verankert sind. Sie verfügen jetzt über das gesicherte Wissen, daß neue Problemsituationen durch den gleichen Prozeß lösbar sind. Daher werden anhaltende Krisensituationen, die Sie von Ihren Aufgaben im Verkauf ablenken, von gezügelten Gefühlen, angewandter Logik und einer unverwüstlichen Haltung besiegt. Diese innere Sicherheit ist Ihre allgemeine Landkarte, die Sie zu Konzentration und der Einstellung „Das kann ich, das werde ich schaffen!" führt. Das stützende Fundament, auf dem dieser mentale Zustand ruht, setzt sich aus *Realitätsbewußtsein*, *Entschlossenheit*, *Integrität* und *Selbstbestimmtheit* zusammen. Das Ergebnis ist eine positive, unverwüstliche Haltung gegenüber allen Problemen und Krisen des Lebens.

Problemquellen

Viele Menschen dringen in Ihre Privatsphäre ein und bringen knifflige Situationen und Probleme mit sich. Zum Glück brauchen Sie sich von den meisten nicht ablenken zu lassen, weil man nicht von Ihnen erwartet oder weil es keinen Grund gibt, sich für die Lösung verantwortlich zu fühlen. In solchen Fällen handelt es sich lediglich um Informationen, die man Ihnen übermittelt. Sie sprechen vielleicht mit den Betreffenden über die Situation oder bieten sogar Ihren Rat an, wobei Sie das Gespräch vielleicht mit einem Satz wie „Ich hoffe von ganzem Herzen, daß alles gut ausgeht" beenden.

Das familiäre Umfeld enthält reichlich Zündstoff für Ablenkungen, die ins Gewicht fallen. Hier sind Mitverantwortung und Erwartungen der Partner ein Merkmal, das die meisten Problemsituationen kennzeichnet. Es ist leicht verständlich, warum sie schnell zu einer folgenschweren Ablenkung werden können. Wir können Ihnen kein Rezept verraten, um familiär bedingten Krisen grundsätzlich vorzubeugen, aber Sie sollen einige Strategien aufgezeigt bekommen, um solche Problemsituationen zu bewältigen.

Familiäre Probleme

Familiäre Beziehungen sind oft ein Quell sowohl der größten Freuden als auch der schlimmsten Enttäuschungen. In guten Zeiten haben Sie vielleicht das Gefühl, auf Wolken zu schweben; Ihr Stimmungshoch hilft Ihnen auch, an der Spitze Ihres beruflichen Spielfelds mitzumischen. Solche

Bindungen werden durch „Klebstoffe" wie Liebe, Fürsorge und Blutsverwandschaft zusammengehalten. Krisensituationen, die im Rahmen so essentieller Beziehungen entstehen, reichen häufig weit über eine Ablenkung hinaus: Sie haben nachhaltige Auswirkungen und können unverzüglich Ängste verursachen! Ihr Ziel sollte darin bestehen, solche Konfliktsituationen schnellstmöglich zu entschärfen, so daß Sie bis zu einem gewissen Grad Ihren „Seelenfrieden" wiederfinden und im beruflichen Bereich ohne ständige Ablenkung zur Tagesordnung zurückkehren können.

In dieser Hinsicht gibt es eine erfolgversprechende Problemlösungsmethode. Sie hat nur drei Dimensionen, übersteigt jedoch die Fähigkeiten mancher Menschen, und die meisten schöpfen auf diesem Gebiet nicht ihr volles Potential aus. Erforderlich sind dazu: Verständnis der zwischenmenschlichen Bindungen, Verständnis und Akzeptanz der Realität sowie Selbstakzeptanz und Toleranz gegenüber anderen.

Vielleicht besteht Ihr Problem in einer drohenden Scheidung. Dann müssen Sie sich unter Umständen mit Ihren verwirrten Kindern, drängenden Gläubigern, einer rachsüchtigen Ehefrau, der Teilung Ihrer gemeinsamen Vermögenswerte, Zermürbungstaktiken, den Scharmützeln der Rechtsanwälte und allen anderen negativen Auswirkungen einer Beziehungskrise auseinandersetzen. Jeder Faktor kann schon für sich allein eine nachhaltige Ablenkung darstellen. Der Trick besteht gleichwohl darin, daß Sie sich weniger auf die einzelnen Probleme fixieren, als vielmehr versuchen, auf Ihre Art damit umzugehen. Ein Übel, mit dem man sich beschäftigt, ist nicht so schlimm wie eines, das man zwar kennt, aber gegen das man nichts tut.

Hier ein einfaches Beispiel: Viele Menschen führen und aktualisieren ständig eine Liste mit den „Aufgaben, die erledigt werden müssen". Wenn wir einen Aspekt eines abstrakten Problems auf eine solche Liste übertragen, erscheint es in der Regel weniger frustrierend, auf Abhilfe zu sinnen. Sobald es dort schwarz auf weiß geschrieben steht, deutet alles darauf hin, daß man an der Situation arbeitet und sie folglich bald im Griff haben wird. Gleichermaßen ist es besser, an der Veränderung bestimmter Merkmale eines Problems zu arbeiten, als zuzulassen, daß sie sich verdichten. Veränderung bedeutet, zur Tat schreiten. Durch entsprechende Aktivitäten und neue Geschehnisse wird die ursprüngliche Ablenkung in den

Hintergrund gedrängt, und die Gefahr, daß sich geheime Ängste entwickeln, abgewehrt.

Ihre Fähigkeit, eine familiäre Krisensituation zu meistern, wird nachhaltig gefördert, wenn Sie

- sich bewußt machen, daß Sie nicht perfekt sein müssen,
- die neuen Gegebenheiten klar und realistisch betrachten,
- sie als Problem identifizieren,
- dieses Problem schnellstmöglich in Angriff nehmen,
- einen Aktionsplan entwickeln,
- diesen Plan objektiv unter die Lupe nehmen,
- das Problem lösen, aus der Welt schaffen und mental ad acta legen und
- sich auf andere Dinge konzentrieren.

Denken Sie auch daran, daß familiäre Beziehungen letztlich besser laufen, wenn Sie andere Aspekte Ihres Umfelds unter die Lupe genommen haben, die persönlichen, ablenkenden Problemen Vorschub leisten. Hier einige Beispiele.

Selbstakzeptanz

Niemand ist perfekt, auch Sie nicht. Bei jedem Menschen bleibt noch genug Raum für Verbesserung und Feinschliff. Die gute Neuigkeit ist, daß Sie mit Sicherheit keine „Niete" sind. Man kann Sie ertragen, und einige sehen zumindest den einen oder anderen Wesenszug in Ihnen, den sie bewundern und schätzen. Irgendwo steht geschrieben: „Sei einfach Du selbst". Von der Richtigkeit dieses Erfolgsrezepts sind auch wir überzeugt. Wir möchten, daß auch Sie sich vorbehaltlos zu dieser Einstellung bekennen – andernfalls landen Sie nämlich in einer Sackgasse.

Stehen Sie zu Ihren Werthaltungen und Überzeugungen

Es ist der Mühe wert, daß Sie sich Zeit nehmen und bewußt darüber nachdenken, wer Sie wirklich sind – und dann zu unerschütterlichen Schlußfolgerungen hinsichtlich Ihrer Identität gelangen. Das Ziel besteht darin, keine Kompromisse hinsichtlich dessen einzugehen, was Sie sind und was Sie nicht sind. Ein Beispiel: Angenommen, Sie halten sich für einen absolut aufrichtigen Menschen. Sie haben die Absicht, immer ehrlich zu sein und sich diese Eigenschaft als grundlegende Werthaltung zu eigen zu machen. Wenn Sie in diesem Punkt Kompromisse eingehen, untergraben Sie Ihre mentale Widerstandsfähigkeit.

Folgende Beispiele für andere Wertnormen oder Überzeugungen helfen Ihnen, den Bezug zu unserem Thema zu verstehen. Die Begriffe „Werthaltung/Überzeugung" und „Dinge, die mir wichtig sind" lassen sich austauschen.

- *Großzügigkeit:* Ich trage gerne mein Scherflein dazu bei, daß andere sich gut fühlen.
- *Eigenständigkeit:* Ich bin ein reifer Mensch. Ich muß mich mit niemandem beraten, um meine Schlußfolgerungen zu ziehen. Ich werde keine ungebührliche Einflußnahme und noch weniger Fremdbestimmung dulden.
- *Toleranz:* Ich bin bereit, die Verhaltens- und Denkweisen anderer zu akzeptieren. Dasselbe wünsche ich mir für mich selbst, und gegebenenfalls kann ich darauf bestehen.
- *Überzeugungen:* Erfahrung, Logik und Vernunft haben mich auf bestimmte Denkmuster und folglich auch auf bestimmte Verhaltensmuster konditioniert. Diese Überzeugungen bewirken, daß ich mich wohl in meiner Haut fühle. Sie sind mir mentale Freunde geworden. Im Lauf der Zeit wurden einige abgewandelt, andere völlig neu entwickelt und manche als „überholt" ausgemustert. Ich vertraue meinen Überzeugungen, und ich werde mich nach besten Kräften bemühen, die Überzeugungen anderer zu respektieren.

Wertnormen wie die gerade beschriebenen bestimmen zu einem großen Teil, wer wir sind und in welcher Hinsicht wir uns voneinander unterscheiden. Wir empfehlen Ihnen, alle Ihre Werthaltungen/Überzeugungen in Ihren Alltag zu integrieren. Sie erhöhen Ihre mentale Widerstandsfähigkeit und stellen eine anhaltende Kraftquelle und Orientierungshilfe dar.

Stolz als Quelle der inneren Stärke

Es gibt noch ein weiteres stabilisierendes Element, das in die Struktur Ihrer Persönlichkeit eingewoben ist. Das Wort „stabilisierend" wurde hier mit Bedacht gewählt, weil dieses Element Ähnlichkeit mit einem Schiffskreisel hat; es kann Ihre Aktivitäten – und die Geschehnisse, von denen Sie sich beeinflussen lassen – zusätzlich austarieren. Wir reden über Ihren Stolz.

Es gibt mindestens zwei Arten von Stolz, und selten verfügt ein Mensch über beide zugleich. Wir glauben, daß nur eine der beiden ein Aktivposten ist und zur mentalen Widerstandsfähigkeit beizutragen vermag. Das ist der Stolz, der unauflöslich mit Ihrem Selbstwertgefühl und Ihrer Selbstachtung verknüpft ist. In dieser Hinsicht ist er ein unverzichtbarer Teil des Steuersystems, mit dem Sie sich durch Krisensituationen und deren frustrierende Ablenkungen navigieren. *Er ist eine stille und tief verwurzelte innere Kraft, die sich immer wieder selbst bestätigt.* Er motiviert Sie zu positiven, bewundernswerten Taten und voraussehbaren Verhaltensweisen. Sie können nicht zulassen, daß diese Kraft unterminiert oder ernsthaft gefährdet wird.

Die andere Art von Stolz ist Eitelkeit (falscher Stolz). Manche Leute sind damit geschlagen, und sie wird sichtbarer Teil ihrer äußeren Persönlichkeit. Sie erzählt eine beredte Geschichte vom Hochmut und führt zu gewohnheitsmäßiger Überheblichkeit. Sie ist ein Schutzmechanismus, eine Fassade, hinter der sich nicht ganz „lupenreine" Wertnormen und Überzeugungen verbergen. Dieser falsche Stolz zeugt in Wahrheit von Schwäche und hat unserem Konzept der mentalen Widerstandsfähigkeit nichts zu bieten.

Finanzielle Probleme

Jeder Bereich Ihres Umfelds, in dem die Nachfrage größer ist als das Angebot, kann zur Wurzel und Ausgangsbasis prekärer Situationen werden. Zuneigung und Zeit besitzen diese Eigenschaft, aber nur wenige Dinge entwickeln sich mit so blitzartiger Geschwindigkeit oder Häufigkeit zu einem ablenkenden Problem wie das leidige *GELD*.

Sie verdienen Geld und geben Geld aus. Sie arbeiten für Geld, in erster Linie, um Ihre Bedürfnisse zu befriedigen. Sie haben darüber hinaus Wünsche, und wenn Sie über genügend finanzielle Mittel verfügen, sind Sie imstande, einen Teil dafür abzuzweigen. Ihr Problem wird vermutlich nicht darin bestehen, daß Sie keine Ahnung haben, was Sie mit Ihrem

Riesenvermögen anfangen sollen; deshalb klammern wir diesen Aspekt aus. Probleme entstehen höchstwahrscheinlich eher, weil es Ihnen am nötigen „Kleingeld" mangelt, um alle Bedürfnisse und Wünsche zu befriedigen; deshalb rutscht die Verwendung der Mittel, die Ihnen zur Verfügung stehen, sehr schnell in die „Problemkategorie".

Wenn Sie das Geld, das Sie besitzen (verdienen), mit jemand anderem teilen, fächert sich das Thema „Verwendung" noch breiter auf. Nehmen wir, entsprechend dem Zweck unseres Buchs, einmal an, daß Ihre finanziellen Mittel auch zum Unterhalt des Ehepartners und/oder der Kinder genutzt werden. Wenn für Sie selbst bestimmte Grundregeln bezüglich der Verwendung gelten, haben Sie folglich das Recht (und sollten es sich auch nehmen), sie auch auf diejenigen zu erweitern – oder speziell aufzustellen –, die ebenfalls am „Kapitalschwund" beteiligt sind.

Diejenigen, die Geld verwenden, das von einem anderen Menschen verdient wurde, haben vielleicht nicht die gleichen Wertmaßstäbe wie derjenige, der die „Brötchen" verdient. Das könnte bedeuten, daß sie es anders verwenden oder verwenden möchten. Der Gebende und der Nehmende gelangen zu unterschiedlichen Schlußfolgerungen.

Bekanntlich ist Geld, das sich zwei und mehr Personen teilen, die Wurzel vielfältiger Probleme und echter Ablenkungen. Um beides zu vermeiden, sollte der Verdienende ein Verhalten an den Tag legen, das klar zeigt, welchen Stellenwert er ihm beimißt, wie es bewahrt werden und welchen Verwendungszwecken es zugeführt werden sollte. „Was mein ist, ist auch Dein" funktioniert nicht, es sei denn, der Gebende und der Nehmende befinden sich in puncto Verwendung haargenau auf der selben Wellenlänge. Diese Übereinstimmung ist nicht automatisch gegeben, noch kann sie durch Liebe und Fürsorge bewirkt werden. Die Verwendung des Geldes sollte also in erster Linie mit Blick auf das Bemühen betrachtet werden, finanzielle Zwangslagen und die daraus resultierenden Probleme zu vermeiden.

Geben Sie zu, daß eine Lösung unabdingbar ist

Aufgrund der vielfältigen Einflußfaktoren des Umfelds ist ein ständiges Bombardement mit Problemen, die Sie ablenken, eigentlich unumgänglich. Die Frage lautet also: Wie groß ist die Bürde, die Sie schon mit sich herumschleppen, wenn sich das nächste Problem abzeichnet. Ist das Maß voll, dann befinden Sie sich wirklich in einer Zwangslage, weil Sie die neue Krisensituation nicht mehr bewältigen können. Sie haben Ihre liebe Not, den alten „Müll" mehr schlecht als recht beiseite zu schaffen, und verfügen daher nicht mehr über die Kraft, die neuen Belastungen in den Griff zu bekommen.

Natürlich haben Sie sich die Situation nicht ausgesucht. Sie können auch keinen schnellen Ausweg aus dem Dilemma finden. Sie haben offensichtlich die Kontrolle über die Lage verloren und sind in mehr Bereichen abgelenkt, als Sie wissen. Zugegeben, in einem Augenblick der Frustration können Sie selbstverständlich die Problemlösung aufschieben, nach dem Motto: Kommt Zeit, kommt Rat. Diese Verhaltensweise ändert jedoch wenig und wirkt nicht im geringsten den Folgen entgegen, die diese Ansammlung geringfügiger Probleme auf Ihre Leistungsfähigkeit hervorruft; sie beeinträchtigt nicht nur Ihre Leistung auf beruflicher Ebene, sondern in den meisten alltäglichen Lebensbereichen. Es gibt aber Möglichkeiten, diese Probleme aus der Welt zu schaffen.

Der Lösungsprozeß

Es gibt eine Technik, die viele Menschen bereits (unbewußt) anwenden und auf die wir an früherer Stelle bereits eingegangen sind. Sie könnten häufiger und besseren Gebrauch davon machen, wenn Sie sich den Mechanismus immer wieder bewußt machten. Deshalb zur Vertiefung hier noch einmal der Prozeßablauf zur Lösung von Problemen: Der erste Schritt besteht darin, das Problem oder die Krisensituation zu identifizieren. Anschließend läßt sich das Problem sehr wahrscheinlich in einzelne, kleinere Bestandteile gliedern, die für sich bewertet und analysiert werden. Danach erscheint es in der Regel lange nicht mehr so schlimm oder erdrückend, wie Sie auf den ersten Blick vielleicht geglaubt haben. Das Problem oder die Situation wurde also in einzelne Elemente zerlegt; es sieht nun anders und bei weitem nicht mehr so komplex aus. Es wirkt möglicherweise eher wie eine Unannehmlichkeit, die sich im Gewand eines ablenkenden Problems präsentiert hat. In dem Maß, wie dieser Aufsplitterungsprozeß von Erfolg gekrönt war, sind Sie nun in der Lage, sich jedes einzelne Element vorzunehmen und das Problem in Etappen zu lösen.

Packen Sie Probleme an, sobald sie auftauchen. Warten Sie nicht, bis sie sich anhäufen und zu einem riesigen Berg auftürmen. Sie brauchen daher eine Problemlösungsmethode, die Ihnen automatisch Starthilfe gibt. Es sollte eine praktisch umsetzbare Formel sein, so daß Sie das Rad kein zweites Mal erfinden müssen. Das bedeutet, daß Sie bereits einen Lösungsansatz in der Schublade haben, den Sie bei den wichtigsten Problemkategorien oder Ablenkungen herausholen. Sie haben diese Strategie nicht nur ausgemacht und erprobt, sondern wissen auch, wie Sie damit Emotionen und Verhaltensweisen angesichts zahlreicher Schlüsselprobleme in den Griff bekommen.

Infolgedessen haben Sie Ihre Einstellung geändert und gelernt, Ihre inneren Kräfte schlagartig zu mobilisieren. Diese Überzeugung wird zur Realität und geht in Ihren Alltag ein. Sie wissen, daß Sie wichtige Problemkategorien unter die Lupe genommen und bestimmte Aktionen eingeleitet haben, die es Ihnen gestatten, die Krise als „bereinigt" zu betrachten und in Ihrem mentalen Archiv abzulegen. Das heißt nicht, daß ein Problem ein für allemal aus der Welt geschafft ist; es wird von Ihnen nur für eine Weile ad acta gelegt. Solche Problemlösungstechniken sollten für Sie zum Standardverfahren werden, denn Sie haben sie sorgfältig ausgearbeitet und glauben fest an den Wert jeder einzelnen. Die Realität dieser Denkweise hilft Ihnen, jeden neuen Tag mit Zuversicht zu beginnen.

Eines ist klar: Auch wenn Sie das Netz der mentalen Widerstandsfähigkeit neu knüpfen könnten, wären Sie nicht frei von persönlichen Problemen, die sich ablenkend auf Ihre berufliche Tätigkeit auswirkten. Doch der hier aufgezeigte Weg kann Ihnen helfen, jeden neuen Tag mit seinen Herausforderungen zu bewältigen.

Eingangs wurde darauf hingewiesen, daß der Verkauf ein hartes Brot ist. Wenn Sie in diesem Metier tätig sind, wissen Sie aus eigener Erfahrung, wie wichtig es ist, stets aufmerksam und völlig auf die jeweilige Verkaufssituation konzentriert zu sein. Falls sich jedoch ablenkende, persönliche Probleme zu angstauslösenden Krisen ausgewachsen haben, können Sie Ihr Leistungspotential nicht voll ausschöpfen. Das Konzept der mentalen Widerstandskraft läßt sich aber zu einer Strategie umformen, die auf Sie persönlich abgestimmt ist und Ihnen hilft, solche Fallen zu vermeiden.

Lösung für das Fallbeispiel

Im Lauf der nächsten Tage erkannte Bruce, daß er von der Fülle der Probleme, die ständig zu wachsen und ihn von einem Tag zum nächsten zu begleiten schienen, schier erdrückt wurde. Er kam zu der Schlußfolgerung, daß nicht sein Beruf die Ursache der Probleme war, sondern vielmehr die Tatsache, daß er und seine Tätigkeit ins Aus zu geraten drohten. Er beschloß, daß es an der Zeit sei, aktiv zu werden und seinen Problemen zu Leibe zu rücken. Er mußte die Schwierigkeiten realistisch einschätzen und dazu stehen. Da Kathy Teil seines persönlichen Unterstützungssystems war, bat er sie, sich in den Problemlösungsprozeß einzuklinken.

Bruce und Kathy splitterten das große Problem in kleinere, überschaubare Bruchstücke auf. Bruce erkannte, daß er sich an Kathys beruflicher Unzufriedenheit schuldig gefühlt hatte, doch auf diesen Aspekt keinen Einfluß hatte. Kathy stimmte ihm zu, daß sie für dieses Problem allein die Verantwortung übernehmen und eine eigene Lösung finden mußte.

Sie kamen überein, daß sich beide mit dem Problem „Kinderhort", der wahren Ursache für Kathys Unbehagen im beruflichen Bereich, befassen mußten. Kathy glaubte, sie würde ein weniger schlechtes Gewissen gegenüber Sarah haben, wenn ihre Mutter eine aktivere Rolle bei der Betreuung des Kindes spielte. Bruce entdeckte, daß sein Stolz in diesem Punkt taktisch unklug gewesen war und ihn daran gehindert hatte, die Schwiegermutter um Hilfe zu bitten.

Die Überwindung des finanziellen Engpasses konnte länger dauern, und Bruce und Kathy beschlossen, gemeinsam an einem Problemlösungskonzept zu arbeiten. Sie wollten ihre Ausgaben genau überprüfen und herausfinden, ob irgendwo Einsparungen gemacht werden konnten oder mußten. Der Schlüssel lag darin, daß jede langfristige Finanzplanung flexibel sein sollte.

Bruce fühlte sich bereits besser. Ihm und Kathy war es gelungen, die Probleme zu skizzieren, die Verantwortung dafür zu übernehmen, einen Aktionsplan auszuarbeiten und ihn so schnell wie möglich in die Praxis umzusetzen. Er war zuversichtlich, daß er die mentale Widerstandsfähigkeit besaß, um seine Verkaufstätigkeit wieder in den Mittelpunkt zu rücken – und morgen wollte er sich bei Betty entschuldigen.

Während sich Bruce und Kathy auf Aktivitäten und Problemlösungen konzentrierten, verbesserte sich ihre innere Einstellung, und der Prioritätenkonflikt zwischen Familie und Beruf ließ sich leichter bewältigen. Unbewußt schufen sie neue Problemlösungsmodelle, auf die sie in ähnlichen Situationen zurückgreifen konnten. *Sie begriffen, daß Probleme, die man beherzt angeht, bei weitem nicht so ablenken wie Probleme, die ungelöst im Raum stehen bleiben.*

Bruce und Kathy haben den Grundstein gelegt, um den Weg zum Aufbau mentaler Widerstandsfähigkeit gemeinsam zu bewältigen. Wenn sie weiterhin offen und aufrichtig miteinander kommunizieren, werden sie angesichts neuer Probleme und Ängste schneller und sicherer reagieren.

Wie ging es nun mit Bruce und seiner Verkaufslaufbahn weiter? Ist es ihm gelungen, die Fähigkeiten zu entwickeln, die man braucht, um Ablenkungen und Probleme auf privater Ebene auszumachen und in den Griff zu bekommen? Oder hat er sich auch weiterhin davongeschlichen – etwa in die Nachmittagsvorstellung im Kino – und dann versucht, seine Flucht mit rationalen Erklärungen zu rechtfertigen? War sein Kopf nach der Aussprache mit Kathy frei, um sich auf die schwierige Aufgabe des Verkaufs an gewerbliche Kunden zu konzentrieren? Wird er die Verkaufsstrategien und -techniken in seinen beruflichen Alltag integrieren, die in diesem Buch beschrieben sind?

Die Geschichte von Bruce könnte auf verschiedene Weise enden. Bruce hat es jedoch geschafft, *die erste und schwierigste aller herausfordernden Verkaufssituationen zu bewältigen!* Deshalb sehen wir seine Zukunft in rosigem Licht.

Kapitel 2

Kundenentwicklung

– Schaffen und nutzen Sie Verkaufschancen –

Herausforderung:

Wie Sie unerwartete Entwicklungen bewältigen

Die nachfolgende schwierige Verkaufssituation haben wir alle schon irgendwann einmal erlebt. Unsere Kunden sind nicht verpflichtet, uns über Veränderungen oder neue Entwicklungen in ihren Firmen Bericht zu erstatten. Wenn Sie nur wenige Kontaktpersonen in Ihrem Kundenunternehmen haben, sind diese vielleicht nicht einmal über bevorstehende Neuerungen informiert. Sie als Verkäufer können sich nicht auf die Vergangenheit verlassen, um sich ein Bild von der Zukunft zu machen.

Fallbeispiel: Robert

Robert grübelte immer wieder über die Abfuhr nach, die er am ganzen Körper zu spüren schien. Letzten Freitag hatte man ihm mitgeteilt, daß der jährliche Großauftrag von National Industrial Aids nicht erneuert worden war – und auch nicht erneuert werden würde. Robert hatte nicht geahnt, daß National die Verantwortung für Entwurf und Einkauf firmeninterner Formulare – sein Metier – der Niederlassung in Dallas übertragen hatte. Er hatte dieses Geschäft in den letzten drei Jahren immer völlig problemlos an Land gezogen. Die monatlichen Bestellungen gingen automatisch ein, pünktlich wie ein Uhrwerk, im letzten Jahr zusammengenommen für etwas mehr als 100 000 Dollar. Mit diesem Volumen hatte Robert fest gerechnet. Die Zahlen waren sogar in seine Umsatzvorgaben integriert worden.

Sein lokaler Ansprechpartner im Einkauf hatte nicht gewußt, daß der Kontrakt von den Leuten in Dallas vergeben werden sollte; er merkte es erst, als er sich anschickte, Roberts routinemäßigen Kostenvoranschlag zu bearbeiten. Der Leiter des Einkaufs, Scott Harding, war ebenfalls überrascht gewesen, daß die Bedarfsbeschreibung nicht wie üblich über seinen Schreibtisch gegangen war. Scott gab Robert den Namen seines Kollegen in Dallas, aber es dauerte drei Tage, bis der Mann zurückrief. Und als er sich endlich meldete, teilte er Robert mit, National habe den Auftrag bereits an die Key Design LTD aus Montreal vergeben. Robert hatte noch nie etwas von dieser Firma gehört!

Robert wurde schwarz vor Augen, wenn er an den Ärger dachte, der nun auf ihn wartete. Sollte er nach Dallas fahren? Was sollte er seinem Chef sagen? National trug mit beinahe zehn Prozent zu Roberts Umsätzen bei. Wie sollte er den Verlust ersetzen? Er rechnete sich blitzschnell aus, daß dadurch bei seinem eigenen Einkommen eine Einbuße von 6 000 Dollar entstehen würde. Er mußte genau wissen, was da schiefgelaufen war, und er brauchte einen „Sanierungsplan". Robert blätterte seine Umsatzstatistiken durch. Dauerkunden wie National können bis zu 80 Prozent des Jahresumsatzes repräsentieren, dachte er. Ich muß National zurückgewinnen.

Wenn Sie ein vielbeschäftigter Verkäufer sind, werden Sie vermutlich mindestens einmal in der Woche mit einer oder mehreren der folgenden Herausforderungen konfrontiert:

- Widerstand gegenüber Veränderungen,
- Konkurrenten, die fest im Sattel sitzen,
- ein Kunde, der keinen Wert auf Ihren Besuch legt,
- ein negatives oder unscharfes Bild von Ihrem Produkt oder Unternehmen,
- mühevolle Kleinarbeit ohne entsprechende Ergebnisse,
- Neuprodukteinführung,
- Beschränkungen und Barrikaden seitens Ihrer Firma,
- Arbeitsüberlastung (Sie sind nicht imstande, einer Aufgabe die nötige Sorgfalt zu widmen),
- unentschlossene Kunden,
- wütende/gereizte Kunden.

Das richtige Timing kann hier erfolgsentscheidend sein; Erkenntnisse darüber, zu welchem Zeitpunkt solche Situationen eintreten könnten, wären natürlich hilfreich, sind aber in den seltensten Fällen vorhanden. Wenn Sie jedoch ein gutes Kundenentwicklungsprogramm besitzen, haben Sie ein gewisses Maß an Kontrolle über die Umstände, die mit einer neuen schwierigen Situation einhergehen.

Kundenentwicklung bedeutet, daß Sie sich im unternehmerischen Umfeld Ihres Kunden eine feste Position schaffen. Dies ermöglicht Ihnen, die nötigen Informationen zu sammeln, um ihr Verkaufspotential immer dann auszuschöpfen, wenn sich Ihnen eine Chance dazu bietet. Mit Hilfe einer guten Kundenentwicklungsstrategie sind Sie imstande, eine breitgefächerte Palette hervorragender Kontakte auf vielen Hierarchieebenen im Kundenunternehmen herzustellen.

Kundenentwicklung läßt sich mit einem IRA* vergleichen, weil Sie in Ihre Zukunft investieren und Ihre Interessen schützen. Es unterscheidet sich aber auch von einem normalen Konto, weil Sie die Dividende kassieren, ohne einen Strafzins für den vorzeitigen Abzug Ihres angesammelten

---

* steuerfreies Sparkonto in den USA als Altersvorsorge, auf das ein Arbeitnehmer bis zu 1 500 Dollar im Jahr oder 15% seines Jahresgehalts einzahlen kann

Kapitals zu zahlen. Kundenentwicklung ließe sich auch mit einem offenen Investmentfonds vergleichen: Die Investitionen in die Kundenentwicklung sind hinsichtlich des Aufwands an Zeit und Mühe ebenso vielfältig gestreut und können in bescheidenem, aber stetigem Maß erfolgen. Und wie bei einem offenen Investmentfonds stellen auch Sie vielleicht eines Tages fest, daß Ihre Einlagen einen höheren Wert erreicht haben, als Sie dachten. Diese Investitionen werden an der Zeit gemessen, die Sie mit Mitarbeitern im Kundenunternehmen verbringen, die nicht die Absicht haben, etwas zu kaufen, ausgenommen möglicherweise andere Unternehmen oder Beraterdienste. Geschäftstüchtigen Verkaufsprofis könnte dieser Gedanke völlig ungelegen kommen, denn sie wollen sehen, daß sich etwas tut, und zwar JETZT!

Die Frage lautet also: Wenn Ihr Ansprechpartner im Kundenunternehmen nichts kauft, was verkaufen Sie ihm dann? Nun, er kauft nicht genau das Produkt, das Sie an den Mann bringen sollen. Er „kauft" aber dennoch, und zwar Ideen und Strategiefragmente, wenn diese den Problemen oder unternehmerischen Chancen entsprechen, die für ihn von einigem Interesse sind. Er kauft einen innovativen Aktionskurs, den einer Ihrer anderen Kunden eingeschlagen hat. Er interessiert sich vielleicht für eine neue Technologie, selbst wenn diese nur entfernt im Zusammenhang mit einem derzeitigen Projekt steht. Oder er richtet seine „Antennen" auf die Widerstände aus, mit denen sich Ihre Firma in einem ausländischen Markt auseinandersetzen muß.

In all diesen Situationen geht es um eine geschäftliche Beziehung, die angebahnt werden und wachsen kann; sie ist das Bindeglied zu dem wichtigen Beitrag, den Sie und Ihre Firma zu leisten imstande sind. Es ist Ihre Aufgabe, diese Beziehung zu pflegen. Sie sollten sich insgeheim zum Ziel setzen, sich selbst und Ihr Produkt auf die Überholspur zu bringen. Wenn Sie an der Spitze des Feldes mitmischen, bedeutet das auch, daß Sie fleißig „verkauft" haben!

Die meisten Einkäufer im Unternehmen kaufen das, was ihnen vorgegeben wurde. Die Personen, zu denen Sie Kontakt anbahnen wollen, sind also diejenigen im Unternehmen, die das Sagen haben, die den Text „soufflieren". Es gibt viele Souffleure, und normalerweise flüstern sie sich gegenseitig etwas zu, bevor sie die Einkäufer in Kenntnis setzen. Die

Kundenentwicklung ist Ihre Strategie, den Anschluß zu diesen Entscheidungsträgern herzustellen und mit ihnen zusammenzuarbeiten. Und wenn Sie den Einkäufern Vorschläge unterbreiten, werden sie höchstwahrscheinlich auch einige Ihrer Ideen in die Kaufkriterien einflechten. Das wollten Sie doch schon immer, oder nicht?

Wenn Ihre große Stunde naht, arbeiten Sie mit denjenigen Personen zusammen, die Kaufentscheidungen treffen oder den Einkäufer beraten. Diese Personen werden schnell herausfinden, daß Sie mehr über die Anwendungen der Produkte wissen als die meisten Ihrer Konkurrenten. Sie werden auch merken, daß Sie wie ein Experte der eigenen Branche verstehen, welche Faktoren zu dem Bedarf geführt haben, der sich in der anstehenden Beschaffungsmaßnahme widerspiegelt. Sie könnten sie vermutlich über die Logik hinter einigen der Leistungsbeschreibungen aufklären, die in den Direktiven von oben enthalten sind. Sie sind in der Lage, ihnen dabei zu helfen, Fehler zu vermeiden und/oder ihre Zeit nicht mit der Suche nach den falschen Problemlösungen – sprich Produkten – zu vergeuden. Mit einer gründlich durchdachten Kundenentwicklungsstrategie können Sie alle der zuvor genannten Ziele erreichen – und noch mehr!

Die beiden Phasen des Verkaufszyklus: Der sichtbare und der unsichtbare Teil

Als Verkaufsprofis wissen wir, daß der Verkaufsprozeß einen Anfang und ein Ende hat, und daß er höchst selten an einem einzigen Tag über die Bühne geht. Wir akzeptieren die Idee des „Verkaufszyklus" und haben Techniken entwickelt, die es uns ermöglichen, über die Auftragslage die Nase zu rümpfen und das Blatt zu unseren Gunsten zu wenden. Zielobjekte für unsere Kundenentwicklung sind in der Regel diejenigen Personen und Einflußfaktoren, die nicht auf Anhieb sichtbar sind oder auf der Hand liegen, die aber Einfluß hatten, haben oder dazu motiviert werden könnten, auf die charakteristischen Merkmale des Verkaufszyklus einzuwirken.

Es bietet sich also an, den Verkaufszyklus in zwei Phasen zu unterteilen: in A und B. Phase A ist für viele Verkäufer unsichtbar, weil sie Führungskräfte auf höherer Leitungsebene (Zielpersonen) umfaßt, die hinter den Kulissen die Fäden ziehen. Die wichtigsten Entscheidungen werden in Phase A des Zyklus getroffen. Diese Entscheidungen führen zur Entstehung der Einflußfaktoren, die in Phase B des Zyklus, im sichtbaren Teil, eine Rolle spielen.

Die Entscheidung, die Fertigungskapazität zu erhöhen, wird beispielsweise meistens von Topmanagern getroffen, die im unsichtbaren Teil des Verkaufszyklus angesiedelt sind. In die sichtbare Phase sind Einkäufer, Verbraucher und sorgfältig definierte Leistungsbeschreibungen einbezogen. Die Entscheidung, die Produktionskapazität aufzustocken, übersetzt sich also letztlich in zahlreiche Anforderungen wie z.B. neue Werkzeugmaschinen, zusätzliche Arbeitsfläche und mehr Arbeitskräfte im Fertigungsbereich. Die Aktivitäten, die verfolgt werden müssen, um an diese personellen und materiellen Ressourcen heranzukommen, obliegen Personen, die im sichtbaren Teil des Zyklus tätig sind.

Diese Zielpersonen (Führungsriege auf hoher Ebene) setzen einen oder mehrere Verkaufszyklen in Gang. (Sie können Verkäufern auch jederzeit den Todesstoß versetzen!) Sie sind die Antriebskräfte, die unternehmerische Probleme in Angriff nehmen und beginnen, Lösungen grob zu skizzieren. Ihre Ideen und Entscheidungen werden im Rahmen vorhandener Führungs- und Weisungsstrukturen nach unten weitergeleitet. Auf diesem Weg von der Spitze zur Basis der Unternehmenspyramide werden die personellen und finanziellen Mittel bestimmt, die zur praktischen Umsetzung der Lösungen erforderlich sind, und erste Pläne zeichnen sich ab, diese Ressourcen zu konzentrieren oder zu erwerben.

Diese Ereignisse bewirken, daß die Verkaufszyklen sichtbar werden. Wir benutzen hier den Begriff „Zyklen", weil die Lösungen neue Bedürfnisse schaffen können, die sich nur von vielen Produkten und Dienstleistungen befriedigen lassen. In einem solchen Fall kann der Kaufprozeß unter Umständen eine breite Skala von Leistungsanforderungen umfassen. Der sichtbare Teil des Verkaufszyklus bleibt in den Händen von Führungskräften auf nachgeordneter Ebene (die jedoch das Vertrauen des Topmanagements genießen), die als Einkäufer oder Berater des Einkäufers fungieren. Mit den Vorgaben von höherer Stelle (Zielpersonen) ausgerüstet, entwickeln sie bestimmte Kriterien, nach denen die potentiellen Anbieter ausgewählt werden, bitten um Angebote, arrangieren Präsentationen der Kandidaten und, falls machbar, eine Produktdemonstration.

Noch wichtiger ist jedoch die Tatsache, daß die unsichtbare Phase des Verkaufszyklus der sichtbaren vorausgeht. Sie wird durch Strategiesitzungen auf höchster Unternehmensebene, die unter Umständen schon Monate vorher stattgefunden haben, in Gang gesetzt. Von diesen Zusammenkünften gehen zahlreiche Impulse aus, die konzentrische Kreise drehen; die damit verknüpften Aktivitäten verteilen sich nach dem Gießkannenprinzip von oben nach unten und gedeihen Woche für Woche (siehe Abbildung 2.1).

Wie Sie Ihre Zielpersonen identifizieren

Es ist einleuchtend, daß sich Firmen zu irgendeinem Zeitpunkt und auf irgendeiner Ebene auf spezielle Geschäftssituationen, potentielle unternehmerische Chancen und Problemstellungen konzentrieren. In einer solchen Phase bietet sich einem Verkäufer mit einer guten Kundenentwicklungsstrategie eine ausgezeichnete Gelegenheit, eine Verkaufsmöglichkeit in den unsichtbaren Teilen des Zyklus beim „Schopf" zu packen. Dazu müssen Sie aber erst einmal die Mitspieler und ihre Funktionen bzw. vorrangigen Interessen kennen. Abbildung 2.2: Profil der Zielpersonen, skizziert grob, wie Sie beides finden. Sie sehen, daß die „Spieler" in der Abbildung nach Titeln in absteigender Bedeutung aufgeführt sind. Der Vorstand operiert in einiger Entfernung von den „Käufern" innerhalb der Organisation, weil sich ersterer auf langfristige Planungsaufgaben konzentriert. Es können Monate vergehen, bevor eine Diskussion auf höchster Ebene zu Entscheidungen führt, die neue Aktivitäten auf den unteren Unternehmensebenen auslösen.

Die Distanz zwischen Topmanagement und Führungskräften im „Kaufumfeld" ist kein ehernes Gesetz, das sich auf große Konzerne beschränkt. Auch in kleineren Firmen kommt es vor, daß sich die Geschäftsleitung bei Ausgaben, die eine bestimmte Summe überschreiten, die letzte Entscheidung vorbehält. Vorentscheidungen wie Einzelheiten des Beschaffungsprozesses, Analyse der diversen Angebote und Auswahl des Lieferanten sind hier bereits auf unterer Ebene erfolgt. Daraus wird ein Paket geschnürt, das zur abschließenden Prüfung und endgültigen Entscheidung

Kaufprozeß

Unsichtbarer Kaufzyklus

Bedarfsanalyse (Abteilungen):
- Verbraucher/Anwender
- Versand/EDV
- Finanzen

Chance:
- Wachstum
- neue Aktivität
- neue Verfahren
- Verbesserung, Produktivität

Probleme:
- Veralterung
- Kapazität
- Eignung
- Verfügbarkeit

Anforderungen/Definitionen:
- Budgetierung
- technische Anforderungen vorab
- Auswahlgremium
- Suche nach Anbieter
- Informationsanforderung
- Berater
- Kostenanalyse
- Formulierung der Auswahlkriterien
- „Strategiesitzungen"

— Identifizierung der Bedürfnisse — Suche nach Lösungen —

Sichtbarer Kaufzyklus

Einladungen/Anbieter:
- Angebotsanforderung
- lange Checkliste
- Planung – termingerecht
- Anbieter – Instruktionen
- Kontakte – Referenzen
- Werksbesichtigungen

Angebotsauswertung:
- Anbieter
  – Qualifikationen
  – Finanzen
  – technische Daten
  – Auswertung

Auswertung der Angebote:
- verkürzte Checkliste
- Absichtserklärung

Einführungsplan
- Auswahl, Entscheidung

Kauf

Verkaufsprozeß

Unsichtbarer Verkaufszyklus

Suche nach Neukunden:
- Gebietsanalyse
- Verkaufschancen aufspüren
- „Map-Programm" * durchführen

Information und Aktion:
- Information über Verkaufschancen
- Kontakte auf Topmanagementebene
- Präsentation
- Entscheidungsfindungsprozeß/Klärung der Finanzierung
- Angebotsanforderung, Verhandlung
- Einfluß
- inoffizielles Angebot

Sichtbarer Verkaufszyklus

— Vorschläge – Präsentationen – Angebote/Verhandlungen – Angebotsannahme

Entwicklung:
- Bedarfsanalyse
- Angebot
  – Gestaltung
- Preisgestaltung
- interne Zustimmung
- schriftliches Angebot
- Überwachung/Auswertung

Abschluß:
- überarbeitete Gestaltung
- überarbeitetes Angebot
- mündliche Zusagen

Verkauf

Themen:
- Verkaufs- u. Lieferbedingungen
- Preise
- Auslieferung

Feiern

* Datennetzprotokoll für einen Fertigungsbetrieb

Abbildung 2.1: Unternehmenssysteme

Was (Fokus)	Wer (Mitspieler)
Langfristige Geschäftsstrategie	Vorstand, Geschäftsführer
Probleme oder unternehmerische Chancen	Geschäftsführer, Vorstand, oberstes Management
Lösungen	Vorstandmitglieder, Bereichsleiter
Ressourcen und erkannte Bedürfnisse	General Manager, Direktoren und Betriebsleiter
Beschaffungsprozeß	Abteilungsleiter, Verwaltung und sonstige Mitarbeiter

Die aufgeführten Zielpersonen sind allesamt Kandidaten für Ihre Kundenentwicklungsstrategie. Sie sind mit Aktivitäten befaßt, über die Sie etwas in Erfahrung bringen sollten; so können Sie das Potential erkennen, das dieser Kunde zu bieten hat. Sie werden dann auch die Logik hinter den Vorgaben verstehen, die von höchster Führungsebene an die unteren Ebenen weitergegeben werden. Sie entwickeln sich zum „Insider", ausgestattet mit dem Expertenwissen, das normalerweise einem kleinen Kreis Eingeweihter vorbehalten ist.

Abbildung 2.2: Profil der Zielpersonen

nach oben zurückgereicht wird. Nach unserem Dafürhalten erteilt die Geschäftsleitung in solchen Fällen nicht automatisch ihre Zustimmung. Sie kann grünes Licht geben, zu Hinhaltemanövern greifen und sogar auf einer eingehenden Prüfung weiterer Alternativen bestehen. Die Aktionen auf dieser hierarchischen Ebene können dazu führen, daß der gesamte Prozeß wieder von vorne aufgerollt werden muß. Ein wirksames Kundenentwicklungskonzept kalkuliert diese Möglichkeiten und Aktivitäten dieser letztendlichen „Entscheider" auf Topmanagementebene ein, um die negativen Auswirkungen abzufedern.

Um ein Kundenentwicklungsprogramm zu planen, das für alle Zielpersonen relevant ist, müssen Sie verstehen, was in der unsichtbaren Phase des Prozesses geschieht und wer die Funktionsträger sind. Abbildung 2.3: Der unsichtbare Teil der Verkaufszyklen, bietet weitere Informationen über deren „Überlegungen" und „Schlußfolgerungen", die auf die Zukunft des gesamten Unternehmens nachhaltigen Einfluß haben. Wie Sie in der Abbildung sehen, gelangt die Firmenleitung im fünften Monat zu der Schlußfolgerung, daß der Zukauf von „Life Care Systems" eine Option darstellt, mit der sich in beschleunigtem Tempo Fortschritte in der zuvor festgelegten „Marschrichtung" erzielen lassen. Eine solche Lösung wird eine Welle der Betriebsamkeit auf allen Unternehmensebenen in Gang setzen, die sich sowohl horizontal als auch vertikal in der Organisation ausbreitet. Höchstwahrscheinlich wird dann auf einer hohen Leitungsebene ein Gremium gebildet, das die Möglichkeiten eruiert, sich „Life Care Systems" einzuverleiben. Man darf getrost annehmen, daß der Vorstand gute Gründe (Informationen) hat, diese Firma als geeigneten Akquisitionskandidaten einzustufen.

Um den Ablauf zu beschleunigen, ergeht wahrscheinlich zeitgleich mit der Ankurbelung des Übernahmeprozesses die Anweisung an nachgeordnete Hierarchieebenen, die praktische Umsetzung des Plans und Einbindung des Zuwachses „nur für den Fall, daß ..." zu prüfen. Zu diesem Zeitpunkt wird man den Erwerb des angepeilten Zielobjekts vermutlich als hypothetische Situation beschreiben. Ungeachtet dessen werden nun Umsetzungspläne entworfen, die wiederum zu einer Dokumentation der Bedürfnisse führen. Dann kehrt vielleicht wieder Ruhe ein – oder, was wahrscheinlicher ist – in einer unerwarteten Pressemeldung wird die Übernahme von „Life Care Systems" verkündet. Auch hier nimmt wieder der sichtbare Teil des Verkaufszyklus Form an. Denken Sie an Abbildung 2.1, und Sie werden über die vielschichtigen Aktivitäten und Verflechtungen im Vorfeld staunen!

Gezielte Abfangmanöver

Es ist interessant und praktisch, Kundenentwicklung wie eine Abfangrakete (und die Neuerung wie eine Bombe, die jeden Moment losgehen kann) zu betrachten. Der Verkäufer startet dieses gezielte Abfangmanöver, gestützt auf seine durch Informationen belegte Annahme, daß die Phase der Planung und Aktivitäten innerhalb des Kundenunternehmens angelaufen ist. Einige Faktoren könnten dabei auf einen Bedarf an denjenigen Produkten oder Dienstleistungen hinweisen, die Sie anzubieten haben. Ihre Aufgabe besteht darin zu ermitteln, auf welcher Ebene Pläne und Aktivitäten derzeit angesiedelt sind, und sich frühzeitig ein Bild der aktuellen Sachlage zu machen. Auf der niedrigsten Leistungsebene könnte man diesen Teil Ihrer Zielsetzung als konzentrierte „Detek-

Aufgabenstellung	Schlußfolgerungen
Langfristige Zielsetzungen (1-2 Monate)	Wir sollten unsere Angebotspalette in dieser Branche erweitern.
Chancen (3-4 Monate)	Mit besonderen Programmen für ältere Bürger könnten wir uns in einem bedeutenden Wachstumssegment positionieren.
Lösung (5-6 Monate)	Ein Zukauf wie Life Care Systems wäre die schnellste Marschroute
Umsetzungspläne (6-8 Monate)	Wir könnten den gesamten Verwaltungsapparat in unsere Bostoner Niederlassung eingliedern.
Ermittlung der Bedürfnisse (9-10 Monate)	Wir brauchen mehr Raum, zusätzliche Ausrüstung und erweiterte Netzwerke.
Akquisitionsprozeß (11-12 Monate)	Wir sollten unsere Beschaffungsexperten einbeziehen, so daß sie unsere Zielrichtung kennen.

Im unsichtbaren Teil des Verkaufszyklus fallen Entscheidungen von großer Tragweite an. Schritte über die oben skizzierten hinaus werden nur als Reaktion auf die Aktivitäten im Vorfeld eingeleitet. Im allgemeinen gilt, daß 90 Prozent des Kundenentwicklungsprozesses innerhalb der Grenzen dieser unsichtbaren Domäne stattfinden sollten. Je höher Sie die Leiter zu Monat „1-2" erklimmen, desto besser werden Ihre Leistungen.

Abbildung 2.3: Der unsichtbare Teil der Verkaufszyklen

tivarbeit" bezeichnen. Und am anderen Ende der Skala würde diese Aktivität die Form sorgfältig ausgewählter und ausgeführter Besuche bei denjenigen Führungskräften des Kundenunternehmens annehmen, die eine Schlüsselfunktion innehaben.

Es besteht ein gewichtiger Unterschied zwischen diesen beiden „Abfangmethoden" – vorausgesetzt, daß die Informationen bei beiden identisch sind: Die Daten, die Sie durch Ihre Detektivarbeit gewonnen haben, lassen sich nur schwer hieb- und stichfest belegen. Dazu kommt, daß Ihr Ergebnis in hohem Maß davon abhängig ist, ob Sie eine glückliche Hand bei der Wahl des Zeitpunkts für die Informationssuche hatten.

Informationen, die Sie sich beschaffen können, wenn Sie die „Beinarbeit" nicht scheuen, nennt man „öffentlich zugängliche Daten". Daraus läßt sich schließen, daß das Ereignis bereits stattgefunden hat oder jeden Moment eintreten kann. Eine Abfangaktion zu diesem Zeitpunkt ist vermutlich im sichtbaren Teil des Verkaufszyklus anzusiedeln. Das bedeutet: alle Leistungsbeschreibungen liegen auf dem Tisch und die „Kriegserklärung" (an Ihre Konkurrenten) ist erfolgt. Informationen, an die man im Rahmen einer Kontaktaufnahme mit Führungskräften in Schlüsselfunktionen herankommt, sind auch fast immer „öffentlich zugängliche Daten", könnten sich aber durchaus auch auf einen Plan beziehen, der noch nicht ganz „ausgegoren" ist. Bei einem Abfangmanöver zu diesem Zeitpunkt besteht die Gefahr, daß man seine Geschosse auf das Ziel richtet, bevor die Bombe ausgeklinkt worden ist!

Umsetzung des Kundenentwicklungs-Konzepts

Kundenentwicklung ist ein Verkaufsprozeß. Er dient dazu, die Chancen und Erfolgsaussichten für den Abschluß von Neugeschäften mit einem bestimmten bestehenden oder potentiellen Kunden zu verbessern. Um Ihre Verkaufsstrategien maßzuschneidern, sind folgende Schritte erforderlich:

1. *Informieren Sie sich beim Kunden:* Wer benutzt Produkte wie die Ihren? Für welche spezifischen Anwendungen? Wird das Volumen erweitert oder beschnitten? Wer zeichnet für die Leistungsbeschreibung verantwortlich, und wer für die Leitlinien, nach denen sich diese richtet?

2. *Setzen Sie die Informationen um:* Was bedeuten sie? Läßt sich ein Muster erkennen, das Ihnen bei der Entscheidung hilft, wo Sie Ihre Anstrengungen konzentrieren sollten?

3. *Bestimmen Sie annähernd die Verkaufschancen:* Wie stehen Ihre Chancen bei diesem Unternehmenskunden? Wäre der Lohn die Mühe eines Kundenentwicklungsprojekts wert?

4. *Informieren Sie Ihrerseits das Kundenunternehmen über die Servicevorteile, die Sie bieten:* Wie empfänglich sind Ihre Ansprechpartner für solche

Informationen? Haben Sie Bereiche entdeckt, in denen Serviceleistungen mit einem Zusatznutzen für diesen Kunden einen sichtbaren Unterschied bewirken könnten? Versteht Ihr Kunde, in welchem Maß sich Ihre Firma für Qualität und Service einsetzt?

In diesem Prozeß ist die stillschweigende Erkenntnis inbegriffen, daß verschiedene Mitarbeiter im Kundenunternehmen, die in verschiedenen Funktionen und auf verschiedenen Ebenen innerhalb der Organisation tätig sind, über verschiedene Arten von Informationen verfügen. Deshalb stellen der Kundenentwicklungsprozeß und seine Umsetzung die Kundenbeziehungen auf ein breiter gefächertes Fundament, das horizontale und vertikale Kontakte umfaßt. Im Laufe der Zeit erhöht sich damit die Akzeptanz, die Sie als Verkäufer gewinnen, aber auch die Ihres Unternehmens und seiner Produkte oder Dienstleistungen. Sie werden lernen, diesen Status auf eine Weise zu nutzen, daß Sie zum „Zeitpunkt des tatsächlichen Kaufs" mehr Kontrolle über Ihr Schicksal haben. Das Ausmaß der Einflußnahme hängt von vielen Faktoren ab, doch in allererster Linie von der Geschicklichkeit, die Sie in dem zuvor genannten Punkt 4 an den Tag legen. Hier sind Sie imstande, einige der Kriterien *mitzugestalten*, die den Einkäufern als Vorgaben von oben zugehen. Denken Sie daran: Das grundlegende „Drehbuch" für die Akteure wird im unsichtbaren Teil des Verkaufszyklus geschrieben.

Lösung für das Fallbeispiel

Ein unerwartetes Ereignis ist immer eine potentiell herausfordernde Verkaufssituation, weil es uns wie ein Blitz aus heiterem Himmel trifft. Wenn sich die anstehende Neuerung noch in der Planungsphase befindet, besteht immer die Möglichkeit, Aktionen einzuleiten, die Einfluß darauf nehmen oder ihre Realisierung verhindern. Solche Chancen hätten im Fall von Robert nur bestanden, wenn er im Besitz von Informationen gewesen wäre, die ihm Einblick in seine eigene Situation gegeben und Schlußfolgerungen über die möglichen Ergebnisse zugelassen hätten. Robert war jedoch nicht in der Lage, im Fall National Industrial Aids einen solchen Aufklärungsfeldzug in die Wege zu leiten und folglich eine entsprechende Verkaufsstrategie zu entwickeln. Möglicherweise hätte er nicht alle Einzelheiten in Erfahrung gebracht, aber genug Hinweise entdeckt, um den Schlag abzufangen.

Allem Anschein nach stellte das Geschäft mit National einen großen Teil seines Einkommens dar, und doch betrachtete und behandelte Robert dieses Kundenunternehmen, als sei es ihm hunderprozentig gewiß und verpflichtet! Er hatte keine Ahnung von den Veränderungen gehabt, die sich dort angebahnt und auf eine Weise akkumuliert hatten, daß sie ein für ihn schmerzhaftes Ereignis auslösten. Verkäufer müssen es als Realität akzeptieren, daß die Funktionen und Verantwortlichkeiten betrieblicher Leistungsträger in jeder Branche einem ständigen Wandel unterliegen.

Wie Sie auf ein unerwartetes Ereignis reagieren, hängt davon ab, wie endgültig die neue Situation ist. Wenn Sie die einzelnen Elemente aufspüren, bevor sie ihre ultimative Form annehmen, haben Sie vielleicht die Möglichkeit, am Schicksalsrad zu drehen. Aber Robert war blind für diese Faktoren! Wenn eine Entscheidung gefallen und festgeschrieben ist, läßt sie sich selten rückgängig machen. Die einzig wirksame Technik, um einer solchen Situation zu entgehen, besteht darin, schon im Vorfeld Präventivmaßnahmen einzuleiten.

Robert kann der Gefahr künftiger „verpatzter" Abschlüsse vorbeugen, wenn er ein Kundenentwicklungsprogramm für sämtliche Käufer einführt. Das ist die beste Strategie, um die bestehenden Geschäftsbeziehungen aufrechtzuhalten und auszubauen. Wenn er gewissenhaft Informationen sammelt, die Daten analysiert, die Chancen für Neuabschlüsse ermittelt und sowohl sich selbst als auch die Produkte und Dienstleistungen seiner Firma als kundenspezifische Problemlösung positioniert, hat er einen satten Vorsprung vor der Konkurrenz, wenn der Zeitpunkt des Abschlusses kommt.

Kapitel 3

Organisationsstrukturen und Geschäftsprozesse

– Wie Unternehmen funktionieren und wie Verkaufschancen entstehen –

Herausforderung:

Wie Sie einen Fuß in die richtige Tür bekommen

Das ist in der Tat eine herausfordernde Verkaufssituation und eine unabdingbare Voraussetzung dafür, daß man Ihnen überhaupt die Chance gibt, auf Ihre Produkte und Dienstleistungen aufmerksam zu machen. Bestimmte Türen öffnen sich leicht, erweisen sich aber als die falschen. Dieses Kapitel soll Ihnen helfen, die richtigen Türen zu finden und mit offenen Armen empfangen zu werden.

Fallbeispiel: Yvonne

Yvonne Scott arbeitet seit sieben Monaten bei SofTech. Nach dreijähriger Tätigkeit im Einzelhandel hatte sie das Glück, eine Anstellung in der kleinen Software-Firma zu finden und mit einem phantastischen Team zusammenzuarbeiten. SofTech zeichnet für Text, Herausgabe und Qualitätstests von Benutzerhandbüchern für PC-basierte Software auf breiter Anwendungsbasis verantwortlich. Vor kurzem hatte die Firma für einen großen Versicherungskonzern ein umfangreiches Benutzerhandbuch in ein kundenspezifisches Produkt umgewandelt. Das war für SofTech ein neues Geschäftsfeld, aber der Kunde sicherte der Firma die Erwähnung ihrer Leistungen und einen Bonus bei vorzeitiger Beendigung der Arbeit zu. Andy Purcell, Besitzer, Erfinder des Systems und Firmenchef, war erpicht darauf, weitere Erfolge auf diesem Gebiet zu erzielen.

Er rief Yvonne in sein Büro. Sie war die einzige, die den Verkauf von der Pike auf gelernt und einige Semester Marketing studiert hatte. „Yvonne, wir müssen uns etwas einfallen lassen, um aus der Arbeit für Universal Insurance Kapital zu schlagen. Wir sollten uns neue Kunden für solche maßgeschneiderten Lösungen suchen, wenn möglich mit ähnlichem Profil wie Universal. Was halten Sie davon?"

Yvonne erklärte, man müsse einen Plan ausarbeiten, einschließlich einer klaren Definition der Kundenbedürfnisse, die SofTech zu befriedigen vermochte. Als nächstes gelte es, ein oder zwei Firmen auszuwählen, bei denen höchstwahrscheinlich ein solches Bedarfsprofil bestünde. Yvonne schlug außerdem vor, konkrete Informationen über mögliche Verkaufschancen einzuholen, bevor man auf diesen Kurs einschwenke.

Yvonne sprach mit allen, die am Universal-Projekt mitgearbeitet hatten. Sie wollte wissen: „Was war nach Ihrer Ansicht Universals Problem, und welches waren die drei wichtigsten Punkte, die wir für den Konzern bewirken konnten?" Das war die Ausgangsbasis für eine Liste zur „Bedarfsermittlung", die darüber hinaus auch dabei half, das an Universal gelieferte Produkt genau zu definieren.

Yvonne dachte über ihre Aufgabenstellung nach – es ging letztendlich darum, ein neues Produkt in einen unbekannten Markt einzuführen. Ihr Ziel war herauszufinden, wessen Bedürfnisse mit SofTechs Fähigkeiten und Ressourcen übereinstimmten. Und dann kam der kniffligste Teil – Kontakt zu potentiellen Interessenten anzubahnen und einen Fuß in die Tür zu bekommen.

Yvonne war zwischen Angst und Verwirrung hin- und hergerissen. Während ihrer kurzen Laufbahn im Einzelhandel hatte sie nichts mit dem Verkauf an gewerbliche Kunden zu tun gehabt. SofTech war eine winzige Firma und wurde sehr zwanglos geführt. Die potentiellen Käufer von SofTechs maßgeschneiderten Produkten würden große Unternehmen mit vielschichtigen und formalen Organisationsstrukturen sein. Yvonne wußte nicht, wo sie mit der Suche nach einem möglichen Ansprechpartner beginnen sollte. Sie wäre für einen Blitzkurs über betriebliche Funktionsträger dankbar gewesen, der ihr die Frage beantwortet hätte, wer in solchen Großunternehmen für was zuständig ist. Welche wichtigen Führungskräfte würden ihr die Tür auch nur einen Spaltbreit öffnen? Und welche Tür war die richtige zum Anklopfen? Yvonne fühlte sich wie gelähmt. Sie brauchte Hilfe oder einen echten Geistesblitz.

Verkäufer beweisen oft mehr Mut als ein angriffslustiger Bulle und verlassen sich mehr auf ihr Glück als der besessenste Spieler. Viele platzen unbedarft in ein neues Unternehmen hinein, lediglich mit dem Wissen ausgestattet, wo sich der Haupteingang befindet. Im nachfolgenden werden Sie sehen, daß fundierte Kenntnisse der Organisationsstrukturen und Geschäftsprozesse eines Kundenunternehmens eine Voraussetzung sind, um Kontakte auf allen hierarchischen Ebenen herzustellen und stetig weiterzuentwickeln. Und die Pflege dieser Beziehungen ist wiederum unabdingbar, um Ihre Chancen auf den Abschluß von Neugeschäften zu maximieren oder, falls Sie bereits Geschäfte mit diesem Kunden tätigen, ihn bei der Stange zu halten.

Organisationsstrukturen und Geschäftsprozesse geben Aufschluß darüber, wie sich eine Unternehmung gliedert, um ihre Mission zu erfüllen. Robert (in Kapitel 2) hat, wie Sie sich vielleicht erinnern, National Industrial Aids als Kunde verloren, weil er über die gravierenden Neuerungen nicht informiert und folglich nicht gerüstet war, strategische Anpassungen vorzunehmen. Er war über die aktuelle Änderung der Verantwortlichkeiten in der Kundenorganisation nicht auf dem laufenden.

Denken Sie daran, wieviel Talent, Zeit und Mühe in die Entwicklung und Organisation eines solchen Systems investiert wurden. Selbst die eigenen Belegschaftsangehörigen eines Unternehmens sind kaum imstande, etwas zu bewirken, wenn sie die formellen Organisationsstrukturen nicht verstehen, akzeptieren und nutzen. Diese bestimmen die Verhaltensregeln, die Entscheidungsfindungsprozesse, die Grenzen der Weisungsbefugnisse, die Verantwortungsbereiche und Kompetenzen. Die Struktur, auf die wir uns hier beziehen, hat wenig Ähnlichkeit mit der Sichtbarkeit und Genauigkeit von Organisationsplänen. Solche Organisationsmodelle deuten die tatsächliche Struktur und die Mechanismen betrieblicher Prozesse nur an. Die informelle, wirkliche Organisationsstruktur ist wesentlich schwerer faßbar und bis zu einem gewissen Grad fließend. Sie sollte in jeder nichtalltäglichen Situation transparent oder in Gedanken nachvollziehbar sein.

Der Trick besteht darin, diejenigen Merkmale aufzuspüren, die allem Anschein nach Einfluß auf die gegenwärtige Strukturform haben. Beispielsweise könnten sich die Marktnachfrage nach den Produkten der Firma, ein plötzlicher Umsatzeinbruch oder mehrere personelle Veränderungen in der Führungsetage darauf auswirken. Diese Beispiele lassen erkennen, daß ein Strukturwandel erforderlich ist, um sich dem neuen Kurs anzupassen. Wie ist der augenblickliche Kurs beschaffen? Läßt die Atmosphäre darauf schließen, daß man in diesem Unternehmen zuversichtlich in die Zukunft blickt? Machen sich die Topmanager in Interviews und Veröffentlichungen des Unternehmens für Wachstum und neue Chancen stark? Wenn die oberste Führungsebene die Rolle des Vorreiters übernimmt, wird sie weniger von formalen Strukturen (Weisungsstrukturen) behindert und ist sowohl imstande als auch geneigt, schneller zu handeln.

Ein Verkaufsprofi, der ständig Spitzenleistungen aufweist, wird Techniken anwenden, die ihm gestatten, mit dem Wandel in den Organisationsstrukturen und Geschäftsprozessen seines potentiellen Unternehmenskunden Schritt zu halten. Lassen Sie uns deshalb nun einen Blick auf die

Informationen werfen, mit deren Hilfe Sie die Organisationsstrukturen und Geschäftsprozesse innerhalb Ihrer Zielkundenunternehmen besser begreifen und nutzen können. (Der Mut eines angriffslustigen Bullen und das Lächeln Fortunas sind zur Unterstützung auch nicht zu verachten.)

Profile Ihrer Kundenunternehmen

Es ist zu Ihrem Vorteil, wenn Sie einige der betrieblichen Einflußfaktoren kennen, die sich im Lauf der Zeit in Ihrem Kundenunternehmen entwickelt und in der Struktur ihren Niederschlag gefunden haben. Diese ist im offiziellen Organisationsplan dokumentiert. Folgende Fragen sind für Sie beispielsweise von Interesse: Ist der Gründer noch aktiv am Firmengeschehen beteiligt? Hat ein Unternehmenszusammenschluß oder bedeutsamer Zukauf in letzter Zeit zu einer Verstärkung der Führungsmannschaft geführt? Jeder dieser Umstände könnte an der Ausprägung der augenblicklichen Organisationsstruktur und ihrer Funktionsweise mitgewirkt haben.

Verkäufer sollten gründliche Kenntnisse darüber besitzen, denn nur so läßt sich ein praktisch umsetzbares Kundenentwicklungskonzept erarbeiten. Die folgenden acht Merkmale helfen Ihnen, Ihren Kunden besser zu verstehen und zu charakterisieren.

1. Die formelle betriebliche Organisationsstruktur

Einige Unternehmen sind streng hierarchisch gegliedert. Alle Entscheidungen und Aktionen werden im Rahmen bestehender Weisungsstrukturen gebündelt und Unterbrechungen des einzuhaltenden Dienstwegs oder Abweichungen von der Norm streng geahndet. Andere Unternehmen sind flexibler gegliedert und weniger auf starre Organisationsstrukturen bedacht. Einige werden zentral, andere dezentral geführt; bei letzteren besitzen Eigenständigkeit und Ergebnisverantwortung der Bereiche, Abteilungen usw. großen Stellenwert. Die Einstellung des Unternehmens zu den formellen, d.h. offiziell geplanten Organisationsstrukturen bestimmt weitgehend seine Kaufgewohnheiten und Ihre Verkaufsstrategie.

2. Die informelle Organisationsstruktur

Ungeachtet bestehender Organisationsformen schaffen die Mitarbeiter eines Unternehmens oft eigene Entscheidungs- und Informationsnetze, um ihre persönlichen Bedürfnisse zu befriedigen und zu gewährleisten, daß die Arbeit erledigt wird. Experten, die sich intensiv mit Organisationsmustern befassen, behaupten immer wieder, daß in den meisten Firmen die informelle, d.h. sich spontan entwickelnde Organisationsstruktur betriebliche/soziale Abläufe und Beziehungen besser erklärt. Sie enthüllt, wer mit wem zusammenarbeitet, wessen Meinung wirklich zählt, wer wem vertraut und auf wen sich die Organisation stützt, wenn wichtige Entscheidungen und Aktivitäten ins Haus stehen. Ein Verkäufer, der die informellen betrieblichen Organisationsstrukturen kennt, verfügt über ein ähnliches Insider-Wissen wie ein Belegschaftsmitglied, und der Konkurrenz dürfte es schwerfallen, ihn zu schlagen. Ein Manager hat einmal gesagt: „Bei den meisten Familien pflegen Gäste im Eßzimmer und Freunde in der Küche zu essen".

3. Prinzipien versus Praktiken

Die meisten Unternehmen haben Leitlinien und Verfahren entwickelt, um Schlüsselfunktionen und betriebliche Aktivitäten sachlich und klar festzulegen. Viele dieser Regeln sind starr und werden buchstabengetreu befolgt, z.B. die Kriterien, die bei der Erstellung des Jahresabschlusses oder der Einstellung neuer Mitarbeiter zum Tragen kommen. Andere Maßgaben wurden vielleicht schriftlich fixiert und ebenso gründlich diskutiert, werden aber nicht so rigoros befolgt. Die Beschaffungsaktivitäten gehören meistens in den „Mischbereich". Die Regeln werden oft bedürfnisgerecht zurechtgebogen, informelle/inoffizielle Vorleistungen sind gang und gäbe, und bei wichtigen Beschaffungsmaßnahmen erwartet man die führende Hand des Topmanagements. Verkäufer müssen die Spielregeln im Kundenunternehmen kennen und ihre Bemühungen darauf ausrichten.

4. Problemlösungsstil

Wie reagiert ein Unternehmen, eine Abteilung oder ein Geschäftsbereich auf ein schwerwiegendes Problem? Was geschieht, wenn die finanziellen

Mittel versiegen, ein Mitarbeiter in einer Schlüsselstellung seinen Hut nimmt oder ein wichtiges Projekt nicht termingerecht beendet werden kann? Manche Firmen grenzen die sorgengeplagte Sparte aus, einige leiten eine Wachablösung an der Führungsspitze ein und andere rufen die „Feuerwehr" mit einem Sanierungsplan zur Hilfe. Wenn Sie wissen, wie eine Arbeitsgruppe Probleme löst, verstehen Sie sofort, was sich hinter einer bestimmten Beschaffungsaktivität verbirgt und wie Sie reagieren sollten. Wenn Einkaufsgremien beispielsweise zahlreiche Marktstudien durchführen, möchten Sie sich vielleicht Klarheit über den Ablauf und die Person verschaffen, die hier in Wirklichkeit das Sagen hat. Wenn der verantwortliche Manager derjenige ist, der die meisten Aufgaben delegiert, sollten Sie in Erfahrung bringen, auf wen er sich stützt. Ein solches Wissen bedeutet, daß Sie Lösungsalternativen vorausahnen und sich im Idealfall an ihrer Entwicklung beteiligen können.

5. Unternehmenskultur

Die Unternehmenskultur spiegelt sichtbar die Traditionen und die Persönlichkeitsmerkmale der wichtigsten Mitarbeiter wider. Rückschlüsse auf die Kultur eines Unternehmens lassen sich ziehen, wenn man beobachtet, in welchem Maß die Belegschaft bereit ist, Veränderungen zu akzeptieren, wie risikofreudig sie sich gibt und wie sorgfältig sie versucht, die Kommunikation zu steuern. Die Unternehmenskultur kann oft durch ein Bündel miteinander verknüpfter Eigenschaftswörter beschrieben werden, z.B.: starr, konservativ, formal, traditionsbewußt, vorsichtig – oder: flexibel, innovativ, informell, trendbewußt, dynamisch. Verkäufer mit einem guten Gespür für die Unternehmenskultur eines Kunden wissen, wie sie ihr Angebot formulieren müssen.

6. Größe

Die Merkmale, die in Zusammenhang mit der Größe eines Unternehmens stehen, wirken sich auf die Organisationsstrukturen und Geschäftsprozesse aus. Den nachfolgend genannten Merkmalen mißt man in großen und kleinen Organisationen normalerweise unterschiedliche Bedeutung bei. (Sie können die Liste durch eigene Merkmale ergänzen.)

Merkmal	Große Unternehmen	Kleine Unternehmen
Topmanagement	Planung, Unternehmenspolitik – nicht ins Tagesgeschäft einbezogen	In alle wichtigen Entscheidungen und Aktivitäten einbezogen
Funktionen	Spezialisten („Das ist nicht meine Aufgabe.")	Generalisten
Leitlinien	gründlich	in Windeseile
Zeit und Kapital	Planungshorizont zwischen sechs Monaten und einem Jahr	von einer Lohnsumme zur nächsten, heute und morgen
Entscheidungsfindung	komplex, formal, langsam	„Sieht gut aus, also los!"

7. Beziehungen zu Kunden und Lieferanten

Eine grundlegende Frage bezüglich Organisationen lautet: Richtet das Unternehmen seinen Blick in erster Linie nach innen oder nach außen? Es liegt auf der Hand, daß beides erforderlich ist; aber die Öffnung zur Außenwelt ist von entscheidender Bedeutung für die übergeordnete Mission und die Vorgehensweisen eines Unternehmens. Organisationen, die sich nach außen orientieren, bitten Kunden, Interessenten und Lieferanten um Informationen und Tips. Firmen, die lieber Nabelschau betreiben und Barrieren zwischen sich und dem Rest der Welt errichten, sind vermutlich herzlich wenig an der Suche nach neuen Ideen interessiert und noch weniger geneigt, neuen Lieferanten aufmerksam zuzuhören. Bis zu einem gewissen Grad hängt Ihre Chance, mit neuen Unternehmenskunden erstmals ins Geschäft zu kommen, davon ab, wie diese Sie und die Außenwelt schlechthin sehen.

8. Pläne und Zielsetzungen

Gut geführte Unternehmen treffen Entscheidungen, in denen sich bestimmte, unmißverständlich formulierte Zielsetzungen spiegeln, und entwickeln konkrete Aktionspläne, um diese langfristigen Ziele zu erreichen. Firmen mit Führungsdefizit haben entweder keine klaren Ziele oder ziehen es vor, sie zu ignorieren. Infolgedessen findet hier selten eine ernsthafte Planung statt. Wenn Sie mit einem kompetent geführten Unternehmen zu tun haben, sollten Sie mit Ihren Verkaufsanstrengungen unbedingt an die Ziele und Pläne Ihres Kunden anknüpfen. Falls das Unternehmen lediglich im Begriff ist, etwas „auszubrüten", müssen Sie nach anderen richtungsweisenden Faktoren Ausschau halten. (Falls die Planungsaktivitäten Ihres potentiellen Kunden zu wünschen übriglassen, bietet sich vielleicht die Gelegenheit, ihm beim Feinschliff seiner Planungsmaßnahmen zu helfen.) In einer für alle vorteilhaften Situation ist nichts dagegen einzuwenden, daß Sie an erster Stelle Ihr eigenes größtes Interesse im Auge behalten.

Es ist wichtig, daß Sie sich stets aktuelle Informationen über Ihr geschäftliches Umfeld und vor allem über die unternehmerischen Aktivitäten Ihres Kunden beschaffen. Machen Sie sich Notizen zu den Neuigkeiten, auf die Sie während Ihrer Routinetätigkeiten stoßen. Fertigen Sie Kopien von wichtigen Besuchsberichten an und legen Sie eine Kundenakte oder eine elektronische Datei an, um solche Informationen zu sammeln bzw. zu speichern. Wir empfehlen Ihnen auch, die Ablage durch interessante Artikel, die Sie ausgeschnitten und aufgeklebt haben, zu ergänzen. Und vergessen Sie nicht, folgende Quellen anzuzapfen:

Informationsquellen außerhalb des Unternehmens

Finanzinformationen

Aktien-Chartanalyse,
Geschäftsberichte,
Berichte von Börsenanalysten

Allgemeine Wirtschaftsinformationen

Handelsblatt,
wöchentliche bzw. monatliche Wirtschaftsmagazine,
lokale/regionale Zeitungen,
Wirtschaftsdatenbanken,
branchenspezifische Zeitschriften,
Unternehmensverzeichnisse

Quellen des Kunden

PR-Abteilungen,
Verkaufs- und Werbematerial

Andere Quellen

Verkaufs- und Servicepersonal,
nicht konkurrierender Anbieter, IHKs,
Fachverbände, ehemalige Mitarbeiter

Informationsquellen des Kunden

- Sprechen Sie mit wichtigen Mitarbeitern im Kundenunternehmen, und zwar außerhalb des regulären Verkaufsvorgangs (so daß keiner von beiden unter Druck steht).
- Statten Sie, gemeinsam mit einem Ihrer Vorgesetzten, dem Kundenunternehmen einen Höflichkeitsbesuch ab (was gleichzeitig sehr informativ sein kann!)
- Sprechen Sie mit Belegschaftsangehörigen im eigenen Betrieb über frühere Geschäftsverbindungen mit einem Kunden.

Tatsache – Realität: Niemand hat genug Zeit, um alle obengenannten Aufgaben zu erledigen.

Frage – Realität: Nehmen Sie sich die Zeit, auch nur eine der obengenannten Aufgaben zu erledigen?

Allgemeine Beobachtungen

- Sie werden erstaunt sein, was Ihnen die Leute alles erzählen, wenn Sie sich die Zeit nehmen, mit ihnen zu reden und aufmerksam zuzuhören (der „Sesam-öffne-Dich" ist hier das Wörtchen ZUHÖREN). Wichtig ist dabei, daß diese Gespräche außerhalb des eigentlichen Verkaufsvorgangs stattfinden sollten.
- Denken Sie einmal über folgende Fragen nach: Welcher zusätzliche Nutzen wäre für meinen Kunden von Interesse? Was kann ich über die Bereitstellung meines Produkts oder meiner Dienstleistung hinaus für ihn tun?
- Verschaffen Sie sich noch vor Abgabe des Angebots detaillierte Kenntnisse des Entscheidungsfindungsprozesses bei einem Kunden, z.B.: „Herr X, wenn wir Lösung Y den Vorzug gäben, wie sähe dann die Umsetzung aus?" (Das ist der indirekte Verkaufsansatz, die „Schattenmethode".)
- Suchen Sie sich einen „Mentor" innerhalb des Kundenunternehmens – vorzugsweise eine Person, die in den Entscheidungsprozeß einbezogen und imstande ist, ihn zu beeinflussen.

Wie Sie Ihr Wissen für sich arbeiten lassen

Um die Organisation und Geschäftsprozesse Ihres Kunden zu verstehen und zu nutzen, sollten Sie sich als Verkäufer folgende Fragen stellen:

1. Wie werden Kaufentscheidungen getroffen?
2. Wer trifft die Kaufentscheidungen? Wer beeinflußt sie?
3. Welche Faktoren haben prägende, auslösende oder eingrenzende Wirkung auf diese Entscheidungen?
4. Wie sollten wir uns für Geschäftsabschlüsse in absehbarer Zeit positionieren?
5. Wie sollten wir uns für langfristige Geschäftsbeziehungen positionieren?
6. Wie kann meine Firma unsere Verkaufsposition unterstützen?
7. Was muß ich wissen, um mich gegen die Konkurrenz zu behaupten und andere Probleme des Kunden zu lösen?

Nachdem Sie Ihre Hausaufgaben gemacht und die Erstkontakte gründlich geplant haben, besteht die Möglichkeit, weitere Informationen und/oder eine Bestätigung des vorhandenen Datenmaterials zu erhalten. Am besten geschieht das, wenn Sie sich innerhalb des Kundenunternehmens Hilfe sichern. Jede dieser Fragen läßt sich mit einiger Überlegung so abwandeln, daß Sie sie allen Ihren Kontaktpersonen stellen können. Es gibt mehr als genug Mitarbeiter, die ihr Wissen um die aktuellen Geschehnisse und die Hintergründe gerne demonstrieren. Der Verkäufer im nachfolgenden Fallbeispiel sucht Herrn Hilfreich auf. Wir geben den Teil der Unterhaltung wieder, in dem er seinen Ansprechpartner um Hilfe bei der Lösung eines schwierigen Problems bittet:

Herr Hilfreich, wir haben die Aufforderung zur Angebotsabgabe gelesen und würden uns gerne an der Ausschreibung beteiligen; aber da wäre noch eine Schwierigkeit. Mir ist nicht ganz klar, welche Probleme mittels der Ausschreibung gelöst werden sollen. Und da ich das Problem nicht verstehe, bin ich außerstande, kreative Lösungen, Produktoptionen oder kundenspezifische Anpassungen, die für Ihr Unternehmen von Nutzen wären, ausreichend zu berücksichtigen. Können Sie mir genau erklären, wie Ihr Problem beschaffen ist, damit wir unser Bestes für Sie tun können?

Sie können die Worte drehen und wenden, wie Sie wollen, es kommt immer auf drei Elemente an. An erster Stelle steht eine *Aussage*, um den Rahmen zu schaffen: Ich weiß..., man hat mir mitgeteilt..., ich habe gehört..., daß Sie vielleicht..., ich habe versucht..., usw. Als nächstes erklären Sie in aller Bescheidenheit, daß Sie zunächst einmal *mehr Informationen* brauchen, um Ihr Nutzenangebot integrieren zu können: Ich verstehe nicht..., ich bin ein bißchen verwirrt..., ich habe das Gefühl..., ich würde die Chance gerne wahrnehmen, aber ... usw. Und zum Schluß *bitten* Sie Herrn Hilfreich, Ihnen behilflich zu sein: Könnten Sie vielleicht...? Würden Sie wohl...? Bitte klären Sie mich auf über..., ich möchte meine Firma auf die bestmögliche Weise repräsentieren, aber... usw.

Dieser Technik bleibt der Erfolg selten versagt. Sie läßt sich sehr gut in einer Situation erproben, in der Sie nichts zu verlieren haben, z.B. wenn Sie sich in einem nichtgeschäftlichen Umfeld über ein Thema oder Problem aufklären lassen. Die Bitte enthält unterschwellig ein Kompliment, das erfahrungsgemäß eine Reaktion hervorruft, mit der der Angesprochene dem Kompliment gerecht werden möchte. Hier ein weiterer Auszug aus der selben Unterhaltung:

> *Herr Hilfreich, ein weiterer Grund, warum ich Sie heute sehen wollte, bezieht sich auf ein geschäftliches Problem. Ich möchte etwas für Ihr Unternehmen bewirken und die Achtung und Anerkennung gewinnen, die Sie nur den besten und langjährigen Lieferanten entgegenbringen. Das Problem ist, daß ich nicht weiß, wo ich anfangen soll. Man hat mir immer wieder mitgeteilt, daß meine Firma nicht einmal den Sprung auf die kurze Liste mit den potentiellen Lieferanten schaffen wird ... Ich weiß nicht, warum. Einfach aufgeben kann ich nicht; Sie würden sicher auch nicht wünschen, daß ein Verkäufer Ihres Unternehmens vorzeitig das Handtuch wirft. Meine Firma verfügt wie Ihre über erstklassige Produkte, Herr Hilfreich, aber ich weiß nicht mehr weiter. Ich brauche einen Rat, und deshalb wollte ich Sie im persönlichen Gespräch um Empfehlungen bitten. Können Sie mir weiterhelfen?*

Das letzte Beispiel bezieht sich auf Punkt 4 und 5 der zuvor genannten Fragenliste. Eines dürfen Sie glauben: Ihre Chancen, sowohl allgemeine Tips als auch konkrete Orientierunghilfen zu erhalten, stehen gut. Außerdem haben Sie damit Tür und Tor für nachfassende Kontakte geöffnet und die erste Phase eingeleitet, um einen Mentor im Kundenunternehmen zu gewinnen.

Die Angehörigen der Kundenorganisation

Die Angehörigen der Kundenorganisation sind in der Regel Menschen wie Sie. Manche geben diese Persönlichkeit auch dann nicht an der „Garderobe" ab, wenn sie morgens zur Arbeit erscheinen. Andere sind von acht bis siebzehn Uhr wie ausgewechselt; das mag daran liegen, daß bestimmte Erwartungshaltungen im unternehmerischen Umfeld und damit verbundene Umstände den Wandel forcieren. In vielen Firmen setzt man ein bestimmtes Verhalten voraus, je nach Tätigkeit, Ausmaß der Verantwortung und Berufsbezeichnung/Titel. Es spielt keine Rolle, daß die meisten, auf ihr Verhalten angesprochen, behaupten würden, sie ließen sich von so unwichtigen „Kinkerlitzchen" nicht blenden; Tatsache ist, daß sie der Versuchung sehr wohl unterliegen.

Nach unserer Erfahrung lassen sich die Mitarbeiter eines Unternehmens sechs Gruppen zuordnen. Diese Kategorien findet man vor allem in großen und/oder führenden Unternehmen:

– Die Crème de la crème,
– Geschäftsleitung,
– Mittleres Management,
– Spezialisten,
– „Fußvolk",
– Firmenangehörige der Sonderklasse.

Die Crème de la crème

Niemand weiß in allen Einzelheiten, was diese „oberen Zehntausend" tun. Doch es ist hier nicht der Ort, sich darüber den Kopf zu zerbrechen, denn sie stehen so haushoch über dem Unternehmensalltag, daß sie keinerlei Wirkung auf das Wohl und Wehe der niedrigeren Ebenen haben. Wenn eine Firma aus zwei Lagern besteht – dem einen gehört der Personenkreis an, der die Ärmel hochkrempelt, die Kasse zum Klingeln bringt und Mitarbeiter einstellt –, dann müssen Angehörige der elitären Spezies für die Leitung des anderen Lagers zuständig sein. Sie betrachten das Unternehmen als ein lebendiges Wesen insofern, als es eine Persönlichkeit, ein Image, einen Wert und eine Aufgabe als verantwortungsbewußtes Gemeindemitglied besitzt. Das Unternehmen kann für sie ein „verlängerter Arm" sein. Sie haben Projekte und Ziele im Sinn, die sie in Bewegung halten, und manche haben sogar Kontakt zu den realen, innerbetrieblichen Geschehnissen. Sie bedienen sich personeller Ressourcen aus dem anderen Lager, die dazu beitragen, ihre Projekte und Ziele zu realisieren. Sie sind heiß begehrt als Referenten, Berater und im Aufsichtsrat anderer Firmen. Manchmal ernennen sie Führungskräfte – ein Versuch, die Nabelschnur zum funktionalen Teil des Unternehmens zu erhalten.

Geschäftsleitung

Wir haben sie in drei Gruppen unterteilt: Topmanager, Stabsmanager und Linienmanager. Für den Verkaufsprofi, der über eine wirksame Kundenentwicklungsstragie verfügt, können als drei Kategorien sehr nützlich sein.

Topmanager leiten oft eine oder mehrere Sparten des Unternehmens. Die Anforderungen und Herausforderungen, denen sie sich gegenübersehen, sind gewaltig. Sie haben die Grenzen ihres beruflichen Werdegangs gesprengt und sich zu pragmatischen Multitalenten entwickelt. Sie befinden sich ständig auf der Suche nach Informationen – und in Konferenzen und Mitarbeiterbesprechungen, die von ihnen einberufen wurden. Sie zeichnen sich durch Entscheidungsfreudigkeit, einen kühlen Kopf und die Fähigkeit aus, stets die Kontrolle über sich selbst zu behalten. Sie werden von Zahlen motiviert, die ihre Ziele und Verantwortlichkeiten ausdrücken. Wenn sie eine Schwachstelle entdecken oder feststellen, daß ein Rädchen im Getriebe zusammenbrechen könnte, packen sie ohne viel Federlesens mit an, verlieren allerdings das eine oder andere Wort darüber. Sie schaffen es, ihren Funktionen trotz der „Knüppel" – sprich Zwänge und Barrieren – gerecht zu werden, die ihnen von der Crème de la crème zwischen die Beine geworfen werden. Auch wenn sie wirklich mit Spitzenleistungen in ihrem Aufgabenbereich aufwarten, besteht kaum eine Möglichkeit, in ihrem Unternehmen die Leiter „hinaufzufallen".

Stabsmanager führen die Aufgaben für andere Topmanager aus. Viele sind hervorragend über die aktuellen Ereignisse innerhalb des Unternehmens informiert. Sie haben alle Hände voll mit Ausschuß- und Projektgruppenarbeit zu tun. Die Spitzenkräfte in dieser Kategorie können einigen Einfluß auf das Top- und Linienmanagement nehmen. Die Belegschaftsmitglieder der unteren Ebenen glauben gewöhnlich, sie hätten mehr Macht, als es den Tatsachen entspricht. Stabsmanagern gefällt es, ein Problem von allen Seiten auszuleuchten. Definitionsgemäß sind sie nicht maßgeblich an Entscheidungen beteiligt, und es fällt schwer, ihre Leistungen objektiv zu messen. Die Mitglieder des Topmanagements überantworten ihnen Aufgaben, die noch nicht zur Entscheidung anstehen. Linienmanager übertragen ihnen Aufgaben, die sie nicht für so lohnenswert halten, daß sie sie selbst erledigen. Sie sehen darin eine Möglichkeit, unwichtige Projekte auf „Eis" zu legen, oder geben sich den Anschein, mit einer dringlicheren Aufgabe beschäftigt zu sein, deren Ablauf nicht gestört werden darf.

Gute Verkäufer finden relativ leichten Zugang zu Stabsmanagern. Sie stellen eine hervorragende Informationsquelle dar. Versuchen Sie es andererseits erst gar nicht, Ansprechpartner aus diesem Kreis dazu zu bringen, etwas für Sie zu bewirken. Sie werden als Kandidaten für eine Position in der Crème de la crème gehandelt.

Linienmanager sorgen dafür, daß „der Laden läuft". Sie stehen unter Hochdruck. Auch sie sind maßgeblich an Entscheidungen beteiligt und am besten mit den Tücken der Praxis vertraut. Viele verstehen sich nicht besonders gut darauf, Aufgaben zu delegieren, und sind folglich bald ausgebrannt. Sie haben niemanden, an den sie den Schwarzen Peter weitergeben könnten. Ihr Hauptaugenmerk gilt der Verwirklichung der Unternehmensziele, und sie tun alles in ihrer Macht stehende, um dies zu erreichen. Es könnte der Eindruck entstehen, daß sie „über Leichen" gehen und selten oder grundsätzlich kein Pardon kennen, wenn es um Leistungsdefizite geht. Sie arbeiten länger als alle anderen Angestellten. Man kann sich Zugang zu ihnen verschaffen, aber nur, wenn man mit einem sehr guten Grund aufzuwarten vermag. Sie geben niemandem eine zweite Chance. Sie üben keine Nachsicht und erwarten auch keine Nachsicht bei eigenen Fehlern und Versäumnissen. Linienmanager sind in der Regel Spitzenleute, was nicht immer auf den ersten Blick sichtbar wird. Sie scheiden aus einem Unternehmen aus, wenn sich ihnen anderswo bessere berufliche Chancen bieten.

Das mittlere Management

Das mittlere Management ist mit dem Tagesgeschäft befaßt. Führungskräfte auf dieser Ebene sind für die Einstellung und Entlassung von Personal zuständig und haben oft direkten Kontakt mit den Kunden. Das Zurechtbiegen und Brechen von eingespielten Verfahrensweisen im Unternehmen ist für sie alltägliches Überlebenstraining. Ausgaben und Einnahmen oder interne Kostenrechnungen bestimmen ihre Arbeit. Viele befinden sich im „Training", d.h. auf dem Weg ins Linienmanagement. Sie gehen Risiken ein, weil ihnen nicht genug Zeit bleibt, einen sicheren Kurs auszuknobeln. Sie haben keine Verwendung für Stabsmanager und setzen alles daran zu vermeiden, daß diese sich für ihre Aktivitäten interessieren oder sich einmischen. Die guten Mitarbeiter auf mittlerer Führungsebene sind sowohl sichtbar als auch verletzlich. Sie stellen das „Testgelände" für die bombensicheren Strategiepläne, die von oben nach unten weitergereicht werden – und für die „Blindgänger", die ohnehin nie funktioniert hätten. Die künftigen Linienmanager stammen oft aus den Reihen der erfolgreichen Führungskräfte auf mittlerer Leitungsebene, und die künftigen Stabsmanager aus der Gruppe derer, die ein Eigentor geschossen haben.

Spezialisten

Zu dieser Gruppe gehören Angehörige der Rechts-, der Werbe-, der Personalabteilung usw. Sie bieten ihre Dienste in der Regel einer Vielzahl von Geschäftsbereichen an. Die Kosten ihrer Tätigkeit werden meistens den Unternehmenseinheiten angelastet, die ihre Dienste in Anspruch nehmen. Bisweilen sind bestimmte Mitglieder dieser Abteilungen ausschließlich für einen Geschäftsbereich zuständig; sie erwerben dann oft umfassende Kenntnisse über einige Teilbereiche der hier stattfindenden betrieblichen Abläufe. Spitzenmanager bedienen sich dieser Gruppen, um unnötige Risiken zu vermeiden und ein gewisses Maß an Kontinuität zu gewährleisten. Die Linienmanager arrangieren sich mit ihnen, um sich für den Notfall Rückendeckung zu sichern und Konflikte innerhalb der Organisation zu vermeiden. Bei Angehörigen des mittleren Managements überwiegt dagegen die Ansicht, daß eine Spezialistengruppe einen betrieblichen Engpaß darstellt. Sie deuten oder definieren Arbeitssituationen daher auf eine Weise, die verhindern soll, daß die Lösungsansätze der

Spezialisten greifen. Wenn sie mit dieser Finte Erfolg haben, besitzen sie eine Rechtfertigung, um ihnen die kalte Schulter zu zeigen.

Diese Spezialisten zögern, mit Außenstehenden über ihre berufliche Tätigkeit zu sprechen, weil diese im allgemeinen Ereignisse umfaßt, die noch nicht eingetreten sind. Dennoch sind diese Mitarbeiter in der Regel nicht unempfänglich für „sorgfältige Pflege" und können für verständnisvolle, hilfreiche Verkäufer eine niemals versiegende Informationsquelle sein (die Personalabteilung ausgenommen). Für gewöhnlich bewegen sie sich innerhalb der Organisationsstrukturen nicht nach oben, unten oder seitwärts. Ihre Zukunft liegt eher in einem anderen Unternehmen. Sie sind leicht auszumachen und reden gerne über die Theorie und Routineaspekte ihrer Tätigkeit.

„Fußvolk" (Alle Mitarbeiter, außer Führungskräfte und Spezialisten)

Das „Fußvolk" weiß höchstwahrscheinlich, wie Ihre Produkte wirklich in ihrem jeweiligen Arbeitsbereich funktionieren. Es ist daher empfehlenswert, sich gut mit der Belegschaft zu stellen, um zu erfahren, wann Servicekontakte mit dem Kundenunternehmen fällig sind. Ihre Berichte (positive wie negative) können Ihnen einen guten Grund liefern, ein Mitglied des mittleren Managements um einen Gesprächstermin zu bitten. Diese Mitarbeiter sind froh, daß Sie Interesse bekunden. Sie haben nicht viel Einfluß auf die Gestaltung ihrer Arbeitszeit, und folglich sollten Sie Rücksicht auf ihre Position nehmen.

Wenn wir uns auf der Skala von der Spitze zur Basis der Unternehmenspyramide bewegen, beginnen sich die charakteristischen Merkmale der fünf Management- und Mitarbeiterkategorien allmählich zu verändern. Die Crème de la crème löst sich langsam im Nebel auf und wird von Inhabern, Teilhabern und/oder Aktionären ersetzt. Das Topmanagement verwandelt sich in eine kleine, aber höchst effektive Kerngruppe, die sich als Führungskader oder Betriebsleiter versteht. Die Stabsmanager verschwinden völlig von der Bildfläche, da es keine anderen Projekte als jene gibt, die unmittelbare Auswirkung auf die unternehmerische Tätigkeit haben. Die Spezialisten unterschiedlicher Provenienz sind zum Aussterben verurteilt, weil man heute bei Bedarf an solchen Dienstleistungen oftmals lieber kleine, spezialisierte Fremdfirmen beauftragt. Die Personalabteilung beschränkt sich in ihrer Aufgabenstellung darauf, die erforderliche Anzahl der Beschäftigten im Auge zu behalten und wie alle anderen auf der Lohn- und Gehaltsliste zu bleiben. Das mittlere Management läßt sich gut als kompetentes Aufsichtspersonal verwenden. Und das „Fußvolk" gewinnt zunehmend an Profil und trägt mehr Verantwortung, gepaart mit besserem Zugang zu den Führungsrängen.

Firmenangehörige der Sonderklasse

In jedem Unternehmen gibt es Mitarbeiter der Sonderklasse, die sich sowohl ihrer Firma als auch ihrem Aufgabenbereich innerlich verpflichtet fühlen. Sie arbeiten hart. Sie sind kreativ und gut informiert. Sie gelten als vorurteilslos und für neue Ideen aufgeschlossen. Sie wissen, wie man die Ressourcen des Unternehmens bestmöglich ausschöpft und wie man vermeidet, in lähmender Routine steckenzubleiben. Sie verschaffen sich keine Vorteile auf Kosten anderer, sondern sorgen dafür, daß die Arbeit erledigt wird. Sie respektieren diejenigen Führungskräfte auf höherer Ebene, denen Achtung und Loyalität gebührt, und sie delegieren Aufgaben und Verantwortung an Untergebene, die ihr Vertrauen verdient haben. Fairneß wird bei ihnen großgeschrieben, aber übervorteilen lassen sie sich nicht. Sie nehmen kein Blatt vor den Mund. Im allgemeinen schließen sie sich nicht der Meinung an, daß die althergebrachte Methode immer die beste sei.

Wenn Sie einen Mitarbeiter dieser Art in dem Geschäftsbereich antreffen, für den Sie sich interessieren, sollten Sie alles daran setzen, den Kontakt zu ihm anzubahnen. Ihre Einführung sollte sich durch zwingende Logik und Sachrelevanz auszeichnen. Sie sind vielleicht imstande, ihn mit Ideen und Konzepten zu begeistern, aber am Ende müssen Sie Ihre Argumente durch Fakten belegen. Nach der Präsentation wird er Ihnen genau sagen, was er von Ihnen erwartet. Dieser Besuch ist aber auch mit einem hohen Risiko verbunden, weil er Ihnen die Tür weisen könnte – ein für allemal. Das Gute daran wäre: Sie wüßten jetzt mit 100%iger Sicherheit, daß diese Tür die falsche war.

Lösung für das Fallbeispiel

Yvonne wählte eine Firma für ihr Produkt aus und begann mit der Suche nach dem richtigen „Einstieg". Sie bereitete eine überzeugende Nutzenbeschreibung auf der Grundlage der folgenden Informationen vor, um einen Termin und die Möglichkeit zu erhalten, einen Fuß in die Tür zu bekommen:

- Beschreibung der kundenspezfischen Problemlösung für Universal Insurance,
- Beschreibung der Vorteile/Nutzen,
- Andere Optionen, die zur Wahl standen,
- Produktpalette,
- Profil eines Unternehmens, das von ihren Produkten profitieren würde,
- Verkaufsargumente und Interessenten.

Erste Kontakte zu Schulungsabteilungen oder MIS-Gruppen* herzustellen, wurde als zu riskant oder glatter Fehler betrachtet. Beide würden behaupten, daß sie bereits einen Plan „in der Schublade" hätten, um allen Mitarbeitern, die PC-basierte Anwendungsprogramme benutzten, das Leben zu erleichtern. Darüber hinaus war keine der beiden Gruppen in der Lage, ein nicht eingeplantes Projekt zu finanzieren.

Im Zuge ihrer Recherche stieß Yvonne auf einen Manager in ihrem potentiellen Kundenunternehmen, der auch im Aufsichtsrat von Universal Insurance saß. Sie kam zu der Schlußfolgerung, daß er imstande sein könnte, die Bewilligung einer umfangreichen zusätzlichen Ausgabe, die in keinem Budget ausgewiesen war, zu erwirken. Sie erhielt einen Termin bei ihm und trug ihre Geschichte vor. Sie hatte sich nicht getäuscht: Er hörte aufmerksam zu und verstand die abstrakten und indirekten Vorteile, z.B. das Konzept des Job Enrichment, und den Wert, eine Fremdfirma mit einem solchen Projekt zu betrauen.

Viele Verkäufer klopfen anfangs an die falsche Tür. Die Gründe? Sie nehmen entweder die erste Tür, die sie offen vorfinden, oder informieren sich im Vorfeld nicht gründlich genug, welche Tür die richtige ist. Das Wissen

---

* Management Informations Service

um die (formellen und informellen) Organisationsstrukturen und Geschäftsprozesse hilft Ihnen, die Tür des richtigen Ansprechpartners ausfindig zu machen. Und wenn Sie sich erst Eintritt verschafft haben und Ihre Geschichte für die Topmanagementebene reizvoll ist, dann kann Ihnen schlimmstenfalls passieren, daß man Sie an einen Untergebenen verweist, der die Entscheidung trifft.

Kapitel 4

Verständnis verschiedener Persönlichkeitstypen

– Ein erfrischender Blick auf einen persönlichkeitspezifischen Verkaufsansatz –

Herausforderung:

Der potentielle Kunde hört nicht zu oder geht in die Defensive

Sie haben es geschafft, in den randvollen Terminkalender des potentiellen Kunden eingetragen zu werden; aber jetzt sieht es so aus, als bereue er die Entscheidung. Sie bemühen sich, dem Verkaufsgespräch den Anstrich einer entspannten Unterhaltung zu geben, aber der Kunde befindet sich offenbar auf Konfrontationskurs. Haben Sie etwas Falsches oder Unpassendes gesagt? Ein frustrierendes Verkaufsproblem, das sich mit dem Fortgang des Verkaufsvorgangs immer mehr zuspitzt.

Fallbeispiel: Harry

Harry hatte nach den „Sternen" gegriffen und einen Termin bei Fred Parker erhalten, dem Produktionschef. Dieser verwies ihn an Chad Donaldson, den Werksleiter und Ingenieur, dem die Qualitätskontrolle oblag. Donaldson wußte, daß Harry mit Parker gesprochen hatte, was aber keinen Eindruck auf ihn zu machen schien.

Harry begann, über die marktführende Stellung zu sprechen, die seine Firma, Drive Engineering Inc., in der Riemenantriebsbranche einnahm. Donaldson erklärte, er kenne Harrys Unternehmen, halte es aber nicht für den Marktführer; zumindest könne man das nicht von den letzten vier oder fünf Jahren behaupten. Donaldson sah entschlossen und kämpferisch aus. Harry erinnerte sich, daß Parker die führende Marktposition von DEI nicht angezweifelt hatte; aber Donaldson verteidigte seinen Standpunkt steif und fest und gab keinen Millimeter nach. Er forderte Harry sogar mit ruhiger Stimme auf, seine Behauptung zu beweisen!

Harry nahm an, daß jeder Verkäufer sein Produkt oder seine Dienstleistung und das Preis-Leistungs-Verhältnis für das beste erklärte. An solche Loblieder waren die Kunden gewöhnt, und die erwarteten, sie zu hören. Das stand außer Frage. Man mußte dieses Verslein aufsagen, weil alle anderen Verkäufer es ebenfalls taten.

Harry trat den Beweis an und fuhr alle Geschütze auf, die ihm zu Gebote standen. Er nannte mehrere Firmen, die seine Produkte verwendeten, aber Donaldson blieb stur. Der Mann saß völlig unbeeindruckt da! Harry spürte, wie ihm langsam der Geduldsfaden riß. Er erwähnte, daß DEI in diesem Jahr erstmals auch in ausländischen Märkten präsent sei, und Chad sagte, er wünsche ihnen alles Gute – und dann keinen Ton mehr.

Danach erklärte Chad, er müsse jetzt leider zu einer Besprechung, und Harry erhielt keine Gelegenheit mehr, das Thema Marktführerschaft noch einmal anzuschneiden. Er reichte Chad eine Kopie der Anzeigenwerbung, die DEI derzeit in mehreren Fachzeitschriften geschaltet hatte; hier wurde immer wieder stolz darauf hingewiesen, daß der Hersteller in seiner Branche die Nase vorn hatte.

Harry hatte das Gefühl, daß er und Fred Parker gut miteinander ausgekommen waren und daß dieser ihn sicher ein zweites Mal empfangen würde. Vielleicht konnte er ihn ja an jemand anderen verweisen. Andernfalls würde er sein Glück noch einmal bei Donaldson versuchen. Vielleicht war der Mann an diesem Tag ganz einfach nur mit dem falschen Fuß aufgestanden.

Wenn Sie sich an höchste Stelle wenden, müssen Sie sich auch klarmachen, daß bereits der erste Schuß ins Schwarze treffen sollte. Es gibt eindeutige Unterschiede zwischen Ihren Ansprechpartnern: Sie müssen imstande sein, sowohl Ihren Präsentationsstil als auch den Inhalt maßzuschneidern und an die jeweils spezifische Art der Informationsaufnahme anzupassen. Wenn Sie sich vorab über Ihre Kontaktperson kundig machen, können Sie Ihr Anliegen individueller vortragen. Zum Glück gibt es auch Möglichkeiten, die charakteristischen Eigenschaften Ihres Zuhörers unmittelbar zu „entschlüsseln" und Ihre Botschaft ihnen sofort anzugleichen. Das Wesentliche dabei ist, daß Sie Ihre eigenen Interaktionsmuster und Persönlichkeitsmerkmale erkennen und verstehen. Die Informationen in diesem Kapitel werden Ihnen helfen, sich selbst und anderen Mitspielern im unternehmerischen Umfeld auf den Zahn zu fühlen und den Auftakt des Verkaufsvorgangs so zu gestalten, daß eine optimale Übereinstimmung mit den verschiedenen Persönlichkeitstypen erzielt wird.

Die menschlichen Interaktionen weisen drei Muster auf: Wir gehen auf Konfrontationskurs in unserem Bemühen um Vorherrschaft (Dominanz), streben voneinander weg (Distanz) oder aufeinander zu (beziehungsorientiert). Jeder hat alle drei Verhaltensweisen in seinem Repertoire, aber die meisten Menschen sind entweder vorwiegend dominant oder distanziert oder beziehungsorientiert. Die Beschreibung der extremen Merkmale auf der Skala der Persönlichkeitstypen hilft, das Muster klar zu erkennen; aber denken Sie daran, daß diese typischen Eigenschaften nicht immer so stark oder klar ausgeprägt sind. Wir werden später darauf eingehen, wie sich jeder Typus im Kommunikationsprozeß positioniert, und Strategien vorschlagen, um ein Gespräch anzubahnen und auf Anhieb eine Beziehung zu jedem einzelnen aufzubauen.

Der dominante Typ

Er will in jeder Situation die Kontrolle übernehmen. Er verfügt über ein ausgeprägtes Konkurrenzbewußtsein und muß immer gewinnen. Beruf, Golf, ja sogar Cocktailparties betrachtet er als Kräftemessen. Er hat das Bedürfnis, mehr Geld zu verdienen, besser Golf zu spielen und bei einer Party „mehr Punkte" als seine Rivalen zu erringen. Das Statusdenken ist ihm in Fleisch und Blut übergegangen. Wenn er jemanden kennenlernt, will er als erstes wissen: Bin ich besser als er? Verdiene ich mehr, besitze ich ein größeres Haus, habe ich auf dem Golfplatz ein niedrigeres Handicap...? Der Dominante ist ehrgeizig, robust, aggressiv, darauf bedacht, andere zu manipulieren, arrogant, eingleisig, allem Intellektuellen abhold und unsensibel. Da er jeden Aspekt des Lebens als Wettkampf betrachtet, kann er es sich nicht leisten, über abstrakte Probleme oder die Gefühle anderer nachzudenken. Es würde seine Aufmerksamkeit von dem einzigen Ziel ablenken, das für ihn zählt – GEWINNEN. Da der Sieg einen so hohen Stellenwert besitzt, nimmt er gerne eine „Abkürzung". Es wäre ihm lieber, wenn er nicht tarnen und täuschen müßte, da solche Manöver einen Schatten auf seinen Erfolg werfen könnten, aber ein nicht ganz makelloser Sieg ist immer noch besser als eine Niederlage.

Der Dominante ist unerbittlich auf seine Unabhängigkeit bedacht und pflegt seine Einzelkämpfermentalität. Anweisungen zu befolgen, Ratschläge anzunehmen oder sich an festgefügte Spielregeln zu halten käme einer Niederlage gleich. Deshalb besteht er darauf, die Arbeit nach eigenem Gutdünken zu erledigen, und deshalb setzt er oft alles daran, die Regeln zu umgehen. Er neigt dazu, anderen zu mißtrauen. Er weiß, daß er alles tun würde, um zu gewinnen, und deshalb nimmt er an, daß andere Menschen sich ihm gegenüber nur einen Vorteil verschaffen wollen. Er hat Angst zu verlieren, Angst vor der eigenen Schwäche und der Abhängigkeit von anderen. So mancher ruiniert sogar seine Gesundheit in dem Bemühen, seine „Achillesferse" zu verbergen. Es gibt beispielsweise einige 50jährige, die einen Herzinfarkt erleiden – nachdem sie fünf Sätze Tennis gespielt haben oder beweisen wollten, daß sie „diesen Grünschnäbeln beim Arbeiten locker das Wasser reichen können."

Wenn ein Dominanter auf seinesgleichen trifft, ist ein Konflikt vorprogrammiert. Beide haben das Gefühl: „Entweder er oder ich, und ich werde dafür sorgen, daß er auf der Strecke bleibt." Gegenüber beziehungsorientierten Menschen hat der Dominante absolut das Sagen. Erstere übernehmen naturgemäß eine unterwürfige Rolle, und der Dominante verachtet und tyrannisiert sie. Tatsache ist, daß er sich oft bewußt mit Menschen umgibt, die er schikanieren und herumkommandieren kann. Distanzierte Menschen sind für ihn ein Ärgernis. Er kann es nicht ausstehen, wenn man ihn ignoriert. Am liebsten würde er den anderen am Kragen packen und ihn anbrüllen: „Steig von deinem Elfenbeinturm herunter und kämpfe wie ein Mann!" Seine Aggressivität erschreckt den Distanzierten und führt dazu, daß dieser sich noch mehr in sein Schneckenhaus zurückzieht. Der Dominante gibt dann auf und sucht nach Menschen „von seinem Schlag".

Der dominante Verkäufer

Dominanz kann ein echtes Plus in der Welt des Verkaufs sein, und nahezu alle Verhandlungsasse verfügen reichlich darüber. Sie müssen schließlich Punkte machen wollen. Exzessives Dominanzstreben beeinträchtigt indessen Ihre Leistung. Denken Sie deshalb gründlich über die folgenden Beobachtungen nach und überlegen Sie, wie Sie einen Verkaufsvorgang beeinflussen oder eine entscheidende Wende herbeiführen könnten:

1. Der dominante Verkäufer ist in der Regel wettbewerbsorientiert und geneigt, auf Teufel komm raus einen Abschluß zu erzielen. Er geht davon aus, daß die Kunden prinzipiell nichts kaufen wollen und daß seine Aufgabe darin besteht, jedweden Widerstand mit schlagenden Argumenten, Druck und Zähigkeit zu zermürben.
2. Die Vorausplanung wird von ihm meistens ignoriert oder nur oberflächlich durchgeführt. Er möchte aktiv am Geschehen teilhaben, und nicht herumsitzen und sich den Kopf zerbrechen.
3. Die Eröffnung des Verkaufsgesprächs ist der Startschuß für die nachfolgende Schlacht. Er versucht, sofort die Kontrolle an sich zu reißen, um zu zeigen, daß ihm die Führungsrolle zukommt.
4. Die Bedarfsanalyse läßt meistens an Tiefe vermissen oder entfällt ganz. Der dominante Verkäufer glaubt, er müsse schließlich am besten wissen, was der potentielle Kunde braucht.

5. Sein Informationsangebot ist normalerweise gut strukturiert und trifft ins Schwarze. Da die Bedarfsanalyse jedoch zu wünschen übrigließ, stellt die Interpretation möglicherweise keinen direkten Bezug zu den Problemen und Interessen des potentiellen Kunden her.
6. Einwände werden selten analysiert, und wenn, dann lösen sie oft endlos lange, ziellose Monologe aus. Statt Bedenken im Dialog zu klären und auszuräumen, versucht der dominante Verkäufer, den potentiellen Kunden mit Argumenten und Druck festzunageln.
7. Der Abschluß stellt seine größte Stärke dar. Ein Geschäft an Land zu ziehen, ist in seinen Augen der ultimative Sieg, es zu „vermasseln" die ultimative Niederlage. Und folglich reagiert er unflexibel und beharrt stur auf seiner ursprünglichen Position.
8. Seine Berichte sind selten gut strukturiert oder auf dem neuesten Stand. Er möchte den Eindruck erwecken, als befände er sich schon beim ersten Kundenbesuch im Besitz aller relevanten Informationen.
9. Follow-ups sind eine Seltenheit und oft nur Fassade. Sobald der dominante Verkäufer den Sieg in der Tasche hat, zieht es ihn zum nächsten Kampf. Wenn er verliert, kehrt er nicht an den Schauplatz des „Verbrechens" zurück.
10. Gewinnen ist für ihn so wichtig, daß er sogar unangenehme Korrekturen in Kauf nimmt, um seine Ergebnisse zu verbessern. Er hat keinen Spaß an einer kritischen Selbstbetrachtung, aber er erträgt es noch weniger zu verlieren. Wenn sich z.B. nachweisen ließe, daß ein bestimmter Auftrag deshalb nicht unter Dach und Fach gebracht wurde, weil er einen Einwand des Kunden nicht richtig verstanden hat, dann wird er sich künftig bemühen, solche Argumente vorab zu klären, bevor er darauf reagieren muß.

Der dominante Kunde

Er mißtraut jedem, der ihm etwas verkaufen oder schmackhaft machen will, aus Angst, über den Tisch gezogen zu werden und eine Niederlage zu erleiden. Viele lassen sich jedoch gerne auf einen solchen Verkaufsprozeß ein. Sie fühlen sich stimuliert durch das Kräftemessen mit „Gleichgepolten" und die Aussicht, andere Persönlichkeitstypen schikanieren zu können. Der dominante Kunde fragt sich: Ist dieser Verkäufer gut genug, um mit mir ins Geschäft zu kommen? Zählt er zu den Leistungskanonen in seinem Metier? Verdient er soviel wie ich? Ist er stark und zäh genug, sich auf einen Schlagabtausch mit mir einzulassen? Sein Statusbewußtsein weckt in ihm den Wunsch, sich nur mit Spitzenleuten abzugeben. Er hätte es am liebsten, daß der Verkaufsleiter oder sogar der Firmenchef höchstpersönlich seinen Verkaufsvorgang abwickelt.

Im allgemeinen zieht ein dominanter Kunde den Umgang mit Personen vor, die tonangebend sind und genug Durchsetzungsvermögen besitzen, um seinen Respekt zu erringen. Er hat eine Aversion gegen distanzierte Menschen und geht ihnen möglichst aus dem Weg. Er verachtet und unterdrückt die Beziehungsorientierten, wirft ihnen aber gelegentlich einen „Knochen" hin, um sein eigenes Ego „aufzupolieren".

Obwohl es in einer Verkaufssituation mit einem dominanten Kunden wichtig ist, zu welchem Typus Sie als Verkäufer gehören, arbeiten Sie am effektivsten, wenn Sie folgende Ratschläge beherzigen:

1. Der wirksamste Ansatz heißt „gleich und gleich gesellt sich gern". Sie müssen beweisen, daß auch Sie nicht auf den Kopf gefallen sind, daß Sie über Zähigkeit und Kompetenz verfügen, ohne Ihrem dominanten Ansprechpartner das Gefühl zu geben, er habe eine Niederlage erlitten.
2. Machen Sie gründlich Ihre Hausaufgaben. Der dominante Kunde würde Sie liebend gerne bei einem Fehler erwischen und „auseinandernehmen", wenn Sie schlecht vorbereitet sind oder die Präsentation des Angebots zu wünschen übrigläßt.
3. Ihre Gesprächseröffnung sollte kurz und sachlich sein, aber nicht bedrohlich wirken. Versuchen Sie, einen Draht zu ihm zu finden, indem Sie Rücksicht auf seine wichtige Aufgabenstellung und seine knapp bemessene Zeit bekunden.
4. Die Bedarfsanalyse ist ziemlich einfach. Im allgemeinen redet der dominante Kunde gerne und leidet nur unter „Ladehemmung", wenn er Ihnen mißtraut. Wenn Sie ihm eine Reihe offener Fragen stellen und aufmerksam zuhören, werden Sie alles erfahren, was Sie wissen müssen. Ein solcher Kunde ist begierig auf jemanden, der „seine Sprache" spricht. Denn die meisten Menschen lassen sich so sehr von ihm einschüchtern, daß sie jeden Versuch aufgeben, ihn zu verstehen.

5. Ihre Informationen sollten knapp, aussagefähig und 100%ig präzise sein. Versuchen Sie nie bei einem solchen Kunden, die Wahrheit zu Ihren Gunsten „hinzubiegen", denn damit würden Sie nur seinen angeborenen Zynismus als richtig bestätigen. Machen Sie sich gar nicht erst die Mühe, jedes nur erdenkliche Szenario zu schildern. Geduldiges Zuhören ist nicht seine Stärke; lieber würde er neue Ideen in einem Dialog im Pingpong-Verfahren mit Ihnen erörtern.
6. Analysieren Sie seine Einwände sorgfältig, bevor Sie antworten. Dieser Kunde kann recht ungehalten auf Antworten reagieren, die zeigen, daß Sie ihn nicht verstanden haben. Und wieso maßen Sie sich eigentlich an, seine Vorstellungen von einer Sachlage zu ignorieren? Achten Sie darauf, daß Ihre Antworten ihn nicht unverblümt widerlegen oder bewirken, daß er sein Gesicht verliert.
7. Ihre Schlußfolgerungen sollten direkt und zwingend sein, aber nie einer Aufforderung zur bedingungslosen Kapitulation gleichkommen. Schildern Sie in kurzen Worten die Fakten und appellieren Sie dann an seine Entscheidungsfreudigkeit und Autonomie.
8. Wenn der Abschluß erzielt ist, sollten Sie das Spielfeld so schnell wie möglich verlassen. Der dominante Kunde hat vielleicht ein so mulmiges Gefühl ob seiner „Niederlage", daß er selbst die harmlosesten Bemerkungen als spöttisches Siegergebaren auffassen könnte. Falls das geschieht, können Sie das Geschäft in den Wind schreiben!
9. Alle Folgeaktivitäten sollten kurz und sachlich sein. Zeigen Sie dem dominanten Kunden, daß er einen Spitzenservice von Ihnen erhält, und nehmen Sie auch hier wieder Rücksicht auf seine knapp bemessene Zeit, indem Sie direkt zum springenden Punkt kommen.

Der distanzierte Typ

Ein distanzierter Mensch fühlt sich in Gesellschaft von Dingen, Ideen und Zahlen wohler als im Umgang mit Artgenossen. Er mißtraut anderen, vor allem Leuten, die darauf bedacht sind, ihn zu beherrschen oder ihm auf der menschlichen Ebene näherzukommen. Er hat wenig Verständnis für emotionsgeladene Situationen und versucht, sie zu meiden. Er unterdrückt seine eigenen Gefühle und ignoriert die anderer Menschen. Er ist scheu, stets auf der Hut, unpersönlich und wenig kommunikativ.

Im allgemeinen liebt er Ordnung und Vorhersehbarkeit. Er hat sich selbst fest im Griff und zieht ein strikt kontrolliertes, kalkulierbares Umfeld vor. Schreibtisch, Haushalt und Scheckbuch befinden sich in nahezu perfektem Zustand, und selbst bei geringfügigen Abweichungen von vertrauten Gewohnheiten kann er ernsthaft aus der Fassung geraten.

Der distanzierte Typ ist auf seine Eigenständigkeit bedacht, aber auf andere Weise als der dominante. Er hält viel von Fakten und logischen Argumenten, und er ist stolz auf seine Objektivität. Wenn jemand ihn persönlich herausfordert oder seinen Standpunkt in Frage stellt, gerät er nicht etwa in Wut. Vielmehr bemüht er sich, die Tatsachen vorurteilslos zu betrachten und ändert seine Position, falls die Fakten es erfordern. In der Regel arbeitet er in einem Tätigkeitsfeld, in dem die objektive, unpersönliche Analyse im Vordergrund steht, z.B. als Chemiker, Physiker, Ingenieur, im Rechnungswesen oder in statistisch-mathematisch orientierten Bereichen der Betriebsführung wie Operations Research. Er genießt diese sachliche und vernünftige Form der Arbeit und fühlt sich wohl in Gesellschaft von Leuten, die auf einem ähnlichen Gebiet tätig sind.

Der Distanzierte hat Angst vor Nähe, Abhängigkeit und Unvorhersehbarkeit. Ein Hauptgrund dafür, daß er anderen gerne aus dem Weg geht, besteht darin, daß Menschen nicht so kalkulierbar sind wie Zahlen oder Maschinen. Seine Beziehungen zu Menschen seines Schlags sind freundlich, aber auf Abstand bedacht. Er läßt sich gern mit ihnen auf einen Gedankenaustausch ein, stellt aber niemals Forderungen. Beziehungsorientierten Menschen gegenüber empfindet er Verachtung, Angst, Feindseligkeit und Wut. Er empfindet sie als unlogisch und emotionsgeladen, die beiden größten Verfehlungen in seinem persönlichen Sündenregister. Er ist heimlich verärgert, wenn er ihren Forderungen entsprechen muß, und erschrickt, wenn sie versuchen, sich ihm zu nähern. Er reagiert dann durch Flucht oder Rückzugsverhalten. Noch negativer ist sein Verhältnis zu dominanten Menschen. Er hält sie für unlogische, unbeherrschte Tyrannen und geht ihnen nach Möglichkeit aus dem Weg.

Der distanzierte Verkäufer

Die meisten Verkäufer könnten ein bißchen mehr Distanz ganz gut gebrauchen. Dadurch wären sie besser in der Lage, die Verhaltensweisen und Aktionen ihres Gesprächspartners objektiv zu durchleuchten und eine Gewinnerstrategie zu entwickeln. Nur wenige Verkaufs- und Verhandlungsprofis gehören primär in diese Gruppe, und kaum einer weist die Merkmale des distanzierten Persönlichkeitstyps in extremer Form auf. Ein Mensch dieses Schlags mag die Situation des Gebens und Nehmens nicht, die in einem Verkaufsgespräch oftmals enthalten ist, und wenn er sich darauf einlassen muß, scheitert er gewöhnlich. Ein sehr distanzierter Mensch kann einfach nicht mit den emotionalen Elementen eines typischen Verkaufsumfelds umgehen. Dennoch soll nachfolgend der Ansatz eines außerordentlich distanzierten Verkäufers beschrieben werden:

1. Er ist zumeist logisch, orientiert sich an Fakten, wirkt unpersönlich und entwickelt nur wenig Dynamik in seinem Verkaufsansatz. Er versucht häufig, betriebliche Lösungen in abstrakte, intellektuelle Übungen umzuwandeln. Er geht davon aus, daß sich die Kunden für diejenige Lösung entscheiden, die ihren Bedürfnissen am besten entspricht, und ignoriert die nicht vom Verstand diktierten Faktoren, die viele Kaufentscheidungen beeinflussen.

2. Seine Planung ist meistens hervorragend, aber er verwendet oft zuviel Zeit darauf. Die Arbeit an Konzepten und Strategien ist ihm lieber als ein Gespräch.

3. Die Eröffnung des Verkaufsgesprächs ist unpersönlich; es fehlt der Versuch, eine echte Beziehung zum potentiellen Kunden herzustellen. Er kommuniziert mit einem anderen Menschen, als seien sie beide Computer, und das Gespräch konzentriert sich ausschließlich auf objektive Daten. Seine Art stößt viele Kunden ab.

4. Die Analyse der objektiv meßbaren Fakten ist gründlich und gelegentlich sogar brillant. Der distanzierte Verkäufer ist ein guter Zuhörer; er bemüht sich, alle auf Tatsachen basierende Informationen zu sammeln, und nimmt sich die Zeit, diese Bausteine in ein zusammenhängendes Bild einzufügen. Manche Kunden finden soviel Gefühlskälte indessen abstoßend und weigern sich, ihm mehr zu erzählen als unbedingt nötig. Statt seine eigenen Unzulänglichkeiten zur Kenntnis zu nehmen, gelangt er zu der Schlußfolgerung, daß andere unlogisch sind, und geht ihnen aus dem Weg. Außerdem lernt er nichts aus den psychologischen Bedürfnissen und Problemen anderer. Er hält sich nur an unpersönliche Fakten.

5. Der distanzierte Verkäufer trägt Informationen nüchtern und systematisch vor; aber der Präsentation fehlt der emotionale Reiz, und sie ist häufig viel zu lang. Er versucht, das Gesamtbild zu skizzieren, einschließlich aller Nebensächlichkeiten.
6. Er hört sorgfältig zu, wenn Bedenken geäußert werden, die er mit allen nur erdenklichen Informationen kontert. Er kann allerdings nicht mit Hinhaltemanövern oder versteckten Einwänden umgehen. Ersteres erscheint ihm so unlogisch, daß er den Zauderer weder versteht, noch ihm den Anstoß gibt, eine Entscheidung zu treffen. Nach verborgenen Einwänden zu fahnden, käme ihm nie in den Sinn, weil er die emotionale Grundlage solcher „Finten" nicht begreift. Bei knallharten Gegenargumenten reagiert er hilflos, weil er gezwungen ist, unangenehmen Tatsachen ins Gesicht zu sehen.
7. Der Abschluß ist seine größte Schwäche. Er nimmt an, daß sein Gesprächspartner eine logische Entscheidung treffen wird und zögert, um Auftragserteilung zu bitten. Falls er fragt und eine abschlägige Antwort erhält, hakt er selten nach. Außerdem widerstrebt es ihm, sich gleich welcher „Masche" zu bedienen, sei es, dem potentiellen Kunden mit sanftem Druck die Wahl zu erleichtern, oder stillschweigende Zustimmungstechniken einzusetzen.
8. Sein Angebot zeichnet sich durch eine perfekte Formulierung aus. Jedes Detail entspricht den Tatsachen.
9. Das Follow-up zeichnet sich durch akribische Genauigkeit aus, ist aber unpersönlich. Er analysiert die Geschehnisse gewissenhaft und sorgt dafür, daß seine Berichte und Anmerkungen rechtzeitig vorliegen. Er entwickelt indessen fast nie eine persönliche Beziehung zu bestehenden oder potentiellen Kunden. Er ist außerstande, sich vorzustellen, daß mehr Informationen, Hartnäckigkeit und Durchhaltevermögen nötig oder auch nur hilfreich sein könnten.
10. Er arbeitet hart in Schulungen, in denen technische Aspekte im Mittelpunkt stehen, während er einem Verkaufstraining wenig abgewinnen kann und sich nach Möglichkeit davor drückt. Er möchte seine Leistungen in dem Bereich verbessern, den er schon beherrscht, doch ist er nicht bereit, seine tatsächlichen Schwächen auszumerzen. Er sieht keinen Anreiz darin, seine Verkaufstechniken zu verbessern oder mehr Gespür für die Gefühle anderer zu entwickeln.

Der distanzierte Kunde

Der distanzierte Kunde mißtraut und mag Menschen nicht, die ihm unstreitig etwas verkaufen wollen. Er betrachtet den gesamten Verkaufsprozeß als Zumutung und tut sein Bestes, um nicht in diesen Strudel zu geraten. Er ist der Überzeugung, daß er über eine ausreichende Portion gesunden Menschenverstand und genügend Informationen verfügt, um seine Probleme selbst zu analysieren. Am liebsten wäre es ihm, alle Beschaffungsmaßnahmen über öffentliche Ausschreibungen abzuwickeln und danach keinen Gedanken mehr an die leidige Angelegenheit zu verschwenden!

Der distanzierte Kunde fragt vor allem und direkt nach den Fakten. Und seine heimlichen Fragen lauten: Ist dieser Verkäufer logisch und objektiv, oder versucht er, mich zu manipulieren? Gibt er mir die Fakten, die ich brauche, um eine Entscheidung zu treffen, ohne dabei meine Privatsphäre zu verletzen? Normalerweise läßt er sich von einem Verkäufer überzeugen, der aus dem gleichen Holz wie er geschnitzt ist. Er kommt mit den anderen Persönlichkeitstypen nicht besonders gut aus, am wenigsten mit dominanten Menschen. Er haßt es, herumgeschubst und unter Druck gesetzt zu werden.

An einen potentiellen Kunden aus dieser Gruppe zu verkaufen ist eine Herausforderung, die ein hohes Maß an Logik und Konzentration erfordert. Damit wird unter Umständen auch die Fähigkeit eines Verkaufsprofis, seine Strategie unbeirrt zu verfolgen, einem „Lackmustest" unterzogen. Folgende Empfehlungen können Sie als Leitfaden zum Erfolg bei distanzierten Kunden benutzen:

1. Ihr wirkungsvollster Ansatz ist sachlich, logisch und an Fakten orientiert. Lassen Sie Tatsachen für sich sprechen. Halten Sie Ihre Persönlichkeit aus der Interaktion heraus.
2. Ihr Verkaufskonzept sollte noch gründlicher ausgearbeitet sein als das für den Umgang mit einem dominanten Kunden bestimmte. Versuchen Sie nach Möglichkeit, ihm alle Fakten zu präsentieren.
3. Ihre Gesprächseröffnung sollte kurz und sachlich sein. Beschränken Sie Höflichkeitsfloskeln auf ein Minimum; erklären Sie präzise den Grund Ihres Besuchs.

4. Ihr größtes Problem bei der Bedarfsanalyse besteht darin, Ihr Gegenüber zum Reden zu bringen. Sagen Sie klipp und klar, welche Informationen Sie brauchen und warum; danach stellen Sie gezielte Fragen, um ihm die „Zunge" zu lockern. Sie sollten das Gespräch steuern, aber nicht beherrschen. Der potentielle Kunde muß merken: Da ist jemand, der genau weiß, was er will.
5. Bieten Sie ihm detaillierte, sachliche, hieb- und stichfest belegte Erklärungen; sorgen Sie für ausreichendes Informationsmaterial, um Ihre Argumente abzufedern.
6. Vergewissern Sie sich, daß Sie genau verstehen, was mit einem Einwand ausgesagt werden soll; dann bringen Sie objektive, sachliche und logische Gegenbeweise vor. Wenn Sie den Verdacht haben, hier könnte es sich um einen versteckten Einwand handeln, antworten Sie indirekt. Verzichten Sie darauf, offen über emotionale Probleme zu diskutieren.
7. Auf der Suche nach Zustimmung oder Zusage sollten Sie keinen Druck anwenden und logisch vorgehen. Distanzierte Kunden hassen es, zu einer Entscheidung gedrängt zu werden. Zeigen Sie dem potentiellen Kunden statt dessen, daß Ihr Lösungsvorschlag dem gesunden Menschenverstand entspricht. Schlußfolgerungen, die sich auf die Unternehmensbilanz beziehen, sind besonders wirksam.
8. Die endgültige Übereinkunft oder das Angebot, auf das Sie sich verständigt haben, muß vollständig und ordnungsgemäß dokumentiert sein. Der distanzierte Kunde haßt es, wenn die Schreibarbeit „schlampig" gehandhabt wird und hat aus diesem Grund schon so manches Geschäft platzen lassen.
9. Ihr Follow-up sollte gründlich sein, aber nehmen Sie erst dann wieder persönlichen Kontakt auf, wenn Sie etwas Interessantes mit Ihrem Kunden zu besprechen haben. Wenn es sich nur um Routine-Informationen handelt, ist ein Schriftstück besser. Und fahren Sie nie auf einen Sprung vorbei, um mal schnell guten Tag zu sagen.

Der beziehungsorientierte Typ

Er ist in stärkerem Maß als alle anderen auf Zuneigung, Akzeptanz, Verständnis und Zustimmung angewiesen. Er zeichnet sich durch Wärme, Freundlichkeit und aufrichtiges Interesse an anderen Menschen aus. Er genießt alle Spielarten sozialer Interaktionen, versucht aber nicht, die erste Geige zu spielen. Er ist voll damit zufrieden, Teil einer Gruppe zu sein. Er ist ein guter Zuhörer und hat viel Gespür für die Stimmungen und Persönlichkeitsmerkmale seiner Gesprächspartner. Ihn interessieren Menschen, und er möchte sie verstehen. Er heißt die Ideen anderer gut, weil es ihm wichtig erscheint, daß man ihn mag. Er ist häufig der Gebende in einer Beziehung und hilfsbereit, insbesondere gegenüber Personen, die ihn mit Dankbarkeit und ihrer Zuneigung entlohnen.

Alle diese Merkmale machen ihn beliebt, aber er ist sich dennoch nie sicher, daß man ihn wirklich mag. Deshalb braucht er ständig eine Bestätigung. Diese Forderungen nach Anerkennung lassen ihn in der Achtung anderer sinken, und er kann zu einer schier unerträglichen Plage werden. Damit beginnt ein Teufelskreis: Nachdem die anderen wiederholt angedeutet haben, daß sie ihn wirklich sympathisch finden, reicht es ihnen. Doch das Bedürfnis nach Bestätigung ist bei einem beziehungsorientierten Menschen so groß, daß er es nicht unterdrücken und den Personen in seiner Umgebung damit so auf die Nerven gehen kann, daß sie sich von ihm zurückziehen. Die wachsende Distanz vermehrt wiederum seine Unsicherheit und sein Bedürfnis nach Bestätigung, was die Rückzugstendenzen auf der anderen Seite noch mehr verstärkt. Die eskalierende Spirale dreht sich immer weiter, bis die Beziehung am Ende auseinanderbricht.

Die Unsicherheit des Beziehungsorientierten bewirkt, daß er leicht zur Zielscheibe von Ausbeutung und Manipulation wird. Er geht bereitwillig auf Vorschläge ein, selbst wenn er argwöhnt, daß er „über den Löffel barbiert" werden soll. Er ist loyal, selbst gegenüber Menschen, die seine Treue nicht verdienen. Er gerät sofort in Panik bei dem Gedanken, verlassen oder zurückgewiesen zu werden, und scheut jede Form des Konflikts (einschließlich Wettbewerb). Er hat außerdem Angst vor allen Varianten der Aggressivität, vor allem vor seiner eigenen. Er möchte gerne glauben, daß er gegen jedermann freundliche Gefühle hegt. Eifersucht kann sich für ihn zu einem schwerwiegenden Problem auswachsen. Er reagiert eifersüchtig und aggressiv, wenn sich jemand zwischen ihn und die Menschen stellt, die er mag, aber er hat Schuldgefühle angesichts seiner eigenen Emotionen.

Im allgemeinen befindet er sich mit „Gleichgepolten" auf einer Wellenlänge. Beide sind imstande, ihre wechselseitigen Bedürfnisse zu befriedigen, aber mutmaßen unter Umständen, daß sie mehr geben als der andere. Der Beziehungsorientierte läßt zu, daß er von dominanten Menschen tyrannisiert und ausgenutzt wird. Doch von Zeit zu Zeit staut sich soviel heimlicher Groll auf, daß er ihn nicht unterdrücken kann; dann holt er auf extrem zerstörerische Weise zum Schlag aus. Distanzierte Menschen frustrieren ihn. Er sucht den persönlichen Kontakt, aber der andere zieht sich ständig in sein Schneckenhaus zurück. Er bleibt noch eine Weile am Ball, doch dann gibt er auf und hält nach umgänglicheren Menschen Ausschau.

Der beziehungsorientierte Verkäufer

Einige der charakteristischen Eigenschaften des beziehungsorientierten Typs sind im Verkauf von Nutzen. In der Regel reagiert der beziehungsorientierte Verkäufer aufgeschlossen gegenüber allen Menschen, die er mag und denen sein Wohl wirklich am Herzen liegt. Er läuft indessen Gefahr, sich von anderen abhängig zu machen und fremdbestimmt zu werden. Eine solche Abhängigkeit über das normale Maß hinaus ist ein schwerwiegendes Manko. Er riskiert bei jedem Verkaufsgespräch mit einem potentiellen Kunden eine Zurückweisung, und jedes Mal muß er um eine Entscheidung bitten. Ein Verkäufer, der extrem beziehungsorientiert ist, kann es sich emotional nicht leisten, ein solches Risiko einzugehen. Deshalb bahnt er nicht genügend Erstkontakte an; er kommuniziert nur mit den Menschen, die ihm freundlich begegnen, und seine Besuche gleichen häufig eher einem geselligen Beisammensein als dem ernstgemeinten Versuch, neue Verkaufschancen zu eruieren.

Der Beziehungsorientierte macht sich gut in „verkaufsunterstützenden" Rollen. Viele können dem Wettkampfaspekt nicht viel abgewinnen, der mit dem Erreichen von Leistungsvorgaben im Verkauf verbunden ist, und es fehlt ihnen der Enthusiasmus, sich mit Feuereifer in firmenweite Verkaufskampagnen zu stürzen. Die nachfolgende Liste rückt die meisten Schwierigkeiten in den Brennpunkt, denen sich Verkäufer mit diesem Persönlichkeitsprofil in einer Verkaufssituation gegenübersehen:

1. Die übergeordnete Verkaufsmethode besteht darin, die Sympathie potentieller Kunden zu gewinnen. Der beziehungsorientierte Verkäufer unterstellt, daß die meisten Kunden Aufträge nur an jemanden vergeben, den sie mögen. Doch leider veranlaßt sein extremes Bedürfnis

nach Anerkennung andere zum Rückzug.
2. Sein Konzept konzentriert sich auf die Person, und nicht auf die Verkaufschance. Er richtet sein Augenmerk darauf, in Erfahrung zu bringen, wie er die bestmögliche zwischenmenschliche Beziehung aufbaut, und ist bestrebt, das Bedürfnis nach anderen Informationsarten auf ein Mindestmaß zu beschränken.
3. Die Eröffnungsphase des Verkaufsgesprächs ist herzlich, freundlich und viel zu lang. Er genießt das lockere Geplänkel und hat Angst, daß die Beziehung leidet, wenn er zur Sache, sprich zum geschäftlichen Teil kommt (obwohl oft das Gegenteil der Fall ist).
4. Während der Bedarfsanalyse erhält er zahlreiche Informationen, aber ein großer Teil ist irrelevant. Menschen reden gerne, wenn sie einem aufmerksamen Zuhörer gegenübersitzen, aber die Unterhaltung driftet in alle möglichen Richtungen ab.
5. Die Kommunikation ist meistens vage und zu ausschweifend. Der beziehungsorientierte Verkäufer kommt nicht direkt auf den Punkt und spart unter Umständen wichtige Themen aus, die seinen Gesprächspartner – wie er meint – kränken oder langweilen könnten.
6. Er hört sich Gegenargumente aufmerksam an, und sein Einfühlungsvermögen macht es dem Kunden leicht, verborgene Einwände einzuflechten. Seine Antworten sind gleichwohl zu lang und zu unpräzise, und er ist außerstande, Hinhaltemanöver und knallharte Gegenargumente mit Bestimmtheit auszuräumen.
7. Der Abschluß ist seine größte Schwachstelle. Er kann seine Bedürfnisse oder Wünsche einfach nicht nachhaltig durchsetzen. Manchmal bittet er nicht einmal um Rückmeldungen, und wenn doch, dann nicht öfter als einmal. Er hat Angst, daß eine spezifische Bitte, z.B. um Auftragserteilung, ein angenehmes Gespräch in eine unangenehme Konfrontation verwandeln könnte.
8. Er verbringt zuviel Zeit damit, mit dem Kunden weiterzuplaudern, sobald sich beide handelseinig geworden sind. Er empfindet es als wesentlich erfreulicher, noch eine Weile über den Geschäftsabschluß zu reden, als den nächsten potentiellen Kunden zu besuchen und eine Zurückweisung zu riskieren.
9. Das Follow-up ist in der Regel musterhaft. Der beziehungsorientierte Verkäufer konzentriert sich auf die Interessen der anderen Partei und tut sein Bestes, um sie zu schützen. Er sucht häufig und gerne den Kontakt zu Kunden, die er persönlich kennt.

10. Bei Schulungen wirkt er oberflächlich mit, doch widerstrebt es ihm, an seinen tatsächlichen Schwächen zu arbeiten. Eine Zurückweisung empfindet er als so schmerzhaft, daß es fast unmöglich ist, ihn zu motivieren, wieder die Initiative zu ergreifen und von sich aus Kontakte zu potentiellen Kunden und Interessenten anzubahnen.

Der beziehungsorientierte Kunde

Ihn zu kontaktieren ist einfach. Er wird Ihnen keine unverblümte Absage erteilen, und vielen gefällt es, mit einem Verkaufsrepräsentanten über Geschäfte zu sprechen, vor allem, wenn dieser freundlich und aufmerksam ist. Der beziehungsorientierte Kunde fragt sich insgeheim: Liegt diesem Verkäufer wirklich etwas an meiner Person? Bin ich ihm sympathisch? Oder ist er nur nett, weil er den Auftrag an Land ziehen will? Wenn die Antworten nein, nein, ja lauten, wird er weiterhin reden und zuhören, aber er wird bestrebt sein, sie in ja, ja, nein umzuwandeln.

Im allgemeinen schließt er nur Geschäfte mit Personen ab, die er mag. Manche akzeptieren sogar weniger leistungsstarke Produkte oder zahlen ein paar Mark mehr, um einen Auftrag an alte Freunde, an Nachwuchsverkäufer, die den Umsatz dringend brauchen u.ä. zu vergeben. Die neun nachstehend beschriebenen Punkte sichern Ihren Verkaufserfolg bei potentiellen Kunden dieser Kategorie:

1. Der wirksamste Ansatz ist freundlich-dominantes Verhalten. Überzeugen Sie ihn von der Aufrichtigkeit Ihres Interesses, aber übernehmen Sie die Kontrolle über das Verkaufsgespräch. Der beziehungsorientierte Kunde braucht eine sanfte Führung und möchte, daß Sie ihn an die Hand nehmen – wenn er spürt, daß es zu seinem Besten geschieht.
2. Ihr Verkaufskonzept muß nicht in allen Einzelheiten ausgearbeitet sein. Ihr potentieller Kunde ist großzügig und verzeiht oder übersieht sogar geflissentlich Fehler, die Gesprächspartner mit anderem Persönlichkeitsprofil ärgern würden.
3. Ihre Kommunikation sollte warmherzig, freundlich und ohne Eile sein. Sprechen Sie über seine persönlichen Interessen und weisen Sie auf Gemeinsamkeiten hin. Drängen Sie ihn nicht zu einer Entscheidung. Denken Sie daran: Für den beziehungsorientierten Kunden ist wichtig, daß man ihn mag; bekunden Sie also Ihre aufrichtig empfundene Sympathie.

4. Die Bedarfsanalyse ist möglicherweise nicht so prägnant oder straff organisiert, wie Sie es gerne hätten. Sie sind vielleicht frustriert über Randbemerkungen, die nicht zum Thema gehören; aber Sie können es sich nicht leisten, Ihren Unmut zu zeigen. Versuchen Sie nicht, den Prozeß mit einer Reihe von Fragen zu beschleunigen, bei denen Sie ihm die Antwort quasi in den Mund legen. Lenken Sie das Gespräch mit sanfter Hand auf dasjenige Gebiet, das Ihr Anliegen ist; aber nehmen Sie gelegentliche Abweichungen von der Zielgeraden als unvermeidlich in Kauf.
5. Ihre Informationen sollten kurz, aber nicht kühl und geschäftsmäßig sein. Versuchen Sie, sowohl Ihre Professionalität als auch Ihre Freundlichkeit zu bekunden.
6. Hören Sie sorgfältig zu und fühlen Sie dem Kunden behutsam auf den Zahn, um verborgenen Einwänden auf die Spur zu kommen. Dieser Kunde zögert, Ihnen rundheraus Dinge zu sagen, die Sie verletzen könnten.
7. Ihr Abschluß sollte bestimmt, aber freundlich erfolgen. Beziehungsorientierte Kunden sind von Haus aus unentschlossen, und sie nehmen es nicht übel, wenn ihnen jemand, dem sie vertrauen, „auf die Sprünge" hilft.
8. Nehmen Sie sich Zeit nach der Auftragserteilung. Erwecken Sie nicht den Eindruck, Sie hätten es eilig, sich zu verabschieden. Unterhalten Sie sich noch ein paar Minuten, nachdem der Handel perfekt ist.
9. Das Follow-up ist besonders wichtig, vor allem der zwischenmenschliche Aspekt. Melden Sie sich regelmäßig, selbst wenn Sie keine brandaktuellen Neuigkeiten in petto haben. Wenn Sie beweisen, daß Sie nicht zu denen gehören, die sich aus dem Staub machen, sobald ihr Verkaufsziel erreicht ist, haben Sie vielleicht einen loyalen, langjährigen Kunden gewonnen.

Abbildung 4.1: *Kundenprofile auf einen Blick*, faßt die interaktiven Aspekte einer Verkaufssituation mit dominanten, distanzierten und beziehungsorientierten Käuferpersönlichkeiten zusammen.

Analysieren Sie Ihre eigene Persönlichkeit

Jedes extreme Persönlichkeitsprofil weist ein charakteristisches Muster von Stärken und Schwächen auf, das im Verhalten bestimmter Menschen besonders effektiv ist. Deshalb sollten Sie entscheiden, wie dominant, distanziert oder beziehungsorientiert Sie sind, um Ihre Stärken zu nutzen, Ihre Schwächen auszugleichen und sich auf die bestehenden und potentiellen Kunden zu konzentrieren, die besonders empfänglich für Ihre spezifischen Persönlichkeitsmerkmale und Arbeitsmethoden sind.

Wenn Sie in erster Linie dominant sind, sollten Sie Ihrem „herrschsüchtigen" Ansatz die Spitze nehmen, vor allem in der Eröffnungsphase eines Verkaufsgesprächs. Versuchen Sie nicht, Ihren Gesprächspartner zu überrumpeln. Verwenden Sie mehr Zeit auf die Planung des Verkaufsvorgangs und die Analyse. Hören Sie aufmerksamer zu und halten Sie nach Anzeichen für verborgene Probleme und Verwirrung Ausschau. Profilieren Sie sich durch Kundenbetreuung nach dem Verkauf und persönliches Interesse. Der Umgang mit dominanten und beziehungsorientierten Kunden ist für Sie optimal.

Wenn Sie zu den primär distanzierten Verkäufern gehören, sollten Sie mehr Biß zeigen und ein gewisses Maß an persönlichem Engagement für die Interessen und Probleme Ihres Gesprächspartners bekunden. Sorgen Sie für eine längere und freundlichere Eröffnungsphase des Verkaufsgesprächs; kürzen Sie dafür den Informationsteil, der außerdem eine Spur forscher sein dürfte. Halten Sie nach Einwänden Ausschau, mit denen der Kunde hinter dem Berg hält, und reagieren Sie nicht nur auf die logischen Gründe für Hinhaltemanöver. Und wichtiger noch: Haken Sie immer wieder nach, um zu sehen, ob Ihnen Ihr Gesprächspartner zustimmt, und überprüfen Sie sorgfältig Ihre Fortschritte. Da solche Aktionen für Sie ungewohnt und unangenehm sind, sollten Sie bei Produkten und Dienstleistungen bleiben, die einen analytischen Verkaufsansatz erfordern. Die beste Konstellation für Sie ist: der Umgang mit Kunden, die eine ebenso distanzierte Persönlichkeitsstruktur aufweisen.

Wenn zwischenmenschliche Beziehungen für Sie an erster Stelle stehen, sollten Sie mehr Dynamik und analytische Gesichtspunkte in den Verkaufsvorgang bringen. Hören Sie auf, sich den Kopf zu zerbrechen, ob man Sie mag: Sie können die Achtung Ihres Gesprächspartners und einen Geschäftsabschluß verspielen, wenn Sie Ihr Augenmerk ausschließlich darauf richten, ob man Sie akzeptiert. Planen Sie sorgfältiger, und Ihre Eröffnungsphase sollte kürzer und sachlicher sein. Richten Sie Ihre Be-

	Dominant	**Distanziert**	**Beziehungsorientiert**
Übliche Reaktion:	Kampfansage	Vermeiden	Willkommen
Heimliche Frage:	Bist du gut?	Bist du logisch?	Bist du wirklich interessiert?
Aussichtsreicher Ansatz:	Zeig' mir, daß du selbstsicher und gut vorbereitet bist.	Zeig' mir, daß dir an Logik und Genauigkeit liegt.	Zeig' mir, daß du mich verstehst und auf mich eingehst.
Vorbereitung:	auf Einwände und Druck	Schwerpunkt: Unterstützung und technische Präzision	Schwerpunkt: Entwicklung einer freundschaftlichen Beziehung
Gesprächseröffnung:	bestimmt; Vorteile und Nutzen	Fakten	menschliche Wärme und Aufrichtigkeit
Analyse:	Zeig' mir, daß du meine Probleme anerkennst.	Zeig' mir, daß du meine Probleme verstanden hast.	Zeig' mir, daß du dir meine Probleme aufmerksam anhörst.
Präsentation:	kurz, präzise, Schlag auf Schlag	sachlich und logisch	auf die Person zugeschnitten
Einwände, gestützt auf:	vorgefaßte Meinungen und Vorurteile	sachbezogene Merkmale und Details	Ängste und Gefühle
Kauft, wenn er:	glaubt, daß Sie zu den Gewinnern zählen.	die Lösung logisch findet.	Ihnen vertraut.

Abbildung 4.1: Kundenprofile auf einen Blick

darfsanalyse stärker am Zweck Ihres Besuchs aus, tragen Sie Ihr Anliegen bestimmter vor und denken Sie daran, Ihre Fortschritte ständig im Auge zu behalten.

Füllen Sie den Fragebogen in Abbildung 4.2 aus. Kreisen Sie das Wort oder den Satz in jeder Zeile ein, das/der am besten auf Sie zutrifft. Wenn Sie sich in Ihrem Verkaufsansatz beispielsweise sowohl an Fakten als auch an Menschen ausrichten, wobei Sie letzteren einen höheren Stellenwert beimessen, kreisen Sie „an Menschen orientiert" ein. Nach Ausfüllen des Fragebogens errechnen Sie Ihren Punktestand, indem Sie die Anzahl der Kreise in jeder Spalte zusammenzählen und dann mit 5 multiplizieren. Ihre Punktezahl für alle drei Spalten zusammengenommen sollte 100 ergeben. Die Punktezahl für jede einzelne Spalte zeigt in etwa das Gewicht dieses Persönlichkeitsmerkmals. Wenn Sie z.B. Dominant = 30, Distanziert = 35 und Beziehungsorientiert = 35 errechnet haben, ist Ihre Persönlichkeitsstruktur ziemlich ausgewogen. Wenn Sie dagegen mit Dominant = 75, Distanziert = 25 und Beziehungsorientiert = 5 aufwarten, sind Sie ziemlich beherrschend und nicht gerade ein Mensch, der in erster Linie Wert auf harmonische Beziehungen legt.

Wissen bringt „Pluspunkte"

Vielleicht kennen Sie den Ausspruch, daß niemand eine zweite Chance erhält, um den ersten Eindruck wettzumachen. Darin steckt ein Körnchen Wahrheit. Wenn Sie anhand von Abbildung 4.3 festgestellt haben, daß Ihre Waagschale heftig zur dominanten Seite ausschlägt, während Ihr Kunde infolge seines Persönlichkeitsprofils stärker zur Distanz neigt, sollten Sie Ihr Wissen um seine Einstellungen und Erwartungen nutzen. Ihr Gesprächspartner wird Ihnen höchstwahrscheinlich das Etikett „aggressiv" anhängen, und folglich wären Sie gut beraten, Ihr Tempo zu drosseln und logische Ideen zu präsentieren, die einem echten Dialog den Weg ebnen.

Es zahlt sich nicht aus, in puncto Persönlichkeitsmerkmale völlig „aus der Reihe zu tanzen." Zum Glück ist das bei den wenigsten Verkäufern der Fall. Ungeachtet dessen scheint bei allen Menschen die eine oder andere Komponente zu überwiegen. Es ist von Vorteil, wenn Sie sich selbst in dieser Hinsicht kritisch beobachten, aber auch die Personen einzuordnen versuchen, mit denen Sie kommunizieren und in geschäftlicher Beziehung stehen. Um welches Thema es sich auch handeln mag, Ihre Meinung und Ihre Argumente erzielen eine nachhaltigere Wirkung, wenn Sie sich die Mühe gemacht haben, die Stimmungen und Persönlichkeitsstrukturen Ihres Gesprächspartners auszuloten.

Die Informationen in diesem Kapitel sind außerordentlich wichtig und auch ein wenig komplex. Sie können immer wieder darauf zurückgreifen, wenn Sie blitzschnell überprüfen wollen, wie die Persönlichkeitsmerkmale der Interaktionspartner kombiniert werden können, um eine dynamische Verkaufsbeziehung aufzubauen. Wir haben diesem Bedürfnis durch eine knappe Zusammenfassung im Anhang Rechnung getragen.

Dominant	Distanziert	Beziehungsorientiert
Greift an	Zieht sich zurück	Sucht Nähe
An Geld und Macht orientiert	An Fakten orientiert	An Menschen orientiert
Aggressiv	Sachlich	Freundlich
Mißtrauisch	Kühl	Vertrauensvoll
Unsensibel	Gleichgültig	Sensibel
Angst zu verlieren	Angst vor Nähe	Angst vor Zurückweisung
Muß stark sein	Muß allein sein	Muß akzeptiert sein
Selbstsüchtig	Unbeteiligt	Selbstaufopfernd
Bricht die Regeln Hört nicht zu	Befolgt die Regeln Achtet nur auf Fakten	Beugt die Regeln Achtet auf Emotionen und Fakten
Genießt Verkaufssituation	Mißbilligt emotionale Aspekte	Verletzt bei Zurückweisung durch potentiellen Kunden
Unflexibel	Nur für Fakten aufgeschlossen	Für Menschen aufgeschlossen
Guter Draht zu Siegern	Kein guter Draht zu Menschen	Guter Draht zu netten Menschen
Hart Wettbewerbsorientiert	Analytisch Wachsam	Freundlich Kooperativ
Redet gerne Liebt Sport	Denkt gerne nach Liest gerne	Hört aufmerksam zu Liest gerne
Gibt am liebsten den Ton an	Konzentriert sich auf Fakten	Mag mich
Schnelle Schlußfolgerungen	Läßt Tatsachen für sich sprechen	Würde keine Schlußfolgerung aufdrängen
Wenig Einzelheiten	Berücksichtigt nur Problemstellung	Hört Beschreibung aller Probleme an
Kreise	———	———
x 5	———	———

Abbildung 4.2: Fragebogen zur Persönlichkeitsanalyse

Verkäufer-typ	Dominanter Kunde	Distanzierter Kunde	Beziehungsorientierter Kunde
Dominant:	aalglatt, wettbewerbsorientiert	aggressiv, unlogisch,	aggressiv und unaufrichtig
Distanziert:	abgekapselt, nimmt Herausforderung nicht an	angenehm, aber abgekapselt	abgekapselt, wenig Sympathie
Beziehungsorientiert:	willensschwach und unterwürfig	emotionsgeladen, nicht sachlich-präzise	phantastisch

Abbildung 4.3: Wie der potentielle Kunde den Verkäufer wahrnimmt

Lösung für das Fallbeispiel

Harry erzählte seiner Kollegin Helen Marie von seinem Besuch bei Chad Donaldson und sie stimmte ihm zu, daß dieser Kerl gräßlich sein mußte. Dann meinte sie, es wundere sie gar nicht, daß er Harry an die frische Luft gesetzt habe. Harry erwiderte ungehalten: „Ich finde das kein bißchen komisch; mit diesem Kunden hätte ich ein gutes Geschäft abschließen können."

Helen Marie erklärte ihm die Unterschiede zwischen dominanten, distanzierten und beziehungsorientierten Persönlichkeitsmustern. Sie drängte Harry, sich Klarheit über deren Bedeutung in einer Verkaufssituation zu verschaffen. Sie spornte ihn an, seine eigenen Persönlichkeitsstrukturen zu durchleuchten, um seine Rolle in der Kundenbeziehung besser zu verstehen.

Harry befolgte Helen Maries Rat und kam zu der Schlußfolgerung, daß Chad eindeutig die Merkmale distanzierter Menschen aufwies: Er war ein Analytiker, ein introvertierter Denker, achtete nur auf Fakten und wirkte kalt. Mit Helen Maries Hilfe stellte Harry fest, daß er selbst zu den dominanten Persönlichkeiten zählte. Sobald er diese Mechanismen begriffen hatte, konnte er sich besser auf das Persönlichkeitsprofil seiner potentiellen Kunden einstellen, und er war zuversichtlich, daß er auch mit Chad künftig auf einen gemeinsamen Nenner kommen würde.

Chad erklärte sich nur zögernd bereit, ihn noch einmal zu empfangen, und nur unter der Bedingung, daß Harry sich an Fakten hielt. Harry hatte sich auf diesen Besuch sorgfältig vorbereitet. Er würde konzentriert zuhören und Chad Schritt für Schritt durch die Produktinformationen führen, die sich ausschließlich auf Fakten stützten. Er wollte sich in Geduld üben und Chad selbst die Folgerung ziehen lassen, daß sich die DEI in ihrem Markt seit längerem auf dem Vormarsch befand und inzwischen einen Platz an der Spitze hielt. Die Tatsachen würden für sich selbst sprechen. Zum Abschluß der Präsentation war ein Videofilm von zehn Minuten Dauer geplant, der die Einführung der Antriebsriemen von DEI in mehreren schadstoffbelasteten Herstellerbetrieben zeigte. Der Film deutete an, daß die Umstellung schon in der Testphase beachtliche Kosteneinsparungen mit sich brachte.

Während des Besuchs bestätigte sich, daß Chad wirklich zu den Menschen mit distanziertem Persönlichkeitsprofil gehörte und Harry stellte fest, daß sein Verhalten wie nach Lehrbuch erfolgte. Nach dem Film erklärte Chad, er wolle verschiedene Riemen mit XJH-Beschichtung ansehen und eigenhändig prüfen; möglicherweise sei man an einer Installation von mehreren Dutzend in denjenigen Werken interessiert, die umwelttechnisch als schwierig eingestuft wären. Er erklärte sich einverstanden, dafür zu zahlen. Und Harry erkannte, welchen Wert das Wissen um die verschiedenen Persönlichkeitstypen haben kann.

Kapitel 5

Wirkungsvolle Kommunikation

– Funktionierende Techniken, die in den meisten Verkaufssituationen anwendbar sind –

Herausforderung:

Der Umgang mit negativen Wahrnehmungen

Wenn Ihr Kunde oder Interessent einen negativen Eindruck von Ihnen, Ihrem Produkt oder Ihrem Unternehmen hat, sollten Sie dieses Problem unverzüglich angehen. Es wird Ihnen sicher keinen Spaß machen, diese Hürde erst am Ende eines langwierigen Verkaufsprozesses zu entdecken, wenn die Stunde der Entscheidung naht, und Sie noch einmal am Nullpunkt beginnen müßten. In jedem Fall brauchen Sie schlagkräftige Argumente und starke Kommunikationsstrukturen, um eine Einstellungsänderung zu bewirken.

Fallbeispiel: Scott

Scotts Firma stellte Verbindungselemente für Fertigungsunternehmen der Leicht- bis Schwerindustrie in verschiedenen Branchen her. Seaboard Metals hatte in letzter Zeit eine Durststrecke überwinden müssen; das Urteil „Liquiditätsschwund" war ruchbar geworden und in zahlreichen Tageszeitungen und einigen Branchenzeitschriften schwarz auf weiß nachzulesen. In manchen nachfolgenden Berichten hieß es, die Firma sei ins Trudeln geraten und stehe zum Verkauf.

Scott registrierte bereits die ersten Alarmsignale bei den einen oder anderen seiner Kundenunternehmen. Sie brauchten die Gewißheit, daß Seaboard Metals ihren Bedarf langfristig zu decken vermochte. Er tat sein Bestes, aber er sah, wie die Zweifel wuchsen, und spürte, wie ihm die Dinge aus den Händen glitten.

Der letzte Tiefschlag kam am Wochenende, im Wirtschaftsteil der Tageszeitung. Die Gewerkschaftsmitglieder hatten einen Artikel verfaßt, in dem sie ihre Besorgnis angesichts der kränkelnden Seaboard Metals zum Ausdruck brachten und zwei Sitze im Vorstand forderten. Des weiteren hieß es, man habe aus vertraulicher Quelle erfahren, daß die Gewerkschaft dem Unternehmen eine kräftige Finanzspritze verabreichen wolle, falls die Geschäftsleitung die Zusage mache, nur mit Zustimmung der Gewerkschaft zu verkaufen. Dieser Quelle zufolge drohte der Seaboard kein Streik.

Der Seaboard-Vorstandsvorsitzende gab ein firmeninternes Memo heraus, in dem er der Belegschaft versicherte, das Unternehmen sei gesund genug, um allen derzeitigen Schwierigkeiten zu trotzen und die Dürreperiode zu überwinden. Die Verlautbarung enthielt Einzelheiten, die seinen Standpunkt belegten, und endete mit der Bemerkung, daß man in den mehr als 42 Jahren seit Bestehen der Firma schon ähnlich harte Zeiten durchgestanden habe.

Scott wußte, daß alle diese Punkte für die Kunden einer Hiobsbotschaft gleichkamen. Es würde heiße Diskussionen über Risiken und Konsequenzen geben. Er mußte dieses Problem, das negative Bild, das sich die Öffentlichkeit von Seaboard machte, unverzüglich in Angriff nehmen.

Gerade weil Sie Verkäufer sind, sollten Sie sorgfältig prüfen, wie gut und wirkungsvoll Ihre Kommunikation wirklich ist. Der Erfolg in diesem Bereich wird von der Häufigkeit bestimmt, mit der die eigenen Ziele realisiert werden. Wenn Sie für gewöhnlich alles erreichen, was Sie sich vorgenommen haben, könnte es daran liegen, daß Sie die Erwartungen für Ihr Kommunikationsziel sehr niedrig angesetzt haben. Wenn Ihre Zielvorgaben auf einem festem Fundament ruhen und Sie imstande sind, sie oft umzusetzen oder sich ihnen zumindest beträchtlich anzunähern, können Sie einen Akivposten feinschleifen, den Sie bereits besitzen.

Es ist wichtig, das „Spielfeld" in puncto Kommunikation einzugrenzen, um dem Labyrinth der breitgefächerten oder allgemeinen Anwendungen der Kommunikationstechniken und -fähigkeiten zu entkommen, als da sind: Grammatikkurse nach Lehrbuch, Rhetorikseminare, Erweiterung des Sprachschatzes, und Verbesserung des Schreibstils. Vielleicht könnten Sie Ihre Leistungen auf diesen Gebieten verbessern; aber hier sei angenommen, daß Sie auf diesen Gebieten auch ohne „Nachhilfe" gut zurechtkommen.

Wir möchten Ihnen lediglich helfen, Ihre Kundenentwicklungsstrategie zu entwerfen und praktisch umzusetzen. Unser „Kommunikationsansatz" zielt also auf Ihre unmittelbaren Kontakte mit wichtigen Führungspersönlichkeiten ab. Sie sollen mit Hilfe einer erstklassigen Kommunikation im Verkaufsgespräch so überzeugend sein wie nur möglich. Wir werden uns auf Kommunikationstechniken konzentrieren, die dazu beitragen, daß Sie Ihre Verkaufsziele erreichen, wenn Sie einem wichtigen potentiellen Kunden von Angesicht zu Angesicht gegenübersitzen. In dieser Hinsicht lohnt es sich, darüber nachzudenken, welche Erwartungen er an Sie hat und warum Sie sich nach besten Kräften bemühen sollten, ihnen zu entsprechen.

Derartige Gesprächspartner sind daran gewöhnt, schon nach kürzester Zeit Schlußfolgerungen zu ziehen und sich ein Urteil zu bilden. Sie lassen nicht zu, daß sich die Informationen im mentalen „Hinterstübchen" auftürmen. Sie verarbeiten die Daten, sobald sie eingegeben sind, und verdichten sie dann zu Schlußfolgerungen, Werturteilen und Meinungen. Das ist eine Überlebensstrategie aus ihrem umfangreichen Repertoire, denn sonst wären sie bis zum Ende der Woche unter der Informationsüberlastung zusammengebrochen.

Das Augenmerk soll sich also auf die Kommunikation und artverwandte Fähigkeiten im Kontext einer Verkaufssituation richten. Stellen Sie sich vor, Sie betreten das Kundenunternehmen. Sie haben mit diesem Kunden schon früher Geschäfte getätigt, aber Ihrem direkten Ansprechpartner begegnen Sie heute zum erstenmal persönlich. Sie werden in sein Büro geführt und wissen, daß Sie dabei sind, den Rahmen für den gesamten Verkaufsvorgang zu schaffen.

Der Kunde sieht Sie, und sofort beginnt er, sich ein Bild von Ihnen zu machen. Dieser erste Eindruck findet Eingang in sein Bewußtsein, gemeinsam mit Ihrer Verkaufsbotschaft. Es ist nicht mehr als eine Minute vergangen, und doch hat der Zuhörer Ihnen und allem, was folgen wird, ein „Etikett" angehängt. (Der bereits erwähnte Ausspruch, wonach man keine zweite Chance erhalte, um den ersten Eindruck wettzumachen, stimmt jedoch nicht immer. Wir werden uns damit später noch befassen.)

Der Kommunikationsprozeß hat begonnen. Sie befinden sich in der Eröffnungsphase des Verkaufsgesprächs. Ihr Kunde betrachtet Sie noch immer mit einem „Röntgenblick", und sicher wird an Ihrer Aufmachung nichts zu beanstanden sein, so daß Sie diese Blitzinspektion passieren. Jetzt stehen Ihr Gesicht und Ihre Stimme im Mittelpunkt der Aufmerksamkeit. Wahrscheinlich reichen Sie sich gleich die Hand. Ist das Teil der Kommunikation? Denken Sie einmal darüber nach.

Die richtige Berührung

Die Berührung gehört wohl zu den intimsten Augenblicken in einer geschäftlichen Kommunikation. In anderem Zusammenhang ist sie sehr persönlich und privat. Verliebte halten Händchen und schauen sich tief in die Augen. Zwei alte Freunde schütteln sich beide Hände gleichzeitig, ein Zeichen ihrer Wiedersehensfreude. In beiden Fällen werden starke Signale gesendet und empfangen.

Auf beruflicher Ebene reichen wir jeden Tag anderen Menschen die Hand. Im Kern dieser Berührung liegt die Möglichkeit, etwas zu signalisieren. Welche Signale senden Sie?

Der Handschlag

Wahrscheinlich hat selten oder noch nie jemand eine Bemerkung über Ihren Handschlag gemacht, über seine Qualitäten und die Signalwirkung, die damit verbunden ist. Warum? Weil diese Form der Berührung als etwas sehr Persönliches gilt, und niemand will Sie auf persönlicher Ebene verletzen. Bei der Untersuchung der Kommunikationsnuancen soll diese Regel nicht eingehalten werden, denn Sie möchten ja sicher sein, daß Sie auch die richtigen Signale senden:

– Ich freue mich.
– Ich bin freundlich.
– Ich bin interessiert.
– Ich bin aufrichtig.
– Ich bin integer.
– Ich fühle mich wohl in deiner Gesellschaft.

Ihr potentieller Kunde muß wahrnehmen, daß Sie einen Händedruck austauschen. Bei manchen Leuten geht dieser Händedruck so schnell über die Bühne, daß ihn nicht einmal eine Kamera mit minimaler Belichtungszeit festhalten könnte. Wie lange ist lange genug? Bringen Sie Ihre grauen Zellen ein wenig auf Trab, um diese Frage für sich selbst zu beantworten. In der Regel gilt jedoch, daß Sie Ihrem potentiellen Kunden während des Begrüßungssatzes die Hand reichen können.

Der Handschlag sollte eine solide Verbindung herstellen, damit die Signale ungehindert hin- und herfließen können. Mit einem schlaffen Händedruck schaffen Sie keinen heißen Draht. Und falls doch eine Botschaft übermittelt wird, dann mit Sicherheit keine positive. Schütteln Sie Ihrem potentiellen Kunden niemals beide Hände. Damit signalisieren Sie eine freundschaftliche Verbundenheit, die in einer Geschäftsbeziehung nicht angemessen ist.

Die Berührung ist gekoppelt mit Ihrer Stimme – deutlich, warm und gut moduliert heißt hier das Zauberwort. Sprechen Sie langsam, um die Handschlag-Zeit zu maximieren. Stellen Sie Blickkontakt zum Zuhörer her. Sie werden feststellen, daß viele Ihrer Kommunikationspartner kurz wegsehen und Sie dann wieder anschauen – und Sie möchten doch „am Ball bleiben", oder etwa nicht? Die Berührung findet noch immer statt, aber dieses Mal mit Augen und Stimme.

Zeigen Sie Ihr einnehmendes Wesen!

Das ist nicht der richtige Augenblick, um von einem Ohr zum anderen zu grinsen. Ihr potentieller Kunde könnte das als fehl am Platz betrachten. Schließlich handelt es sich um eine Begegnung auf geschäftlicher Ebene, und da ist Seriosität und ein bestimmtes Verhaltensrepertoire angesagt. Die „Andeutung" eines Lächelns wird vermutlich den Sympathie auslösenden Gesichtsausdruck hervorrufen, auf den Sie abzielen. Ihr einnehmendes Wesen endet indessen nicht am Kinn. Es schließt die Arm- und Körperhaltung in Beziehung zu der Stelle ein, an der sich Ihr potentieller Kunde befindet. Sie sollten sich ihm von „Kopf bis Fuß" zuwenden.

Ihr einnehmendes Wesen muß durch eine Stimme und Worte ergänzt werden, die ebenfalls freundlich sind. Alle Bausteine sollten sich schon in diesen ersten Minuten zu einem Mosaik zusammenfügen. Wenn auch nur ein Element einen Fehler aufweist, können Sie die positiven Signale vergessen, die Sie aussenden wollten.

Bindeglieder

Ihr Verkaufsgespräch setzt sich aus verbal geäußerten Gedanken zusammen, die aufeinander aufbauen. Sie zielen darauf ab, eine Situation zu beschreiben oder einen Konsens in bestimmten wichtigen Punkten zu schaffen. Bindeglieder sind Brücken, mit deren Hilfe man den Bezug von einem dieser Schlüsselpunkte zum nächsten herstellt. Der Inhalt dieser Überleitungen hängt davon ab, was zum letzten Thema gesagt und herausgefunden wurde. Bindeglieder sind also Wort- und Gedankenbrücken, die Sie von Ihrem derzeitigen Standort im Verkaufsprozeß zum nächsten anvisierten Thema oder zur nächsten Plattform führen. Sie stellen ein Ankopplungsmanöver dar, das in logischen kleinen Schritten erfolgt.

Worte und Sätze allein schaffen noch keine Verbindung. Sie dienen lediglich als Erklärungshilfe und gewährleisten den logischen Fluß eines wichtigen Gedankens. Während des Besuchs beim Kunden möchten Sie beispielsweise die lange Lebensdauer Ihres Produkts als Schlüsselargument hervorheben. Sie wollen über vier charakteristische Merkmale sprechen, die Ihre Position abfedern sollen:

1. statistische Daten von einer unabhängigen Behörde,
2. die Wartungserfahrungen Ihrer Firma,
3. ein Beispiel für die Produktleistung in einem stark belastenden Umfeld,
4. Marktakzeptanz und zwei Referenzen zufriedener Kunden.

Worte und Sätze werden als Bindeglieder benutzt, um einen nahtlosen und natürlichen Übergang zwischen den vier Punkten zu schaffen. Dann fassen Sie diese Punkte zusammen, um die Haltbarkeit Ihres Produkts noch einmal zu bestätigen und zu zeigen, wie sich dieses Merkmal in einen klaren Vorteil für die Käufer und Verwender Ihres Erzeugnisses übersetzt. Sie haben nun einen Schlüsselgedanken zu Ende geführt und sind bereit, zum nächsten wichtigen Punkt überzugehen. Und dabei bedienen Sie sich der „Ankopplungstechnik".

Das Ankopplungsziel besteht darin, einen Gedanken zu einem Paket zu schnüren und beiseite zu legen, um Ihren nächsten Gedanken einzuführen. Um dies zu erreichen, müssen Sie Brücken bauen, über die sich Ihr Zuhörer von einem Schlüsselargument zum nächsten bewegen kann. Diese Brücken bestehen aus logischen Bausteinen, die Sie von A nach B bringen. Außerdem stellen sie Prüfsteine dar, anhand derer Sie sich vergewissern können, ob Ihr Zuhörer mit Ihnen die Brücke überquert hat. Stimmt er mit Ihren Schlußfolgerungen (dem Paket) bezüglich des Gedankens, den Sie nun im Raum stehen lassen, überein? Wenn Sie sich umdrehen, werden Sie vielleicht feststellen, daß Ihr potentieller Kunde noch immer am anderen Ufer verharrt. Es ist ungeheuer wichtig, daß Sie feststellen, ob er Sie über die Brücke begleitet. Während Sie Ihr Schlüsselargument (Haltbarkeit) erklären , haben Sie triftige Gründe und Aktionen als Indizienbeweise aufgeführt. Die Bindeglieder werden als Meßlatte für die Wirkung und Folgen Ihrer Verkaufsbemühungen benutzt.

Bestätigung der Fortschritte im Verkaufsgespräch

Das Prinzip von „Ursache und Wirkung" kann sehr hilfreich sein, wenn Sie überprüfen wollen, ob ein Bindeglied logisch und klar ist. Ein weiterer Test wäre die „Aktion/Folge". Sowohl „Ursache" als auch „Aktion" sind höchstwahrscheinlich im Zentrum Ihres Kundenbesuchs angesiedelt. Die Elemente „Wirkung" und „Folge" werden zur ersten Stufe Ihrer Brücken. Sie stellen zwei „Treibstoffsorten mit hoher Oktanzahl" dar, die

Sie ein gutes Stück voranbringen. Ihre „Merkmal/Nutzen"-Erklärungen sind Beispiele, auf Sie in jedem Verkaufsgesprächs zurückgreifen. Sie müssen eng miteinander verknüpft sein, um die gewünschte Wirkung zu erzielen. Wenn ein Nutzen keine Wirkung und keine Folgen zeitigt, hat er auch keinen Wert.

Auf Topmanagementebene ist zu erwarten, daß die Zuhörer beträchtliche Erfahrungen mit deduktiven Schlußfolgerungen haben und ziemlich schnell Schwachpunkte oder nebensächliche Bindeglieder ausmachen. Ein solcher Gesprächspartner mag sich den Anschein geben, als lasse er Ihnen solche Schwächen durchgehen. Aber wahrscheinlich hat er Sie schnell „erwischt" und seine mentale Punktekarte stillschweigend auf den neuesten Stand gebracht. Wenn Sie also das „Merkmal/Nutzen"-Beispiel verwenden, empfiehlt es sich, überzeugende Bestätigungen für Ihre Behauptungen einzubauen.

Eine solche Bestätigung ist ein Schritt, der einiges für sich hat. Erstens beziehen Sie Ihren Kunden ein, so daß ein Monolog in einen echten Dialog einmündet. (Genau dort wollten Sie hin.) Zweitens gestattet Ihnen diese Technik einen raschen Blick auf Ihre mentale Punktekarte beim Kunden, und somit haben Sie die Chance, Ihren Stand zu verbessern. Die Bestätigung ist ein wichtiger Baustein Ihrer Brücke (der Verbindungsstruktur): Sie fragen den Kunden in Wirklichkeit, ob er gut über die Brücke gekommen und einverstanden ist, zum nächsten wichtigen Gedanken überzugehen. Hat er die Brücke noch nicht überquert, müssen Sie zurück und ihn auf die andere Seite geleiten, indem Sie Ihr logisches Fundament ausweiten oder anderweitig stärken. Denken Sie daran, daß Sie ihn nicht über die Brücke zerren können. Wenn Sie Druck machen – und Ihr Kunde fügt sich (scheinbar) – sitzen Sie einem Trugbild auf! Sie haben ihn mit Gewalt dazu gebracht. Vielleicht haben Sie ihm dann keine andere Wahl gelassen, als Beschwerde einzulegen, selbst auf die Gefahr hin, unhöflich zu erscheinen, oder sich einfach den Anschein zu geben, als folge er Ihnen. Die Reaktion könnte davon abhängen, mit welchem Persönlichkeitstyp Sie es zu tun haben. Auf jeden Fall gilt, wenn Ihr Gegenüber jetzt „so tut als ob", wird er während des gesamten Verkaufsgesprächs zu Täuschungsmanövern greifen. Dann beginnt Ihnen der Ablauf des Geschehens aus der Hand zu gleiten, und höchstwahrscheinlich verlieren Sie die Orientierung. Der Grund ist einfach, daß Sie zu einer falschen Schlußfolgerung hinsichtlich der Bestätigung Ihrer Argumente gelangt sind.

Viele Verkäufer haben ihre Verkaufschance schon an diesem Punkt verspielt. Das hat zwei schwerwiegende Konsequenzen: Erstens verlieren Sie die Kontrolle über den Verkaufsvorgang und vielleicht sogar den Faden Ihrer eigenen Gedanken. Sie glauben, Ihr potentieller Kunde habe die Brücke (mit Erfolg) überquert und befinde sich an Ihrer Seite. Aber er blickt immer wieder zurück und stellt etwas in Frage, was Sie bereits „abgehakt" hatten. Nach mehreren solchen Fehlbestätigungen (vor allem, wenn Sie es mit mehr als einem Zuhörer zu tun haben) weiß niemand – Sie selbst eingeschlossen – wer sich wo befindet. Der gesamte Verkaufsvorgang steckt in einem Irrgarten, aus dem keiner mehr herausfindet.

Die zweite Konsequenz (verursacht durch die erste) besteht darin, daß Sie versuchen müssen, einen Ausweg aus dem Labyrinth zu finden oder zu retten, was noch zu retten ist. Ersteres ist unwahrscheinlich, und die Rettungsaktion muß oft „aus dem Hut gezaubert" werden. In jedem Fall zahlen Sie Ihren Tribut: Ihre ursprünglichen Verkaufsziele sind gescheitert. Ist jetzt alles verloren? Vielleicht nicht, aber Sie müssen selbst zugeben, daß Sie ein paar schwere Treffer abbekommen haben und schnell sinken. Sie stellen möglicherweise sogar fest, daß Ihr Gesprächspartner das Schauspiel genießt und daß, wenn es sich um ein Einkäufergremium handelt, kannibalische Freude herrscht! Ein würdevoller Abgang könnte Ihre einzige Option sein. Doch obwohl es einige Möglichkeiten gibt, sich auszuklinken, ohne sein Gesicht zu verlieren, würde die Schilderung den Rahmen unserer effektiven Kommunikationsziele sprengen.

Hypothetische Bindeglieder

Viele Verkäufer brauchen logische Bindeglieder, um von der Eröffnung zur Hauptphase des Verkaufsgesprächs überzuleiten. Unter Umständen haben Sie sehr wenig „Asse im Ärmel", wenn Sie noch nicht oft mit einem bestimmten Ansprechpartner im Kundenunternehmen zu tun hatten. In einem solchen Fall lassen sich die Informationen, die bei diesen Besuchen gesammelt werden, oft in eine Aussage für das nächste Verkaufsgespräch übersetzen. Ist das nicht möglich, schlagen wir die Verwendung eines „hypothetischen Bindeglieds" vor. Dieser Ansatz erfordert mehr Mut (und Dreistigkeit), besteht aber nur aus drei Komponenten:

1. die Hypothese, die Sie geschildert haben
2. die Reaktion des Kunden, z.B. Abklärung, Richtigstellung, Anpassung oder rundweg Ablehnung
3. Ihre aktualisierte Hypothese (und zurück zu Punkt 2)

Das Ziel besteht darin, Ihren potentiellen Kunden zu motivieren, mit Ihnen gemeinsam ein Bindeglied zu schaffen. Die meisten sind gerne bereit, Ihnen zu helfen. Ein Beispiel:

Sie: „Herr Kunde, die wichtigsten Themen, über die ich heute mit Ihnen sprechen möchte, stützen sich auf Erkenntnisse, die ich im Rahmen der Zusammenarbeit mit einigen anderen Kunden gewonnen habe. Ich habe festgestellt, daß die Geschäftsleitung in diesen Firmen große Besorgnis wegen der Kostenexplosion durch die riesige Anzahl von PCs und echtes Interesse an kostendämmenden Maßnahmen geäußert hat. Haben auch Sie sich gelegentlich gefragt, welche Lösungen entwickelt werden, um dieses Phänomen in den Griff zu bekommen?" (PAUSE!)

Kunde: „Wir sind uns darüber im klaren, daß die Kosten im Einzelfall gering erscheinen, aber zusammengenommen, Monat für Monat, würden sie uns wahrscheinlich erstaunen. Unsere Mitarbeiter im Einkauf sind vermutlich schon mit dem Problem befaßt."

(Nun ist der Zeitpunkt für einige sondierende Fragen gekommen, damit Sie Ihre „bereinigte" Hypothese anvisieren können.)

Sie: „Herr Kunde, einige meiner Kunden haben entdeckt, daß man bei der Anschaffung von PCs nach der gleichen „Papierkrieg-Methode" vorgegangen ist wie bei den teureren EDV-Geräten, obwohl das Volumen hundertmal größer war. In diesen Fällen wurde das Beschaffungspersonal einfach aufgestockt, um die Mehrarbeit zu bewältigen. Ich habe festgestellt, Herr Kunde, daß dieses Verfahren auch in Ihrem Unternehmen gang und gäbe ist. Ich schätze, daß es Sie interessiert, eine bessere Methode kennenzulernen." (WARTEN Sie, um die Reaktion auf Ihre angepaßte Hypothese zu testen.)

Die grundlegende Struktur der Bindeglieder beginnt Form anzunehmen, aber der Kunde X hält noch immer an seiner alten Auffassung fest, daß sich die Einkaufsabteilung „des Problems schon annehmen wird". Er hat keine Lust, sich mit den PC-Beschaffungsmethoden auseinanderzusetzen. Es läßt sich die Schlußfolgerung ziehen, daß er nahe daran ist, Ihnen vorzuschlagen, Sie möchten Ihre Ideen doch dem Beschaffungspersonal vortragen. Dem Ansinnen müssen Sie zuvorkommen.

Auf der anderen Seite dieses Bindeglieds haben Sie eine ziemlich heikle Geschichte, die Sie an den Mann bringen wollen. Der Kunde X soll begreifen, daß die Einkaufsabteilung bewußt an ihren althergebrachten Arbeitsmethoden hängt. Den Mitarbeitern bleibt vielleicht keine andere Wahl, weil sie kaum (falls überhaupt) Entscheidungsbefugnisse besitzen, wenn es um die Einführung eines neuen Beschaffungsmodells geht, wie es Ihnen vorschwebt. Außerdem möchten Sie andeuten, daß die PC-Benutzer oft frustriert sind bei dem Versuch, ihren Bedarf an Geräten oder aktualisierten Komponenten auf zeitgemäße Weise zu befriedigen. Dadurch entstehen Produktivitätsprobleme in einem breiten Spektrum betrieblicher Tätigkeitsbereiche. Und es kann nicht ausbleiben, daß die Truppen meutern!

Wie Sie sehen, brachte der Kunde X den Beschaffungsmethoden kein besonderes Interesse entgegen. Aber er horcht auf, wenn er mit Produktivitätsproblemen konfrontiert wird und „spitzt ganz besonders die Ohren", wenn er erfährt, daß Mitarbeiter unnötigen Frust hinnehmen müssen. Es versteht sich wohl von selbst, daß Sie etwas in der Hinterhand haben, um Ihre Behauptungen hieb- und stichfest zu belegen, z.B.: Ein frisch eingestellter Planer mußte sich an 23 Arbeitstagen den PC eines Kollegen „ausleihen", obwohl alles, was er brauchte, innerhalb eines Arbeitstages vor Ort verfügbar gewesen wäre. Der Kunde X wird verstehen, warum Sie in seinem Büro sitzen, statt eine Etage tiefer mit den Beschaffungsexperten zu reden.

Lassen Sie uns nun einen weiteren Aspekt effektiver Kommunikation unter die Lupe nehmen.

Zuhören ist eine Kunst

Ihr Kunde fühlt sich am wohlsten und am „Drücker", wenn er das Reden übernimmt. Ihre Aufgabe zu diesem Zeitpunkt besteht darin, Informationen aufzunehmen und sofort zu verarbeiten. Es ist nicht immer ganz leicht zu schweigen. Es ist auch nicht ganz leicht, aufmerksam zuzuhören, vor allem, wenn Sie fieberhaft überlegen, was Sie als nächstes sagen und wie Sie die Fäden des Verkaufsgesprächs wieder in die Hand bekommen. Das gelingt Ihnen, wenn Sie Ihrem Gesprächspartner ein wenig „Orientierungshilfe" geben.

Den Kunden zu unterbrechen ist annehmbar, wenn hiermit „Orientierungshilfe" gemeint ist, daß Sie ihm eine fruchtbarere Ausführung des Themas ermöglichen. Sie bremsen sozusagen seine „Fahrt". Er hat eine allgemeine oder breitangelegte Erklärung abgegeben, in der Sie die Möglichkeit entdecken, wichtigen Einzelheiten auf die Spur zu kommen. Sie wollen, daß diese ans Tageslicht dringen und an sie erinnert wird, weil Sie glauben, daß sie für Ihre Verkaufsziele wichtig sind. Ihr „Bremsmanöver" sollte so beschaffen sein, daß Sie die allgemein gehaltene Aussage aufgreifen und den Kunden veranlassen, die Einzelheiten näher zu erläutern. Sätze, die zu einer solchen produktiven Unterbrechung führen können, sind beispielsweise: „Entschuldigen Sie, das ist ein sehr interessanter Standpunkt. Aber bedeutet das auch ... und falls ja, würden Sie stets denselben Aktionskurs wählen?"

Wenn ein Kunde bereit ist, zu reden und Orientierungshilfen anzunehmen, dann folgt daraus, daß er eine wichtige Rolle bei der Realisierung Ihrer Verkaufsziele spielen kann. Um so besser, denn kundenspezifische Argumente, die er selbst vorbringt, haften länger in seinem Gedächtnis als alle Punkte, die Sie anführen. Stellen Sie sich diese Orientierungshilfen im Gespräch wie Verkehrszeichen vor, die Sie während einer Autofahrt wahrnehmen: Stopp, grünes Licht, Links- oder Rechtsabbiegespur, Sackgasse, Durchfahrt verboten, Vorsicht und viele andere. Denken Sie daran, wie sich diese Signale in Worte umwandeln lassen und eine Richtungsänderung zur Folge haben können:

Stopp: Ich glaube, das habe ich nicht richtig verstanden.

Grünes Licht: Ja, das verstehe ich.
Abbieger-Spur: Es wäre also angemessen zu sagen, daß Sie das Gefühl haben ...

Die Fähigkeit, aufmerksam zuzuhören und etwas Neues zu erfahren, läßt sich in einem kurzweiligen Spiel nachweisen. Beim nächsten gesellschaftlichen Anlaß picken Sie sich jemanden heraus, der nicht weiß, daß er Ihr Spielpartner oder Ihre Spielpartnerin sein soll. Die Spielregel lautet, alles über ihn oder sie herauszufinden, ohne etwas von sich selbst preiszugeben, und ohne zu sagen, daß es sich um ein Spiel handelt. Beginnen Sie mit dem Eröffnungssatz, unmittelbar gefolgt von Ihrer ersten Frage. Sie entscheiden, wann das Spiel vorüber ist. Und sagen Sie niemandem, daß es ein Spiel war!

Den Kunden „auszuklinken" ist nicht besonders klug

Die Kehrseite der Medaille ist der Verkäufer, der ohne Punkt und Komma redet. Er hat das Gefühl, es gäbe irgendwo einen Verhaltenskodex, der ihm vorschreibt, stets die Oberhand zu behalten und das Gespräch von Anfang bis Ende allein zu bestreiten. Er fegt durch die Eröffnungsphase wie ein Orkan. Der nahtlose Übergang in die Hauptphase des Verkaufsgesprächs ähnelt einem Quantensprung, und das ist auch nur möglich, weil der Kunde mit einem endlosen Strom von Worten bombardiert wird. Aufeinanderfolgende Sprünge werden statt Wort- und Satzbrücken benutzt. Der Zuhörer kann bei diesem Tempo nicht mithalten und bleibt bald auf der Strecke. Er tut, als höre er aufmerksam zu, befindet sich aber schon auf dem besten Weg, den Geschoßhagel mit Ungläubigkeit oder Verblüffung zu quittieren. Diese „Verkaufskanone" folgt jedoch der Regel: hören = zuhören, zuhören = glauben, glauben = das Heft in der Hand behalten – und das macht man am besten, wenn man ununterbrochen redet.

Der bestehende oder potentielle Kunde reagiert eindeutig auf ein solches Geräuschbombardement. Es macht ihm keinen Spaß, aber er scheint keinen Knopf oder Schalter zum Abschalten zu finden, um dem Spuk ein Ende zu bereiten. Die nächstbeste Möglichkeit besteht darin, sich mental „auszuklinken", was dadurch geschieht, daß er einfach nicht mehr zuhört, ein interessiertes Gesicht aufsetzt und an etwas anderes denkt – egal an was. Bis zum Abschweifen der Gedanken ist es nur ein kleiner Schritt.

Im oben geschilderten Beispiel war das Verkaufsgespräch weder für den Kunden noch für den Verkäufer informativ und fruchtbar. Als sich der Zeitpunkt für „Zusammenfassung und Abschluß" näherte, war der Kunde in eine andere Welt „abgedriftet". Zum Glück können diese traurigen Ereignisse auch einen glücklicheren Ausgang haben. Einen „sturmerprobten" Verkäufer während eines Kundenbesuchs oder einer Präsentation zu beobachten, kann ein faszinierendes Erlebnis sein. Nachstehend erfahren Sie, wie Sie sich zu einem Meister in der Kunst des Zuhörens entwickeln, die darin besteht, das Verkaufsgespräch zielgerichtet voranzubringen.

Stellen Sie sich vor, daß der Verkäufer den Kunden gerade etwas gefragt hat. Der Kunde beginnt zu sprechen, und der Verkäufer hört sorgfältig auf jedes Wort, was man daran erkennt, daß er mucksmäuschenstill ist und einen leicht fragenden Gesichtsausdruck aufgesetzt hat. Eine Minute Schweigen, nun wirft der Verkäufer eine kurze, nachhakende Bemerkung oder Frage ein, und der Kunde erzählt ein wenig mehr darüber. In der nächsten Schweigeminute fügt der Verkäufer eine logische Gedankenverbindung ein, schafft den Rahmen für eine Leistungsbeschreibung, verknüpft diese mit einem zugehörigen Nutzen oder Vorteil, schließt die Bestätigung an und – hört wieder still zu. Dieser Zyklus wiederholt sich. Bei jeder Wiederholung würde ein aufmerksamer Beobachter entdecken, daß sich der Verkäufer schrittweise und methodisch dem Verkaufsziel nähert, unter Mitwirkung des Kunden.

„Darüber möchte ich mir gerne Notizen machen." Der oben beschriebene Verkäufer hat seinen Notizblock während des Kundenbesuchs bestimmt einige Male benutzt. Das ist eine weitere Technik, sanft aber bestimmt das Terrain zu sondieren, und sie funktioniert immer! Der Kunde wird Ihnen die Zeit für Ihre Aufzeichnungen lassen. Und während Sie schreiben, können Sie der Angelegenheit weiter auf den Grund gehen. Die Bitte war eine annehmbare Unterbrechung und deutet sogar darauf hin, daß der Kunde soeben etwas sehr Wichtiges gesagt hat. Verlassen Sie den Raum nie mit einem leeren Notizblock; das käme einer Beleidigung gleich. Manche Verkäufer machen sich Notizen, bitten aber nie um eine kurze Unterbrechung. Sie lassen dabei eine hochwirksame Technik außer acht.

Bildhafte Informationen

Stellen Sie sich einen Immobilienmakler vor, der einem potentiellen Käufer ein Haus mit vier Schlafzimmern und Doppelgarage in einem hübschen Wohnviertel zeigt. Gemeinsam schlendern sie durch die Räume, machen Bemerkungen über Größe, Farbkompositionen und Merkmale des Objekts. Ein Kinderspiel, denn es sind nur wenige beschreibende Informationen erforderlich, da der Käufer alles mit eigenen Augen betrachten kann, was der Makler beschreibt. Der sagt vielleicht: „Ist das Wohnzimmer nicht herrlich groß?", gefolgt von der scharfsinnigen Bemerkung: „Wie Sie sehen, ist die Küche voll eingerichtet." Der Fairneß halber muß hier zugestanden werden, daß es schwierig ist, etwas mit Worten zu beschreiben, was für beide Parteien gleichermaßen offensichtlich ist.

Und nun stellen Sie sich bitte den Inhaber einer Baufirma vor; er zeigt einem Interessenten ein idyllisches Fleckchen Erde in ländlicher Umgebung, mit phantastischer Verkehrsanbindung an die Stadt. Während die beiden dort stehen und gedankenverloren auf das noch leere Baugrundstück blicken, passiert nichts, bis der potentielle Käufer sich langsam vorstellt, wie dort nach und nach das Haus seiner Träume entsteht. Der Inhaber der Baufirma sollte diese mentalen Bilder mit ein paar bildhaften Situationsbeschreibungen unterstützen, so daß der Kunde in Gedanken „Heim", „Familie", und viele „Vorteile" genießt. Dabei müssen mehr Fähigkeiten zum Tragen kommen als im Fall des Maklers, auch wenn sich der Kaufinteressent schon viele Objekte angesehen hat und nicht zum erstenmal ein ganzes Haus bewohnt. Die bildhaften Situationsbeschreibungen beziehen sich auf die Visualisierung von Erwartungen, die sich der potentielle Käufer leicht zu eigen machen kann.

Als Verkäufer sehen Sie sich einer wesentlich größeren Herausforderung gegenüber als der Baufirmenbesitzer, der Eigenheime der Luxuskategorie feilbietet. Sie müssen bildhafte Informationen von Ereignissen übermitteln, die möglicherweise nicht einmal stattfinden; Sie müssen den potentiellen Kunden in diese Situation hineinversetzen, die möglichen Folgen beschreiben und eine Nutzenkomponente näherungsweise bestimmen, die in den Augen Ihres Gesprächspartners wichtig ist! In welcher Hinsicht ist sie im hier gegebenen Zusammenhang relevant?

Denken Sie daran: Alles bisher Gesagte bezieht sich auf den Kundenentwicklungsprozeß und auf Ansprechpartner, die zu den oberen Führungsebenen des Kundenunternehmens gehören. Diese Zielgruppen sind oft visuell ausgerichtet: Sie haben das „Gesamtbild" vor Augen, weil sie aus der Beschreibung Ihres Leistungspakets den vollen Nutzen, inklusive Zusatznutzen im gegebenen Zusammenhang erkennen müssen. Deshalb gilt es, ein mentales Bild zu malen, so daß sie alle Farben (Vorteile/Nutzen) erkennen, die gekonnten Pinselstriche bewundern (Kommunikationsfähigkeiten) und das fertige Gemälde kaufen. Der nachfolgende Abschnitt soll Ihnen helfen, Ihre künstlerische Begabung auf diesem Gebiet wahrzunehmen und Ihre mentale Maltechnik zu verbessern.

Die Macht der „Wortbilder"

Was Sie dem Kunden zu sagen haben, ist die Leinwand.
Vorteile und/oder Nutzen sind Ihre Farben.
Techniken werden zum Pinselstrich.
Und immer ist der Kunde der Kritiker.

Ein Wort allein beinhaltet selten eine Botschaft. Erst die Art, wie jemand Worte zu Gruppen zusammenstellt oder aneinanderreiht, bewirkt eine Informationsübertragung. Worte tragen zur Entstehung von Gedanken bei, Gedanken zur Entstehung von Sätzen, und Sie brauchen zahlreiche Sätze, um den verbalen Rahmen zu bilden, der Ihr Wortbild zusammenhält. Dieser Rahmen sollte genug Gewicht für den Kunden haben, daß er sich ein klares Bild machen kann. Es gibt noch viele andere Begriffe, die diese Idee von einem mentalen Bild vermitteln: Illustration, Abbildung, Präsentation, Aussicht, Faksimile, Vorstellung. Sie beschreiben, was Sie vorhaben.

Wenn das, was Sie sagen, das Bild nicht zu vervollständigen scheint, nehmen Sie vielleicht an, daß Ihr Gesprächspartner Ihnen zuhört und gleichzeitig Ihre Gedanken liest. Ist es aber nicht besser, vorsichtig nachzuhelfen, um die Chancen zu erhöhen, daß Ihr potentieller Kunde genau das Bild vor Augen hat, das Sie ausmalen wollten? Sie können sich nicht darauf verlassen, daß ihm Dinge bewußt sind, die Sie mit keinem Wort erwähnt haben.

Hierzu ein Beispiel: Angenommen, unser potentieller Kunde ist der Manager Willi Wichtig. Auf untergeordneter Hierarchieebene sind wir auf vehementen Widerstand gestoßen, am Status quo zu rütteln; diese Botschaft wollen wir Herrn Wichtig begreiflich machen und ihn veranlassen, ein Machtwort zu sprechen. Unser Wortbild muß also folgende Gedanken umfassen:

– Die alten Methoden sind nicht immer die besten.
– Es gibt Alternativen.
– Meine Firma hat das beste Leistungsprofil.
– Geben Sie mir eine Chance.

Lassen Sie uns als erstes herausfiltern, was wir „rüberbringen" möchten. Wir wollen andeuten, daß Menschen sich oft an alte Methoden klammern, auch wenn diese längst überholt sind. Als nächstes zielen wir auf Herrn Wichtigs Zustimmung ab, daß er neue Problemlösungsmöglichkeiten in Betracht ziehen sollte. Unser Produkt wurde neu gestaltet, mit neuen Merkmalen versehen und ist es wert, daß man sich eingehend mit ihm befaßt. Diese Punkte stehen im Mittelpunkt unseres Wortbildes. Wir wollen stillschweigend andeuten, daß seine Mitarbeiter (Untergebenen) zu träge und selbstgefällig sind, um auch nur einen Blick auf unser Angebot zu werfen. Wir möchten, daß Herr Wichtig sie aus ihrem alten Trott reißt. Wir wollen taktvoll vorgehen, aber dennoch kein Blatt vor den Mund nehmen:

„Herr Wichtig, wenn jemand eine Tätigkeit seit langem ausübt, dann versteht er sich vermutlich darauf, und es scheint Sinn zu machen, bei der altbewährten Methode zu bleiben. Das kann sowohl leicht als auch sicher sein. Ungeachtet dessen würde das aber bedeuten, Herr Wichtig, daß sich andere Dinge auch niemals ändern, was vermutlich, wie wir beide wissen, nicht den Tatsachen entspricht. In Anbetracht dessen hat meine Firma die Designmerkmale für dieses Produkt neu gestaltet; wir wissen, daß unsere Kunden innovative Lösungen für neue und alte Probleme von uns erwarten."

Sie wissen hoffentlich, daß in diesem Bild der Satz „Alte Methoden sind nicht immer die besten" versteckt war. Lesen Sie die Worte noch einmal, und dann formulieren Sie eine Bestätigung. Bestätigen Sie jetzt gleich, daß Willi Wichtig das Gesagte gehört, verstanden und akzeptiert hat.

Dazu brauchen Sie mehrere Aussagen. Mit jeder versuchen Sie herauszufinden, ob sich Herr Wichtig ein Bild von der Situation machen kann (sie vor sich sieht) und Ihnen zustimmt. Haben Sie ihn von dem Gedanken überzeugt, daß alte Methoden nicht zwangsläufig die besten sind? Wenn ja, können Sie jetzt nach einer Bestätigung suchen, daß er einen Blick auf eine neue Technik werfen wird. Wir haben also zwei Punkte, die Sie bestätigt haben wollen. Zum Beispiel so:

„Herr Wichtig, ich schätze, daß Sie ständig mit Verfahren konfrontiert werden, die angepaßt oder sogar vollständig geändert werden müssen; ist das richtig?" (Wichtig bejaht.) „Haben auch Sie festgestellt, daß sich einige Leute an die alten Methoden klammern, die sie für die besten halten, und sich nur schwer überzeugen lassen, daß eine Veränderung erforderlich ist?" (Wichtig stimmt auch in diesem Punkt zu.) „Haben Sie angesichts dessen das Gefühl, Herr Wichtig, daß unser Produkt in Ihrem Unternehmen auf Interesse stoßen würde, und wenn ja, wie könnte ich dazu beitragen?"

Wenn wir mit unserer Bestätigungstechnik (und den Fragen) die beabsichtigte Wirkung erzielen, gibt uns Herr Wichtig recht, daß einige neue Methoden Beachtung verdienen und manche der altbewährten überholt sind. Er räumt ein, daß nicht jeder solche Veränderungen begrüßt. Er wird Vorschläge machen, wie es uns gelingen könnte, unser aktualisiertes Produkt den richtigen Leuten vorzustellen. Er ist auf dem besten Weg, uns Starthilfe zu geben. Er wird wahrscheinlich hinzufügen, daß er normalerweise für Produktentscheidungen dieser Art nicht zuständig ist, aber das wußten wir ja von Anfang an. Wir sind uns auch im klaren darüber, welches Gewicht dieses Gespräch im Rahmen unserer weiteren Kundenentwicklungsaktivitäten haben kann.

Bevor wir fortfahren, sollten wir allerdings die losen Enden miteinander verknüpfen. An früherer Stelle wurde auf den Ausspruch verwiesen, daß niemand eine zweite Chance erhält, den ersten Eindruck wettzumachen. Die meisten Menschen sind jedoch bereit, ein Bild, das sie sich vorher gemacht haben, zu korrigieren. In unserem Beispiel entwickelte sich der Verkäufer zu einem guten Zuhörer. Er baute logische Wortbrücken und zeichnete Wortbilder, die ausnahmslos einen positiven Eindruck auf Herrn Wichtig machten. Damit besteht die Möglichkeit, den ersten, weniger günstigen Eindruck in den Hintergrund zu drängen. Die meisten stimmen darin überein, daß ein Erfolg den nächsten bedingt, aber Tatsache ist, daß man auch aus Fehlern lernt. Wie könnten wir uns auch Tag für Tag im Verkauf behaupten, wenn wir nicht davon überzeugt wären!

Bewahren Sie sich eine positive Einstellung

Verkaufsgespräche auf Topmanagementebene sind zu wichtig, um sie zu „versieben". Der Termin war vielleicht schwer zu bekommen, und allein deshalb lohnt es sich schon, einmal gründlich über Ihre innere Einstellung zum bevorstehenden Kundenbesuch nachzudenken. Bei einem solchen Verkaufsgespräch handelt es sich um eine geschäftliche Zusammenkunft von zwei Geschäftsleuten. Stufen Sie sich selbst als solchen ein? Wir hoffen, daß Sie nicht das Gefühl haben, Ihr hochkarätiger Gesprächspartner erweise Ihnen einen Gefallen. Ihnen sollte vielmehr bewußt sein, daß Sie einen guten Grund für den Besuch haben. Sie können sowohl für Ihren Ansprechpartner als auch für seine Firma etwas Wichtiges bewirken.

Wir wissen, daß Sie in diesem speziellen Verkaufsgespräch keinen Abschluß tätigen werden, zumindest nicht im herkömmlichen Sinn. Aber Sie haben sich bestimmte Verkaufsziele gesetzt, und wenn Sie diese erreichen, können Sie dies als Pluspunkt oder Verkaufserfolg verbuchen!

Alles, was in diesem Kapitel gesagt wurde, kann von Ihrer inneren Einstellung schon vor Beginn des eigentlichen Verkaufsprozesses beeinflußt werden. Wenn Sie sich sagen: „Was für eine Chance! Ich kann es kaum noch erwarten!", dann sind Sie mental bestens gerüstet und in Höchstform. Sie haben ein gutes Gefühl in bezug auf sich selbst und Ihr Leistungsvermögen. Unterstützt wird es vermutlich noch von dem Wissen, daß Sie Ihre Hausaufgaben gemacht haben und daß Sie ein Verkaufsgespräch unter Profis führen werden.

Wenn Sie unzureichend vorbereitet und schlecht motiviert sind, haben Sie den Verkaufsvorgang zwei unwägbaren Faktoren namens „Schicksal" und „Zufall" überlassen; wahrscheinlich fragen Sie sich bang, wie dieses Vabanquespiel wohl ausgehen mag. Wie wirksam kann Ihre Kommunikation sein, wenn Sie ein so mulmiges Gefühl haben? Warum haben Sie zugelassen, daß Sie so schlecht „drauf" sind?

Ebenso fatal ist eine Haltung, von der häufiger Verkäufer als Angehörige anderer Berufssparten heimgesucht werden. Hatten Sie während eines Verkaufsgesprächs jemals das Gefühl, Sie würden betteln oder zuviel verlangen? Diese Erfahrungen muß jeder von Zeit zu Zeit einmal machen. Aber man sollte auf der Hut vor diesem Gefühl sein, denn es hilft nicht, erfolgreich zu verkaufen. Wenn Ihr potentieller Kunde auf irgendeine Weise davon erfährt, hat er Mitleid mit Ihnen. Es hält aber nur einen Augenblick lang vor und läßt sich niemals in einen zwingenden Kaufgrund umwandeln.

Wenn Sie sich bei einem „Kniefall" ertappen, sollten Sie mental einen Schritt zurücktreten und Ihr Verhalten überdenken. Sagen Sie sich: „Halt! Was hat dieses Gefühl ausgelöst?" Wahrscheinlich haben Sie schon früher verschiedene Aspekte Ihrer beruflichen Aufgabenstellung überprüft und waren mit dem Ergebnis zufrieden. Es hat sich nichts geändert:

1. Sie wissen, daß Ihr Produkt gut ist, und obwohl es nicht jedermanns Bedürfnisse zu befriedigen vermag, haben andere es zahllose Male benutzt und sich von seinen Vorzügen überzeugen können. Also besteht kein Grund, Ihr Produkt wie Sauerbier anzupreisen.
2. Wenn Ihr potentieller Kunde das Produkt kauft, wird er bestimmte Vorteile damit erzielen. Sie können diese Vorteile beschreiben und mit logischen Beweisen, entsprechenden Referenzen und/oder Dankesschreiben zufriedener Kunden untermauern.
3. Der Preis für Ihr Produkt ist konkurrenzfähig und sehr fair. Das Preisgefüge wurde nicht besonders kompliziert gestaltet, und es gibt keine Tricks. Sie würden das Produkt gar nicht erst zum Verkauf anbieten, wenn es anders wäre.
4. Sie möchten dieses Geschäft unter Dach und Fach bringen, aber es wäre nicht das Ende der Welt, wenn es Ihnen nicht gelingen sollte. Ihnen stehen verschiedene Optionen zur Verfügung, z.B. die folgenden:

   – Bei einer „Abfuhr" lassen Sie es für heute genug sein und fangen morgen früh mit frischem Elan wieder an.
   – Es gibt noch andere potentielle Kunden und Interessenten, und einige werden bei Ihnen kaufen.

– Wenn alle Stricke reißen, können Sie immer noch Arbeitslosenunterstützung beantragen.

Verkäufer müssen um verschiedene Dinge bitten; das erwarten bestehende und potentielle Kunden. Einige einfache Beispiele: „Werden Sie den Auftrag heute erteilen?", „Würden Sie mich mit dem Leiter dieser Arbeitsgruppe bekannt machen?", „Werden Sie sich mein Angebot durch den Kopf gehen lassen?", „Würden Sie so freundlich sein, einen Gesprächstermin mit dem Einkaufsgremium zu arrangieren?" In jedem Beispiel sei vorausgesetzt, daß der Verkäufer die logischen Argumente (das Verkaufsfundament) geliefert hat, um diese Fragen zu rechtfertigen. Das ist nicht Betteln, sondern das A und O im Verkauf.

Wenn Sie also darüber nachdenken, erscheint es geradezu absurd, sich als Bittsteller zu fühlen. Und unabhängig davon ist es unabdingbar, dieses Unbehagen zu überwinden und zu einer positiveren Einstellung zu gelangen. Die Geheimformel lautet: *Innehalten, Nachdenken, Schlußfolgerung ziehen*; dann gehen Sie mit frischem Mut und Elan in eine neue Verkaufsrunde und befassen sich mit anderen potentiellen Kunden. Sie werden diesen mentalen „Aufbauprozeß" mit Sicherheit von Zeit zu Zeit wiederholen müssen, aber Sie werden die negativen Gefühle stets überwinden. Dahinter steckt nämlich die uralte Philosophie: Wer nicht wagt, der nicht gewinnt. Sie werden mit Erfolg verkaufen – nicht, weil Sie den Kunden auf Knien darum bitten, sondern weil Sie ihn überzeugen und Durchhaltevermögen besitzen. Falls bei Ihnen dennoch Weltuntergangsstimmung aufkommt, sollten Sie die oben genannten logischen Schritte vollziehen und Ihre negativen Gedanken begraben.

Lösung für das Fallbeispiel

Das negative Bild, das sich die Öffentlichkeit – wie in Scotts Fall – von einem Unternehmen macht, ist eines der schwierigsten Probleme. Viele Firmen, einschließlich einige von Scotts Kunden, müssen außerdem noch mit ihrem eigenen Fehlverhalten und den daraus resultierenden negativen Schlagzeilen fertigwerden. Heutzutage befinden sich die Unternehmen mehr als je zuvor auf dem Präsentierteller und geraten leicht ins Kreuzfeuer der Kritik, z.B. wenn sie die Umwelt mit Problemmüll belasten, eine Übernahme in die Wege leiten, die nicht in beidseitigem Einvernehmen erfolgt, wenn sie „Ramschanleihen" (mit hoher Dividende und ebenso hohem Risiko) begeben, prinzipiell keine ausländischen Mitbürger beschäftigen, sich illegaler Geschäftspraktiken bedienen, Betriebe schließen, Verfahren wegen Diskriminierung anhängig sind usw. Im Fall Seaboard Metals geht es um die Frage des Überlebens und der Besitzverhältnisse. Sie ist aus der Sicht der Firmen, die von Seaboard als Zulieferer abhängig sind, noch wesentlich schwerwiegender. Scott sieht sich der schwierigen Aufgabe gegenüber, die Geschäftsbeziehungen zwischen Seaboard und den Kunden zu stützen und zu stärken. In dieser Hinsicht muß er überzeugende Argumente präsentieren, die ohne jeden Zweifel darauf schließen lassen, daß Seaboard nicht von der Bildfläche verschwinden wird. Hier müssen finanzielle Faktoren und eine Beschreibung der Sanierungspläne eingeschlossen sein, die Seaboards Geschäftsleitung in petto hat.

Als nächstes steht bei Scott ein persönliches Gespräch mit seinen wichtigsten Kontaktpersonen in für ihn interessanten Kundenunternehmen auf der Tagesordnung; ihnen sollte er dieses Informationsmaterial vorlegen. Er wäre außerdem gut beraten, wenn außerdem Besuche auf Führungsebene stattfänden; denn hier könnten überstürzte Entscheidungen getroffen werden, die auf bestimmten Zeitungsmeldungen über Seaboard basieren.

Ein Gespräch auf Führungsebene mit dem Ziel, negative Wahrnehmungen zu entkräften oder zu neutralisieren, ist so herausfordernd wie eine Verkaufssituation nur sein kann. Scott braucht nicht nur schlagkräftige Argumente, sondern auch das gesamte kommunikationstechnische Instrumentarium, das in diesem Buch beschrieben ist.

Wir würden vorschlagen, daß Scott seinen Kontaktpersonen auf Käufer- und Verwenderseite schleunigst einen Besuch abstattet. Danach sollten Gespräche mit den wichtigsten Führungskräften aus dem Finanz- und Herstellungsbereich folgen. Eine gute Eröffnungsformulierung könnte etwa folgendermaßen aussehen: „Ich bin hier, um mich für das Vertrauen zu bedanken, das Sie Seaboard bisher bewiesen haben. Ich möchte Sie aus erster Hand über die Vorkommnisse im Zusammenhang mit unserem Unternehmen und die Maßnahmen informieren, die wir eingeleitet haben." Das Ziel dieser Kundenansprache besteht darin, das negative Bild in die richtige, nichtbedrohliche Perspektive zu rücken und das Recht zu erwirken, den Kunden um seine Treue auch in der Zukunft bitten zu können. Die Art, wie dieses Anliegen übermittelt wird, kann die ganze Sache gewaltig verändern.

Kapitel 6

Der Weg in die Schaltzentralen der Macht

– Warum und wie Sie Ihren Einfluß bei allen wichtigen Kunden in die Waagschale werfen –

Herausforderung:

Wenn die Konkurrenz fest im Sattel sitzt und Widerstand gegen Veränderungen herrscht

Sie sitzen auf der Reservebank und die Konkurrenz beherrscht das Spielfeld. Die Endanwender und Einkäufer* des Kundenunternehmens wollen das Boot nicht zum Schaukeln bringen, solange es in voller Fahrt ist. Ihre Aufgabe besteht darin, das Getriebe mit den vorhandenen Rädchen in Schwung zu halten. Ihr Rivale weiß, daß er sich ein festes Standbein im Kundenunternehmen geschaffen hat und dieses eine Aversion gegen Veränderungen hat. Beide Faktoren arbeiten für ihn. Wenn Sie „mitmischen" wollen, sehen Sie sich einer sehr kniffligen Verkaufssituation gegenüber.

---

* Endanwender/Benutzer = die Personen, die letztlich mit dem gekauften Produkt arbeiten; sie sind nicht unbedingt identisch mit dem Käufer/Einkäufer, der im Auftrag des Unternehmens die Verhandlungen führt.

Fallbeispiel: Kevin

Kevin Fulton verbrachte den Freitagnachmittag damit, die Ereignisse der letzten Woche vor seinem inneren Auge Revue passieren zu lassen. Er hatte eine Reihe hochleistungsfähiger Kopiergeräte verkauft, und jeder potentielle Firmenkunde war wichtig. Kevin führte gewissenhaft sein Kundenkontrollbuch, und er hatte es sich zur Gewohnheit gemacht, es jede Woche auf den neuesten Stand zu bringen. Sein größter „Fisch" war McClain Industries; aber er sah sich außerstande, dort irgendwelche nennenswerten Fortschritte zu erzielen. Das Unternehmen zählte zu den namhaften Herstellern von kleinen bis mittelgroßen Benzinmotoren, deren Technologie marktführend und von der betriebseigenen Konstruktionsabteilung entwickelt worden war.

Kevin hatte mit dem Einkäufer des McClain-Werks in Milwaukee gesprochen und erfahren, daß alle mit den derzeit installierten Kopierern zufrieden waren; an den Beschaffungspraktiken sollte nichts geändert werden. Kevin hatte mit zwei seiner Kontaktpersonen in der McClain-Fabrik in Bridgeport telefoniert und die gleiche Antwort zu hören bekommen. Kevin wußte: Wenn nichts dazwischen kam, würde die Konkurrenz dieses Jahr automatisch Aufträge für sechs bis zehn im Leistungsniveau erweiterte Kopier- oder Ersatzgeräte an Land ziehen und letztendlich mit rund 35 großen Maschinen in allen 35 McClain-Werken aufwarten können.

Kevins Firma hatte eine neue Produktlinie (die 8000-Serie) eingeführt, die auf die Bedürfnisse von „Kopierzentren" abgestimmt war. Die 8000-Serie konnte auf Wunsch mit Mikrofiche-Lesern in einem LAN* ausgestattet werden, die das Einlesen von Konstruktionszeichnungen über das Netzwerk ermöglichten. Die 8000-Geräte konnten außerdem den Bearbeitungsstand an diejenigen Personalcomputer übermitteln, die an das LAN angeschlossen waren. Diese Errungenschaften würden die Konkurrenz das Fürchten lehren.

Die besten Ideen waren jedoch mit der Produkt- und Verkaufsstrategie verbunden, die Kevins Firma entwickelt und propagiert hatte. Die 8000-Se-

---

* Local Area Network; lokales Netz, bestehend aus mehreren unabhängigen Rechnern mit hoher Übertragungsgeschwindigkeit

rie zielte auf eine Positionierung in der oberen Preisklasse des Kopiergerätemarkts ab. Das neue Programm setzte allerdings voraus, daß sich die Kunden von der Idee eines zentralen Kopier-/Reproduktionsbereichs überzeugen ließen. Die damit verbundenen finanziellen Aufwendungen waren kein Pappenstiel; das Geld mußte in neue Funktionen und die Integration von Netzwerken, Mikrofiche und PCs für die Datenfernverarbeitung investiert werden.

Kevin sollte den Kunden vor Augen führen, wie sie sich mittels einer Neuorganisation ihrer Kopier-/Reproduktionsprozesse die allerneueste Technolgie und den daraus resultierenden Nutzen zu eigen machen konnten. Im Fall McClain würde das bedeuten, daß man sich dort mit dem Gedanken einer weitreichenden Veränderung anfreunden mußte. Wer konnte in diesem Unternehmen den Anstoß geben, den Kopier-/Reproduktionsprozeß aus einer ganz neuen Warte zu betrachten? Und aus welchem Grund sollte ihm oder ihr daran gelegen sein, alles Bisherige auf den Kopf zu stellen? Kevins Situationsanalyse wurde nach und nach wesentlich konzentrierter. Er mußte dafür sorgen, daß die Karten neu gemischt wurden und er ein neues Blatt erhielt.

Wie hoch ist hoch genug? Um in die Schaltzentralen der Macht zu gelangen, müssen Sie Größe, Aktionsradius und betriebstechnische Merkmale des Kunden verstehen und zu den Aktionen in Bezug setzen, die Sie in die Wege leiten wollen. Der Kundenentwicklungsprozeß, der in Kapitel 2 beschrieben wurde, hat die breite Marschroute festgelegt. Der Weg in die Schaltzentralen der Macht ist so ziemlich der einzige, um diesen Entwicklungsprozeß voranzubringen. Sehen Sie der Tatsache ins Auge, daß Sie auf der Leiter so weit wie möglich nach oben müssen, um einen Fürsprecher und die nötige Rückendeckung für Ihr Anliegen zu finden. Wenn Sie das nicht können oder wollen, sollten Sie besser aussteigen und als Hausierer Ihr Geld verdienen.

Wie bei allen anderen Verkaufsfähigkeiten bedarf es auch bei Interaktionen mit hochkarätigen betrieblichen Entscheidungsträgern einiger Übung und Gelegenheiten, das eigene Potential feinzuschleifen. Sie müssen am Ball bleiben und immer wieder taktische Manöver proben, wenn Sie irgendwann ein Tor schießen wollen. Das ist gar nicht so schwer; es ist nur schwierig, damit anzufangen. Wie einer unserer Kollegen sagte: „Man muß nicht bei *allen* Firmenkunden auf allerhöchster Ebene an die Tür klopfen, sondern nur bei denen, die man behalten möchte." Wenn Sie den Weg in die Chefetage wie Ihre Westentasche kennen, haben Sie ein gutes Gefühl! Diese Aufgabe verleiht der harten Welt des Verkaufs einen gewissen Nervenkitzel.

Warum Sie an die Spitze der Pyramide vordringen sollten

Neue Kunden und eine verbesserte Penetrationspolitik bei langjährigen Kunden stellen stabile Wachstumspotentiale dar. Im heutigen Verkaufsumfeld, das von mörderischem Wettbewerb gekennzeichnet ist, brauchen Sie jeden nur erdenklichen Vorsprung vor der Konkurrenz, um Ihre Position zu halten, ganz zu schweigen davon, sie auszubauen. Deshalb sollten Sie sich an allerhöchste Stelle wenden, wenn Sie es nicht bereits getan haben, und Ihre Fähigkeiten verbessern, an die oberste Spitze im Kundenunternehmen zu „verkaufen".

Ihr Ziel besteht darin, Ihre Präsentationsbandbreite zu maximieren. Auf Topebene müssen Sie Ihre Firma und deren Leistungen dem Leiter des Bereichs schmackhaft machen, den Sie mit Ihren Produkten oder Dienstleistungen anvisieren. Ihr Ziel ist, sich innerhalb der Kundenorganisation die Unterstützung möglichst vieler Führungskräfte in Schlüsselfunktionen zu sichern. Diese werden Ihr Angebot bei Angehörigen der Geschäftsleitung und der unteren Ebenen gleichermaßen befürworten, und das führt letztlich dazu, daß die Käufer und Verwender im Unternehmen auf Ihrer Seite stehen.

Den Verkaufsfeldzug an der Unternehmensspitze zu beginnen, hat mehrere Vorteile:

1. Sie können leichter das Maximum der Bedürfnisse ausmachen, die in Einklang mit Ihren Produkten oder Dienstleistungen gebracht werden können; denn Topmanager sehen meistens den Wald, aber nicht die Bäume. Damit bietet sich Ihnen eine Chance, die Bandbreite der Lösungen so weit wie möglich aufzufächern, wenn Sie später den Ent-

scheidungsträgern, die den eigentlichen Beschaffungsprozeß in die Wege leiten oder direkt beeinflussen, einen Besuch abstatten.
2. Sie schaffen den Rahmen, um reibungslos auf die Ebene dieser Entscheider hinunter zu gelangen; denn die Führungskräfte, deren Aufmerksamkeit oder Unterstützung Sie gewonnen haben, werden Ihnen den Weg weisen. Sie sollten sich eines bewußt machen: Wenn ein Manager beginnt, sich für etwas zu interessieren, delegiert er wahrscheinlich sofort alle oder einen Teil seiner Arbeitsaufgaben. Außerdem wird er sich später wieder in den Prozeß einschalten, um die erzielten Fortschritte in Augenschein zu nehmen.
3. Sie hängen die Konkurrenz ab. Es ist unwahrscheinlich, daß Ihre Rivalen ein Mitglied des Topmanagements als Ansprechpartner anpeilen. Die meisten Verkäufer wagen sich nicht so weit nach oben, denn für diesen Hochseilakt muß man Vollprofi sein!

Wann Sie den Unternehmensgipfel stürmen sollten

Den Gipfel zu erklimmen ist ein zeitraubender Prozeß. Folglich empfiehlt sich diese Strategie nur bei Großkunden oder solchen, die sich zu wichtigen Kunden auswachsen könnten. Sie ist vor allem dann geeignet, wenn die von Ihnen repräsentierten Produkte oder Dienstleistungen eine beträchtliche Ausgabe darstellen oder gewichtige Produktivitätsprobleme ansprechen. Wenn Sie zu der Schlußfolgerung kommen, daß der Kunde ungeachtet Ihrer Bemühungen nicht besonders entwicklungsfähig ist, sollten Sie Ihre Zeit nicht verschwenden. Es gibt indessen eine Ausnahme von der Regel: Falls die Umsatzerlöse mit einem Kunden bereits Konsequenzen nach sich gezogen haben, empfiehlt es sich, diese Interessen mit einer maßvollen Kundenentwicklungsstrategie zu schützen.

Vergessen Sie eines nicht: Topmanager denken ein Jahr und mehr voraus, während der Einkäufer, mit dem Sie für gewöhnlich zu tun haben, die nächsten sechs Monate oder auch nur das nächste „Etappenziel" im Auge hat. Falls Angelegenheiten von geringer Tragweite zur Diskussion stehen, halten Sie sich an Ihren bisherigen Ansprechpartner. Sollten Sie zu „hoch hinaus" wollen, ohne etwas Interessantes in petto zu haben, könnte sich das als ebenso großer Fehler erweisen wie die Gewohnheit, bei Ihren Kundenbesuchen „tiefzustapeln".

Die nachfolgenden sechs Verkaufssituationen bieten sich für eine Fühlungnahme auf Topebene geradezu an:

1. *Neukunde mit großem Potential.* Der ideale Zeitpunkt, sich mit einem Manager in Schlüsselposition in Verbindung zu setzen, wäre am Anfang Ihrer Verkaufsbemühungen. Wenn Sie den Prozeß von der Spitze her aufrollen, sind Sie besser imstande, Ziele, Pläne und Probleme des Kundenunternehmens zu verstehen. Sobald Sie seine Situation kennen, wachsen mit jedem Tag die Chancen, Ihre Produkte und Dienstleistungen mit seinen Strategien zu verknüpfen.

Um diesen Ansatz zu nutzen, sollten Sie Ihre Firma und deren Leistungsprofil so präsentieren, daß der Topmanager genug Informationen zur Hand hat, um Sie an die richtigen Entscheidungsträger zu verweisen. Dazu gehören Personen, die unmittelbar in diejenigen betrieblichen Abläufe eingebunden sind, denen Ihre Leistungen zu gute kommen. Die Referenzen der hochkarätigen Führungskräfte öffnen Ihnen Türen, die andernfalls verschlossen oder unentdeckt blieben. Es gibt kaum einen anderen Verkaufsansatz, mit dem sich dieses Ziel erreichen ließe.

2. *Der Kunde, dessen Potential nicht völlig ausgeschöpft ist.* Als etablierter Zulieferer haben Sie Ihrem Kunden wertvolle Dienstleistungen oder Produkte zu bieten. Sie wissen, daß andere Bereiche des Kundenunternehmens ebenfalls von Ihren Leistungen profitieren könnten. Normalerweise ist es jedoch schwierig, diese zusätzlichen Verkaufschancen auszumachen, weil Ihre derzeitigen Käufer höchstwahrscheinlich nur begrenzte Kenntnisse der gesamten Organisationsstruktur haben. Dazu kommt, daß Macht- und Intrigenspiele, Konkurrenzdenken und Budgetkämpfe die Verwender veranlassen könnten, mit firmeninternen Referenzen zurückhaltend umzugehen. Und selbst wenn sie dazu bereit sind, werden die Empfehlungen eher horizontal als nach oben verlaufen.

Die Angehörigen des Topmanagements und nachgeordneter Führungsebenen zeichnen sich sowohl durch umfassende Kenntnisse der Organisationsstrukturen als auch einer anderen Perspektive aus. Sie zeichnen für den Erfolg aller betrieblichen Prozesse verantwortlich. Sie sind daran interessiert, daß wirksame Problemlösungen möglichst überall zur Verfügung stehen. Sie können sich für neue Entwicklungen und/oder Ideen begeistern und sich ständig fragen, wie sich diese in die Praxis umsetzen lassen.

Wenn Sie diesen Topmanagern zeigen, daß Sie in der Lage sind, ihnen bei der Realisierung ihrer Finanz- oder Produktivitätsziele zu helfen, wird man bereit sein, Ihnen neue Kontakte zu verschaffen. Aufgrund Ihres bisherigen Leistungsprofils in diesem Unternehmen sollten Sie imstande sein, eine wirkungsvolle Präsentation durchzuführen.

Weihen Sie Ihre derzeitigen Ansprechpartner in Ihre Pläne ein, sich an Mitglieder der Führungsriege zu wenden. Weisen Sie darauf hin, daß Sie allen Mitarbeitern des Unternehmens bewußt machen möchten, welche Vorteile Ihre Firma zu bieten vermag. Ihr „Vermittler" sollte außerdem wissen, daß Sie ihn über das Ergebnis dieser Aktion informieren werden, wie es auch immer aussehen mag. Wenn Sie das Topmanagement zu einem Zeitpunkt kontaktieren, wo alles reibungslos verläuft, muß Ihr bisheriger Gesprächspartner nicht fürchten, Federn zu lassen. Trotzdem könnte er versuchen, Sie von Ihrem „hochfliegenden" Plan abzubringen, aus Angst vor möglichen Enthüllungen gegenüber der Geschäftsleitung. Um böses Blut zu vermeiden, können Sie einfach anführen, daß Ihr Chef darauf besteht. Wenn es angeraten erscheint, weitere Kundenentwicklungsmöglichkeiten auszuschöpfen, reicht es nicht aus, zu sagen: „Ich könnte es ja mal versuchen." Sie müssen handeln.

Wenn Sie direkt mit den Einkäufern des Kundenunternehmens oder dem „herkömmlichen Verkauf" zu tun haben, befinden Sie sich in einem Kopf-an-Kopf-Rennen mit Ihren Konkurrenten, sozusagen auf einem „Schlachtfeld", und Sie haben weder eine Geheimwaffe noch irgendwelche Vorteile. Ihre Reaktion ist zo ziemlich das einzige, was zählt. Auf dem Schlachtfeld werden nicht viele Neuerungen in Betracht gezogen, weil die Soldaten lediglich Befehle ausführen – oder das was sie für ihre Anweisung halten. Diese Mitarbeiter, die an vorderster Front kämpfen, sind sehr vorsichtig, wenn es um die Wahl des Lieferanten geht. Sie versuchen, subjektive Entscheidungen nach Möglichkeit zu vermeiden, weil sich diese später, wenn ein Problem auftauchen sollte, nur schwer rechtfertigen lassen. Außerdem wollen sie fair sein oder sich zumindest den Anschein geben. Dieses Fair play ist jedoch nicht in Ihrem Sinn: Sie möchten, daß man Ihnen, Ihrem Produkt und Ihrer Firma den Vorzug gibt. Und wie gelingt Ihnen das?

Der direkte Kontakt zu Topmanagern oder der „Verkauf von oben nach unten" ermöglicht es Ihnen, die Konkurrenz zu überrunden. Während Ihre Rivalen auch weiterhin den Endverbraucher bedrängen, gewinnen Sie erstens Fürsprecher an der Firmenspitze, die jede Tür öffnen, zweitens ein detaillierteres Bild von den allgemeinen Bedürfnissen des Kunden und drittens Adressen von potentiellen Verwendern, von deren Existenz Sie nicht einmal etwas geahnt hatten. Sie können unterschwellige Gedanken und Botschaften von oben in den Verkaufsvorgang einbringen, die Verwender und Käufer vielleicht veranlassen, ihre Prioritäten rundum zu ändern oder anzupassen. Voraussetzung ist natürlich, daß Sie ihnen helfen, ihre wichtigen, langfristigen Ziele zu erreichen. Diese Personen werden dann möglicherweise sogar mehr Fairneß walten lassen, jetzt aber gegenüber Ihrer Firma. In dieser Hinsicht können sie Anbieter abweisen, die nichts von ihren übergeordneten Zielsetzungen verstehen oder ihren subjektiven Produktanforderungen nicht entsprechen.

Seien Sie auf der Hut, wenn Ihre derzeitigen Ansprechpartner versuchen sollten, Ihnen einen Besuch in den Schaltzentralen der Macht auszureden. Höchstwahrscheinlich sind sie bestrebt, wichtige Themen zu kaschieren. Beispielsweise wäre es möglich, daß beträchtliche Budgetänderungen ins Haus stehen, eine Reorganisation beabsichtigt wird bzw. bereits bis zum Verhandlungsstadium gediehen ist, oder das Unternehmen mit dem Gedanken spielt, zu einem anderen Anbieter überzuwechseln. In solchen Situationen kann es besonders wichtig für Sie sein, den Kontakt zu Führungskräften in Schlüsselpositionen herzustellen. Sie müssen herausfinden, was vor sich geht, so daß Sie Zeit haben, sich eine Strategie zurechtzulegen und entsprechende Maßnahmen zu ergreifen. Einen Einkäufer oder Ansprechpartner auf untergeordneter Hierarchieebene zu bitten, dem Topmanagement Ihr Anliegen vorzutragen, ist sehr riskant und sollte vermieden werden. Wenn er sich tatsächlich Zugang zur obersten Führungsriege verschaffen kann, laufen Sie Gefahr, daß er Ihre Botschaft im Paket seiner eigenen Zielsetzungen vergräbt und mit seinen eigenen Initialen versieht. Dann wären Sie zum Bauern im Schachspiel eines Unternehmensangehörigen geworden, der weder befugt ist, wichtige Entscheidungen zu treffen, noch Sie und Ihr Unternehmen fördern kann.

3. Der „belagerte" Kunde, der geschützt werden muß. Für die Strategie, in dieser Situation Kontakt mit einem Topmanager aufzunehmen, spricht ein einziger Punkt: Wenn Ihr Geschäft nicht auf allerhöchster Ebene Schutz genießt, wird es immer durch einen hochzielenden Angriff der Konkurrenz gefährdet sein. Ihre besten Kunden sind die reizvollsten Ziele Ihrer Rivalen. Wenn sich diese an der Spitze einnisten, bevor Sie Ihre „Geschichte" vortragen konnten, müssen Sie vielleicht das Feld räumen.

Denken Sie auch daran, daß die meisten Unternehmen ihre finanziellen Aufwendungen regelmäßig einer Prüfung unterziehen. Wenn die Gelder nicht mehr so wie früher fließen oder die Konjunktur lustlos ist, müssen unter Umständen (wieder einmal) selbst geringfügige Ausgaben gerechtfertigt werden. Sie können nicht davon ausgehen, daß der Chef Ihres Einkäufers Flüsterpropaganda für Ihre Firma auf nächsthöherer Ebene betreibt. In einem solchen Fall wäre es möglich, daß Ihre Basis nicht ausreichend vor den Raubzügen der Konkurrenz geschützt ist.

Statt sich darauf zu verlassen, daß jemand anderer Ihre Aufgabe übernimmt und verkauft, sollten Sie sich vergewissern, daß Sie Ihr angestammtes Territorium sichern, indem Sie sich mit dem Topmanagement verbünden. Diese Allianz kann sich auch dann als unschätzbar wertvolle Hilfe erweisen, sobald Sie sich Problemen auf den unteren Hierarchieebenen gegenübersehen. Wenn Sie in guten Zeiten überzeugend waren, können Sie in schlechten Zeiten auf dem Fundament Ihrer Glaubwürdigkeit aufbauen.

Der schlechteste Zeitpunkt, um sich Zugang zur Führungsetage zu verschaffen, ist dann gegeben, wenn Sie eine Hiobsbotschaft bringen. Manchmal kann es gleichwohl der richtige Kurs sein. Wenn die schlechte Nachricht nach oben gelangt, ohne daß Sie die Chance hatten, die Angelegenheit aus Ihrer Warte zu erzählen, könnte sich eine ohnehin problematische Situation noch mehr zuspitzen. Unter Umständen müssen Sie diesen Kunden dann abschreiben.

4. Das Ablenkungsmanöver. Die Kontaktaufnahme mit der Unternehmensspitze kann ein außerordentlich nützlicher Schachzug sein, um den Angriff eines Konkurrenten zu kontern. Angenommen, Sie befinden sich in einem Kopf-an-Kopf-Rennen um die Gunst eines neuen Unternehmenskunden. Sie können sich in dieser Situation möglicherweise einen Vorteil verschaffen, wenn Sie Ihren Rivalen mit seinen Bemühungen und Prioritäten „aus der Bahn" werfen.

Stellen Sie fest, welches Unternehmen vor Ort der größte Kunde Ihres Konkurrenten ist. Statten Sie den Führungskräften in Schlüsselstellungen einen Höflichkeitsbesuch ab; verteilen Sie großzügig Broschüren, Kataloge und Werbematerial. Es dauert mit Sicherheit nicht lange, bis Ihr Rivale erfährt, daß Sie seine „Cash-Kuh" melken wollen. Seine Verkäufer werden sich sofort „sammeln", um Gegenmaßnahmen zu ergreifen; damit haben Sie freie Bahn bei dem Neukunden, zumindest für den Augenblick.

Ein Beispiel veranschaulicht diese Finte. Der potentielle Kunde war ein führender Hersteller von Fahrzeuganhängern und die primäre Kontaktperson der Leiter des Fertigungsbereichs. Man hatte noch nicht an dieses Unternehmen verkauft, aber eine gute Beziehung zum Bereichsleiter entwickelt. Man stattete ihm des öfteren einen kurzen Besuch ab, berichtete von neuen Entwicklungen, einer neuen Tendenz oder einem technologischen Fortschritt in der Welt der Fertigungskontrollsysteme. Er wurde ermutigt, sich einmal genau anzusehen, was sein derzeitiger Geschäftspartner in diesem Bereich zu bieten oder nicht zu bieten hatte. Er ließ sich auf das Spiel ein und brachte seinen Lieferanten ständig aus dem Takt. Man hatte ihm einen Vorteil an die Hand gegeben, und er spielte ihn voll aus. Es dauerte für gewöhnlich nur wenige Minuten, bis man sich die „Geheimtips" ausgedacht hatte. Auf der anderen Seite war der Konkurrent manchmal Tage damit beschäftigt, über Reaktionsmöglichkeiten nachzudenken, wobei seine Bemühungen diverse Besuche seitens der Führungsspitze und Produktdemonstrationen an anderen Standorten einschlossen. Die Aktionen waren nicht nur wohlüberlegt, sondern machten uns auch großen Spaß. Bei jedem Besuch ließ man eine tickende Zeitbombe zurück, die der Konkurrent entschärfen mußte – eine nach der anderen!

5. *Der beste und letzte Vorstoß.* In fast jedem Verkaufsbezirk findet man noch einige wenige „Dinosaurier". Dinosaurier sind Großkunden, die für Sie sehr bald ausgelöscht sein könnten, weil Sie bisher einfach nicht imstande waren, mit ihnen ins Geschäft zu kommen. Normalerweise haben Sie viel Zeit und Mühe darauf verwendet, sich an Ausschreibungen zu beteiligen, die Leistungsbeschreibungen zu analysieren und Ihr Angebot einzureichen. Vermutlich sind Sie mit Ihrer Geduld beinahe am Ende und bereit, den Kunden abzuschreiben.

Wenn Sie allerdings überzeugt sind, daß Sie diesen Kunden verdienen und sein Potential ausreichen könnte, um einen allerletzten Versuch zu rechtfertigen, dann sollten Sie Ihr Anliegen an allerhöchster Stelle vortragen. Da die Verwender- und/oder Einkäuferebene Ihnen keine sichtbaren Ergebnisse eingebracht hat, haben Sie nichts zu verlieren, wenn Sie direkt an die Spitze vorstoßen.

Solche Kunden sollten Sie zuerst anpeilen, wenn Sie generell zögern, Kontakt zu Mitgliedern der „oberen Zehntausend" herzustellen. Die Strategie birgt kaum Risiken, weil Ihre Vorgesetzten keine Erwartungen in diese Aktion setzen. Sollten Ihre Bemühungen von Erfolg gekrönt sein, haben Sie allerdings einen Sieg auf ganzer Linie davongetragen.

Ihre Aktivitäten werden – vor allem im Erfolgsfall – einigen Mitarbeitern des betreffenden Kundenunternehmens keine große Freude bereiten. Schließlich waren sie es vermutlich, die Ihnen den Zugang verwehrt haben. Wenn Sie diese Mitarbeiter auf so unsanfte Weise aus dem Trott bringen, werden sie Ihnen möglichst aus dem Weg gehen und das Anliegen Ihrer Firma ganz sicher nicht unterstützen. Bereiten Sie sich innerlich darauf vor, Ihre Fortschritte minutiös festzuhalten und Ihren Ansprechpartner in der Führungsmannschaft auf dem laufenden zu halten, falls angemessen.

6. Protest auf Führungsebene einlegen. Diese Situation ist vermutlich die schwierigste und läßt sich nur selten in den Griff bekommen. Selbst Verkaufsprofis mit großer Erfahrung haben Kunden verloren, obwohl alles für einen erfolgreichen Verkaufsvorgang sprach. Einkäufern unterlaufen bei der Wahl eines Lieferanten bisweilen fragwürdige Fehlurteile oder kostspielige Fehler. Falls Ihnen ein Auftrag so gut wie sicher war, der dann wider alle Erwartungen einem weniger qualifizierten Rivalen erteilt wurde, überlegen Sie vielleicht, ob Sie nicht am besten Protest auf Führungsebene einlegen. Einige große, streng formale Beschaffungssysteme verfügen über ein Standardverfahren für derartige Beschwerden an die Geschäftsleitung. In einem solchen Fall sollten Sie sich an die Spielregeln halten. In den meisten Unternehmen gibt es indessen keine Möglichkeit, eine Kaufentscheidung auf offiziellem Weg anzufechten. Dann sind Sie auf sich selbst gestellt.

Handeln Sie schnell, um die Führungskräfte in den entsprechenden Schlüsselstellungen zu identifizieren, arbeiten Sie Ihre „Protestnote" hieb- und stichfest aus, und machen Sie einen Termin für die „Anhörung" aus. Sie bitten die Führungskraft letztendlich, die Entscheidung eines Kollegen rückgängig zu machen; seien Sie deshalb auf einige sehr überzeugende und logische Gegenargumente vorbereitet. Sie werden keine Schwierigkeiten haben, einen Termin zu erhalten, um Ihren Fall vorzutragen: Sagen Sie der Sekretärin einfach, Sie möchten Herrn X wegen einer Beschaffungspraxis in seinem Unternehmen sprechen, die einen fairen Wettbewerb verhindere. Man wird Ihrer Bitte entsprechen, aber das Eis, auf dem Sie gehen, ist sehr brüchig.

Vergewissern Sie sich, daß die Vorgesetzten in Ihrer Firma in den Beschwerdeprozeß einbezogen sind. Protestaktionen sind in der Regel kein Zuckerschlecken und umstritten. „Vorsichtiges und diplomatisches Vorgehen" lautet Ihre Parole in solchen Fällen. Aber denken Sie daran: Falls Sie sich dazu entschließen, Beschwerde auf Führungsebene einzulegen, haben Sie ohnehin wenig oder nichts zu verlieren, aber einiges zu gewinnen. Bleibt Ihrem Versuch der Erfolg versagt, dürfen Sie diesen Kunden getrost abschreiben. Und hätten Sie für ihn bereits ein gutes Kundenentwicklungskonzept ausgearbeitet, wäre dieser „letzte Versuch" oder das „Protest"-Szenario von Anfang an überflüssig gewesen.

Ein Erfolgskonzept

Lassen Sie uns nun untersuchen, was zu einer Verkaufsstrategie auf Führungsebene gehört. Die Erfahrung hat gezeigt, daß solche erfolgreichen Verkaufsprogramme das Ergebnis einer „konzertierten Aktion" sind. Wenn möglich, arbeiten Verkäufer und Verkaufsleitung des Anbieters eng zusammen, um die Verkaufsstrategie der oberen Leitungsebenen umzusetzen. Im Idealfall ist die Rolle jedes Beteiligten von Anfang an klar definiert.

Sie sind als Verkäufer für folgende Aktivitäten verantwortlich:

- Recherchen hinsichtlich der potentiellen Zielpersonen,
- Auswahl der Kundenunternehmen, die kontaktiert werden sollen, in Absprache mit Ihrem Vorgesetzten,
- Aufbau einer umfassenden Datei über die Organisationsstrukturen und

Geschäftsprozesse des angepeilten Unternehmens einschließlich Jahresbericht, Zeitungsartikel jüngeren Datums, Bilanzen, Beschreibung der wichtigsten Tätigkeitsfelder, Probleme, Zielsetzungen, Organisationspläne und Biografien der Schlüsselpersonen (alles an Informationsmaterial, was Sie in die Hände bekommen können),
- Entwicklung eines strategischen Verkaufskonzepts in Übereinstimmung mit Ihrem Vorgesetzten. Es ist wichtig, daß Ihr Chef von diesem Konzept überzeugt ist und sich im gleichen Maß dafür einsetzt.

Nachdem Sie Ihre Hausaufgaben gemacht haben, müssen Sie einen Termin mit der ausgewählten Zielperson ausmachen. Vorher gilt es jedoch, folgende Schritte in die Wege zu leiten:

- Finden Sie Namen, Titel und Zuständigkeitsbereich Ihres Ansprechpartners heraus. Oft kann Ihnen sogar die Empfangsdame am Telefon diese Informationen geben. Die PR- und/oder die Personalabteilung, aber auch Pressemeldungen und Veröffentlichungen von Publikumsgesellschaften, die den Publizitätsvorschriften unterliegen, können ebenfalls eine Hilfe sein.
- Bitten Sie die Telefonistin um den Namen der Sekretärin Ihrer Zielperson.
- Wählen Sie ein zentrales Thema für Ihren Besuch. Achten Sie darauf, daß es sowohl Ihrer Zielsetzung als auch den Erfahrungen und Verantwortlichkeiten Ihres Ansprechpartners entspricht.
- Legen Sie einen alternativen Termin für die Zusammenkunft fest. Planen Sie zwei oder drei Wochen Zeit dazwischen ein, um die Chancen zu verbessern, daß der Terminkalender Ihres Ansprechpartners nicht beide Male randvoll ist.
- Arbeiten Sie einen Gesprächsleitfaden zur Terminvereinbarung aus (wie in Abbildung 6.1).
- Entscheiden Sie, welche Führungskraft als nächstes auf Ihrer Besuchsliste stehen soll, falls Ihre Nummer eins unabkömmlich ist und Sie nicht an jemand anderen verweist.

Wenn es sich bei Ihrem anvisierten Unternehmen um eine Publikumsgesellschaft handelt, sollten Sie vielleicht den Erwerb von Aktien in Betracht ziehen. Als Aktionär haben Sie Zugang zu einer breiten Palette von Informationen. Außerdem fördern Sie damit Ihre Glaubwürdigkeit beim Kundenunternehmen.

Gesprächsleitfaden zur Terminvereinbarung

Eines der schwierigsten Elemente des Kundenentwicklungsprozesses besteht darin, einen Termin bei demjenigen Angehörigen der oberen Leitungsebene zu erhalten, den Sie als Ansprechpartner ausgewählt haben. Das erfordert Planung, gute Techniken, Sorgfalt, Geduld und Durchhaltevermögen. In vielen, wenn nicht sogar in allen Fällen, ist Ihr gewünschter Ansprechpartner nicht daran gewöhnt, daß jemand wie Sie in seinem Terminkalender auftaucht. Die meisten Leute, denen er seine kostbare Zeit widmet, gehören seinem Unternehmen an. Er behält die Projekte und Aktivitäten im Auge, die bereits angelaufen sind, vor allem, wenn er dabei eine führende Rolle spielt. Sie müssen also zur sprichwörtlichen Ausnahme von der Regel werden. Routineabläufe und Tagesgeschäft werden mit Argusaugen von seiner Sekretärin überwacht. Sie ist eine beträchtliche Hürde, die es zu überwinden gilt, und um sich ihre Zustimmung und Hilfe zu sichern, brauchen Sie sowohl eine gute Taktik als auch Finesse.

Die nachfolgende Strategie, um per Telefon einen Termin bei einem Topmanager zu erhalten, hat sich bewährt. Sie sollte allerdings nicht wortwörtlich umgesetzt werden. Benutzen Sie eigene Formulierungen. Achten Sie auf die Unterschiede im Gesprächskonzept mit der Sekretärin und der Führungskraft. Mit wem Sie auch verbunden sind, denken Sie daran, daß Sie nicht mit Telefonverkauf befaßt sind. Sie versuchen lediglich, einen Termin mit dem Manager zu bekommen.

Die Sekretärin – sie kontrolliert den Informationsfluß

Nachfolgend finden Sie ein Beispiel für ein Telefongespräch mit der Sekretärin eines Topmanagers. Es soll veranschaulichen, wie sich eine solche Unterhaltung entwickeln und auf Ihr Ziel zugesteuert werden könnte. Wenn Sie die Sekretärin „an der Strippe" haben, können Sie folgendermaßen vorgehen:

Sek.: „Hier Sekretariat [Herr X /Frau Y]".

Sie: „Guten Tag. Spreche ich mit Frau [Name der Sekretärin]? Mein Name ist [...]; ich vertrete die Firma [Name] und würde gerne einen Termin mit [Herrn X/Frau Y] ausmachen. Sind Sie dafür zuständig?"

Wenn die Antwort ja lautet, wird die Sekretärin Sie um zusätzliche Informationen bitten.

Sie: „Ich bin für die Firma [Name] tätig und möchte gerne mit [Name der Führungskraft] über [Thema, das Sie für diesen Besuch gewählt haben] in [Name des Kundenunternehmens] sprechen. Können Sie im Terminkalender von [Herrn X /Frau Y] am [Datum] morgens noch 20 Minuten Zeit erübrigen, oder wäre der Nachmittag günstiger?"

Haben Sie bemerkt, daß der Name Ihrer Firma wiederholt wurde? Das ist Absicht. Damit kann sich die Sekretärin besser merken, wen Sie repräsentieren, ohne daß sie um eine Wiederholung bitten muß.

Falls die Dame weitere Auskünfte verlangt, reagieren Sie folgendermaßen:

- Vermeiden Sie, Einzelheiten zu nennen, die über Ihr Thema hinausgehen.
- Wiederholen Sie die Bitte um einen Termin von 20 Minuten Dauer.
- Fragen Sie noch einmal, welcher Tag und welche Zeit genehm wären.
- Tun Sie Ihr Bestes, um zu verhindern, daß Sie an einen Untergebenen abgeschoben werden.
- Betonen Sie, daß Sie wissen, für welchen Aufgabenbereich diese Führungskraft zuständig ist, und daran interessiert ist, mit Ihnen zu sprechen.

Wenn Sie abschlägig beschieden werden, macht die Sekretärin keine Termine – oder ist nicht bereit, Ihnen einen zu geben. Bitten Sie dann, daß man Sie mit dem Manager direkt verbindet.

Sollte die Sekretärin nach Ihrer Telefonnummer fragen und Sie mit einem Rückruf vertrösten, reagieren Sie folgermaßen:

- Seien Sie zäh. Wiederholen Sie den Grund für Ihren Besuch und für das Interesse, das der Manager Ihrer Meinung nach daran haben wird.
- Fragen Sie, wann der Rückruf erfolgen wird.
- Erkundigen Sie sich, ob Sie wieder anrufen können, sobald der Vorgesetzte wieder im Haus ist.

Wenn Sie eine Nachricht hinterlassen und man ruft Sie nicht zurück, versuchen Sie es noch einmal. Warum auch nicht? Wir können schließlich bezeugen, daß die Führungsetage Ideen und Vorleistungen aus dem Unternehmensumfeld braucht. Abbildung 6.1 listet die einzelnen Schritte auf, die erforderlich sind, wenn Sie eine Sekretärin um einen Termin bei einem Topmanager bitten.

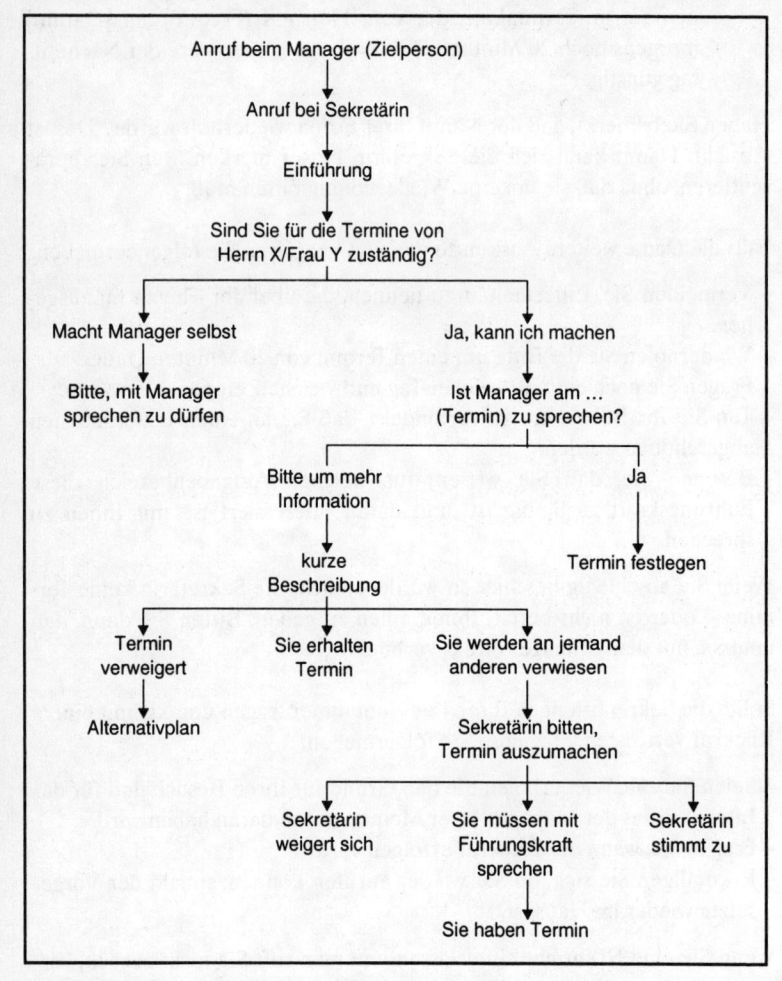

```
                    Anruf beim Manager (Zielperson)
                              ↓
                       Anruf bei Sekretärin
                              ↓
                          Einführung
                              ↓
                  Sind Sie für die Termine von
                  Herrn X/Frau Y zuständig?
                    ↓                    ↓
        Macht Manager selbst      Ja, kann ich machen
                ↓                         ↓
        Bitte, mit Manager          Ist Manager am ...
        sprechen zu dürfen          (Termin) zu sprechen?
                              ↓                    ↓
                    Bitte um mehr                  Ja
                    Information                    ↓
                         ↓                   Termin festlegen
                       kurze
                    Beschreibung
          ↓              ↓                 ↓
       Termin      Sie erhalten     Sie werden an jemand
       verweigert     Termin        anderen verwiesen
          ↓                                ↓
       Alternativplan             Sekretärin bitten,
                                  Termin auszumachen
                            ↓            ↓            ↓
                      Sekretärin    Sie müssen mit   Sekretärin
                      weigert sich  Führungskraft    stimmt zu
                                    sprechen
                                         ↓
                                   Sie haben Termin
```

Abbildung 6.1: Gesprächsleitfaden zur Terminvereinbarung

Der direkte Kontakt mit der Zielperson

Manche Führungskräfte nehmen den Hörer selbst ab. Auf diese Möglichkeit sollten Sie vorbereitet sein. Er wird nicht mit Ihnen rechnen, weil die Anrufe in der Regel von Firmenangehörigen stammen. Deshalb besteht durchaus die Möglichkeit, daß Sie Ihren Ansprechpartner überrascht haben und ihn momentan aus dem „Takt" bringen. Das sollten Sie berücksichtigen und ihm Gelegenheit geben, sich auf die Situation einzustellen.

Vielleicht entscheiden Sie sich beim nun folgenden Gespräch für diese Strategie:

Sie: „[Herr X /Frau Y], mein Name ist [...]; ich vertrete [Name Ihrer Firma]. Ich möchte gerne einen Termin mit Ihnen ausmachen, um mit Ihnen über den Nutzen [nennen Sie einen] zu sprechen, den ein Unternehmen wie [Name des potentiellen Kunden] erzielen kann. Ich brauche dafür nicht mehr als 20 Minuten. Würde es Ihnen am [Tag und Uhrzeit] passen? Oder wäre Ihnen der [Alternativvorschlag] lieber?"

Sie sollten mit zwei Einwänden rechnen, wenn Sie den Manager direkt um einen Termin bitten. Wenn Sie Ihre Antworten dann bereits vorgefertigt haben, erhöhen Sie Ihre Erfolgschancen.

Einwand Nummer 1: Delegieren. Das ist ein Versuch, Sie an jemand anderen im Unternehmen weiterzureichen. Er fällt deshalb in die Kategorie Einwände, weil Sie den gewohnten Tagesablauf des Managers durcheinanderbringen. Ihr Gesprächspartner am anderen Ende der Leitung denkt sich: „Warum ausgerechnet ich?" Der einfachste Aktionskurs besteht darin, Sie davon zu überzeugen, daß Sie an der „falschen Adresse" sind. Das ist ganz normal, und deshalb sollten Sie damit rechnen und entsprechend gerüstet sein:

Manager: „Vielleicht sollten Sie mit unserem Herrn Z sprechen; er leitet den Bereich [...]."

Sie: „[Herr X / Frau Y], ich würde gerne mit Herrn Z sprechen. Doch [erklären Sie, warum Sie unbedingt ihn sehen müssen]. Wäre Ihnen ein Termin am Morgen oder am Nachmittag lieber?"

Einwand Nummer 2: Keine Zeit! Das könnte im Klartext bedeuten: Keine Zeit für Verkäufer. Wenn Sie ihm das Delegiermanöver nicht abgekauft haben, dann ist dieser Einwand definitionsgemäß vorprogrammiert und beinahe unvermeidlich, und Sie sollten ihn erwarten. Er gehört mit zum Spiel, und beide müssen ihren Part über die Bühne bringen. Ein dominanter Persönlichkeitstyp unterzieht Sie möglicherweise einem Härtetest, indem er rundweg erklärt: „Nein, kein Interesse." Sie werden nichts verlieren, wenn Sie erwidern: „Warum nicht?"

Manager: „Ich habe keine Zeit."
Sie: „[Herr X /Frau Y], ich weiß, daß Sie sehr beschäftigt sind, und ich weiß, daß die Zeit, die Sie jemandem widmen, eine Investition darstellt, die sich für Ihr Unternehmen rentieren muß. Die zwanzig Minuten, die Sie in ein Gespräch mit mir investieren, werden sich als äußerst gewinnbringend für Sie erweisen; davon bin ich fest überzeugt. Ich möchte mit Ihnen über die Vorteile [skizzieren Sie Ihr Thema] unterhalten und Ihnen zeigen, wie andere Unternehmen diesen Geschäftsbereich verbessert haben. Könnten wir uns am [Datum und Uhrzeit] zusammensetzen, oder wäre Ihnen [Alternativvorschlag] lieber?"

Verkäufer, die regelmäßig Kontakte zu Topmanagern anbahnen, haben erklärt, daß sie in mehr als 50 Prozent der Fälle mit diesen Methoden erfolgreich waren. Wenn sich die Führungskraft indessen noch immer weigert, Sie zu empfangen und Sie an einen Untergebenen weiterreicht, sollten Sie sich die Tür mit folgender Taktik offenlassen:

- Erklären Sie sich damit einverstanden, sich mit dem rangniedrigeren Mitarbeiter in Verbindung zu setzen.
- Fragen Sie, ob der Manager oder seine Sekretärin so nett wären, einen Termin zu vereinbaren.
- Wenn keiner von beiden dazu bereit ist, erkundigen Sie sich, ob Ihr derzeitiger Gesprächspartner oder die Sekretärin diesen Mitarbeiter davon in Kenntnis setzen würden, daß Sie ihn wegen eines Termins anrufen werden.
- Bitten Sie darum, Ihrem gegenwärtigen Gesprächspartner Bericht erstatten zu dürfen, wenn Sie den Termin bei seinem Mitarbeiter hatten.
- Bitten Sie den Manager, an Präsentationen teilzunehmen, die Sie in seinem Unternehmen durchführen. Seine Anwesenheit bringt Ihnen

„Pluspunkte" und erhöht Ihre Erfolgschancen bei seinen Kollegen in der Führungsmannschaft.

Ihr vorrangiges Ziel besteht darin, einen Gesprächstermin mit einem Topmanager zu erhalten, der so hoch wie möglich in der Hierarchie angesiedelt ist. Sollte Ihnen das nicht gelingen, besteht trotzdem kein Grund, sich wie ein Versager vorzukommen. Bemühen Sie sich um seine Unterstützung, wenn Sie den Besuch einer anderen Führungskraft vorhaben. Diese Hilfe ist sehr wohl einen Anruf wert. Wenn Sie also abgewiesen werden, können Sie trotzdem gewinnen. Was für ein Gefühl ist es, 50% Ihrer Zeit zu verlieren? Wir hoffen, kein schlechtes, denn Sie können sich noch immer sagen, daß Ihr „Glas halbvoll statt halbleer" ist.

Manager, die Ihnen partout keinen Termin geben wollen, reichen Sie für gewöhnlich an einen anderen Ansprechpartner weiter, ohne daß Sie ausdrücklich darum ersuchen. Wenn nicht, bitten Sie darum. Sie müssen keine Angst haben, daß diese Person zu wenig Einfluß besitzt. Es ist unwahrscheinlich, daß ein Topmanager Sie an jemanden verweist, der nicht gleichrangig oder ebenso einflußreich ist. Fragen Sie einfach: „Können Sie mich jemandem empfehlen, der für diesen Bereich zuständig ist?" Ihre Chancen, daß Sie einen Termin bei dieser Führungskraft erhalten, liegen nach unserem Dafürhalten bei mehr als 75%, weil der Vorschlag von einem Mitglied des Topmanagement stammt.

Wenn Sie Ihre Hausaufgaben gemacht haben, gibt es eine Taktik, die es Ihnen gestattet, sich wieder in den Prozeß einzuklinken und einen zweiten Versuch zu wagen. Sie können Ihren Gesprächspartner darauf hinweisen, daß Ihre Wahl nicht zufällig auf ihn gefallen ist. Sagen Sie z.B.: „Das Thema, um das es geht, erfordert fundierte Vorkenntnisse der Konstruktions- und Designtechniken, und ich weiß, daß Sie über das nötige Wissen und die Erfahrung in diesem Bereich verfügen." Sie haben eine Tatsache vorgebracht, seinem Ego „Streicheleinheiten verpaßt" und seine „Fluchtweg-Optionen" beschnitten. Das ist kein arglistiges Täuschungsmanöver, sondern strategisches, moralisch vertretbares, gewitztes Verkaufen.

Bitte keine unnötigen Komplikationen!

Sie sollten sich vergewissern, daß im Mittelpunkt Ihrer Präsentation ein einziges Thema steht, z.B. finanzielle Einsparungen durch Anwendung aktualisierter Computersysteme oder Kosteneindämmung mittels fertigungssynchroner Materialwirtschaft. Dieses Thema sollte einfach genug sein, um es kurz umreißen zu können, wenn Sie telefonisch um einen Termin bitten. Wenn Sie es nicht schaffen, Ihr Thema mit zehn oder weniger Worten zu skizzieren, empfiehlt es sich, noch einmal darüber nachzudenken, die Zusammenfassung zu vereinfachen und zielgerichteter zu formulieren.

Während des Besuchs sollten Sie das Gespräch auf einer breiten, konzeptionellen Ebene führen und das gewählte Thema ständig einbeziehen. Sobald Sie vom Allgemeinen zum Besonderen übergehen, büßen Sie unter Umständen die Aufmerksamkeit des Managers ein und werden an einen Firmenangehörigen auf nachgeordneter Ebene verwiesen. Und das ist zum jetzigen Zeitpunkt nicht gerade erstrebenswert. Worauf Sie jetzt abzielen, sind eine Empfehlung, die Türen öffnet, und Namen, die Ihnen sagen, welche Türen offen stehen. Außerdem möchten Sie eine langfristige Beziehung zwischen dem Topmanagement des Kundenunternehmens und Ihrer eigenen Firma entwickeln. Irgendwann in der Zukunft werden Ihnen diese guten Kontakte vielleicht dabei helfen, Ihre Interessen vor dem Zugriff der Konkurrenz zu schützen. Verknüpfen Sie diesen Gedanken wieder mit der Tatsache, daß ein wirksames Kundenentwicklungsprogramm ein Fundament darstellt, auf dem Sie stetig künftige Ereignisse und Chancen aufbauen. In dieser Hinsicht können Grundsteine, die Sie Wochen und Monate vorher gelegt haben, Ihnen heute einen sicheren und festen Stand verschaffen, während sie gleichzeitig als Schutzwall für künftige Verkaufsbeziehungen dienen.

Acht Schritte, um sich auf den Besuch vorzubereiten

Bevor Sie einem Topmanager Ihren Besuch abstatten, sollten Sie folgende Schritte im Vorfeld einleiten:

1. Bitten Sie die Sekretärin um Informationen über den beruflichen Werdegang Ihres Ansprechpartners. Damit haben Sie eine bessere Vorstellung von seinen Fachbereichen. Vielleicht erhalten Sie auch den einen

oder anderen Hinweis auf Gemeinsamkeiten auf sozio-kulturellem Gebiet, in der formalen Ausbildung oder philanthropische Neigungen, die Sie teilen. Alle diese Faktoren können dazu beitragen, eine gute Beziehung aufzubauen.
2. Bestätigen Sie in einem kurzen Schreiben den Termin und skizzieren Sie noch einmal das Thema der Zusammenkunft. Fügen Sie biografische Informationen über Ihre Person bei.
3. Werfen Sie noch einmal einen Blick auf das Profil des Kundenunternehmens, das Sie in Ihrem „Kundenentwicklungsdossier" haben sollten.
4. Bereiten Sie allgemeine Informationen über Ihre eigene Firma vor, einschließlich mehrerer Fallbeispiele für ihren Erfolg.
5. Überprüfen Sie den vereinbarten Zeitrahmen und legen Sie Ihre Präsentation in groben Zügen fest. Fügen Sie geeignete Informationen über Ihre Firma ein.
6. Bereiten Sie die Aktivitäten vor, die auf das Gespräch mit dem Topmanager folgen. Definieren Sie genau Ihre Ziele. Sie wollen handlungsfähig sein, wenn Ihr Gesprächspartner andere Namen im Kundenunternehmen nennt, an die Sie sich wenden können.
7. Proben Sie Ihre Präsentation. Vergewissern Sie sich, daß Sie die 20 Minuten nicht überschreiten.
8. Überlegen Sie alternative Verkaufsaktivitäten, auf die Sie zu rückgreifen können, falls sich das Gespräch nicht so entwickelt, wie Sie erwartet hatten. Vielleicht können Sie eine andere Führungskraft aufsuchen, eine Produktdemonstration oder ein Verkaufsseminar durchführen.

Der Terminkalender von Topmanagern wird normalerweise in 15- oder 30-Minuten-Zeitabschnitten geplant. Wenn Sie um 15 Minuten bitten, geben Sie ihm automatisch die Gelegenheit, Ihren Besuch um die Hälfte der Zeit auszuweiten, ohne seine Pläne für den Rest des Tages ändern zu müssen. Dazu kommt, daß Sie mit Ihrer Bitte anklingen lassen, daß auch Sie ein präziser, zeitbewußter Profi sind, der genau weiß, was er will. Wenn Sie an die Einteilung der Ihnen bewilligten Zeitspanne denken, so sollten Sie das Prinzip beachten, daß zehn Minuten Ihnen gehören, und die anderen zehn Minuten Ihrem Gesprächspartner vorbehalten bleiben sollten. (Keine Sorge, wenn Sie damit noch wenig Erfahrung haben. Führungskräfte geben sich oft Mühe, um Nachwuchsverkäufern zu helfen, vor allem, wenn sie einen Sohn oder eine Tochter ungefähr im gleichen Alter haben.)

Der Verkaufsbesuch auf oberer Managementebene

Die drei klar abgegrenzten Teile des Gesprächs auf Geschäftsleitungsebene – Eröffnung, Diskussion und Abschluß – haben eine wichtige Funktion. Jede wird nun im einzelnen erklärt, ebenso wie Dialogvorschläge, um den Prozeß in Gang zu bringen. Wie beim Gesprächsleitfaden sollten Sie auch hier wieder dem Konzept folgen, aber Ihre eigenen Formulierungen benutzen.

Beziehung herstellen/Gesprächseröffnung

Der Verkäufer eröffnet das Gespräch und nennt dann den Zweck seines Besuchs:

"Vielen Dank, [Herr X / Frau Y], für die Gelegenheit, mit Ihnen über [Thema der Zusammenkunft – wenn nötig, ausführen] sprechen zu können. Meine Firma hat vor kurzem ihre Verteiler- und Transportwegekapazitäten verbessert, die unseren Kunden reizvolle Versandalternativen bieten. Wir haben im Wettbewerb immer einen der vorderen Plätze belegt, aber wir glauben, daß wir mit Hilfe bestimmter, einmaliger Stärken die Marktführerschaft erringen können. Der Zweck unserer heutigen Besprechung ist es herauszufinden, inwieweit diese Vorteile Ihren Unternehmenszielen dienlich sein können. Um einen Diskussionsrahmen zu schaffen, möchte ich Ihnen gerne eine Perspektive eröffnen, die zeigt, wie Ihr Unternehmen nach meiner Ansicht von diesen Kapazitäten profitieren würde."

Diskussion

Die Diskussion besteht aus drei Teilen: Einführung, Präsentation und Reaktion des Gesprächspartners. Sie sollte die Leistungen und Branchenerfolge Ihres Unternehmens grob umreißen und mit wenigen Beispielen veranschaulichen. Erfolgsgeschichten sind am besten, aber beziehen Sie dabei nie einen Konkurrenten des Kundenunternehmens ein. Hier ein Präsentationsmodell, das Sie in eigene Worte umsetzen sollten:

Eröffnung und Einführung:

"[Herr X / Frau Y], die Firma [Name Ihrer Firma] ist ein führender Teilnehmer im Markt für [Branche/Produkt]. Unser Erfolg stützt sich darauf, daß wir den Kunden helfen, Geld und Zeit zu sparen, und den Warenversand effektiver zu gestalten. Wir zielen darauf ab, unseren Kunden bei der bestmöglichen Nutzung ihrer Ressourcen und der Realisierung ihrer Unternehmensziele zu helfen."

Präsentation:

Der nächste Schritt besteht darin, die Investitionen Ihrer Firma in Ihr Geschäftsfeld oder das Engagement zu erläutern.

"Um nur einige Beispiele zu nennen:" [schildern Sie, was Ihre Firma in anderen Kundenunternehmen bewirken konnte; die Aktivitäten sollten in bezug zu den von Ihnen wahrgenommenen Bedürfnissen dieses potentiellen Kunden stehen. Benutzen Sie relevante Beispiele. Fügen Sie ein paar Erlebnisberichte ein und nennen Sie wichtige Branchenergebnisse, ohne spezifische Kunden zu erwähnen.]

Reaktion des Managers:

Ihr Gesprächspartner wird Ihnen vermutlich eine Rückmeldung geben, sobald Sie Ihren Vortrag beendet haben. Andernfalls müssen Sie ihn zu einer Reaktion veranlassen, indem Sie eine „Leitfrage" stellen. Die folgende könnte beispielsweise am Ende der Präsentation stehen; sie überläßt dem Manager klar die Initiative.

Verkäufer:

„Um besser zu verstehen, wie wir Ihnen helfen können, würde ich gerne wissen, welchen Kurs Ihr Unternehmen in diesem Punkt eingeschlagen hat und was Sie persönlich von den soeben präsentierten Informationen halten?"

Stützen Sie Ihre Frage auf die Beobachtungen, die Sie während der Diskussion gemacht haben. Das oben geschilderte Beispiel klingt ein wenig steif; aber dagegen ist nichts einzuwenden, weil sich Achtung vor Ihrem Gesprächspartner darin widerspiegelt. Wie dem auch sei, Sie möchten herausfinden, was er von der Idee und den Diensten hält, die Sie seinem Unternehmen anbieten können. Sie sollten mit folgenden Reaktionen rechnen:

- *Aktuelle Anmerkungen zum Diskussionsthema.* Wenn dieses Thema beispielsweise die EDV-Kostenrechnung war, könnte der Manager mit Kommentaren über EDV-Budgets, Kontrollen usw. reagieren. Wenn es in Ihrer Präsentation um Versandmöglichkeiten ging, spricht er vielleicht von gedrängten Zeitplänen und den Extras, die sein Unternehmen den Kunden bietet. Sie können davon ausgehen, daß die Reaktion sachrelevant sein wird.
- *Bezugnahme auf Informationen über Ihre Firma.* Hier fragt der Manager vielleicht nach Einzelheiten über die Ergebnisse, die Sie in einer anderen Organisation erzielt haben, oder möchte erfahren, mit welchen Problemen Sie dort konfrontiert wurden.
- *Zweifel hinsichtlich Ihrer Problemlösung und der Umsetzbarkeit in seinem Unternehmen.* Der Manager ist sich möglicherweise nicht ganz sicher, daß Ihre Problemlösung angesichts des derzeitigen Umfelds im Unternehmen anwendbar ist. Oder die Budgetfrage bereitet ihm Probleme.
- *Einzelheiten, wie Sie seinem Unternehmen helfen können.* Der Manager bittet Sie, ihm ausführlicher zu erläutern, wie sich Ihre Kapazitäten auf die Bedürfnisse seines Unternehmens ausrichten lassen. Unter Umständen möchte er Sie an Experten verweisen, die in diesem Bereich über fundiertere Sachkenntnisse verfügen.
- *Fragen wie: "Wie gehen wir weiter vor?" oder "Was kommt als nächstes?"* Der Manager möchte vielleicht mehr Informationen haben, ein weiteres Gespräch anberaumen oder Sie an andere Entscheidungsträger verweisen (gleichrangig oder auf Topmanagementebene).
- *Absagen wie: "Tut mir leid, kein Interesse."* Der Manager sagt vielleicht, daß er keine Lust hat, sich mit dieser Angelegenheit zu befassen. Oder er sieht keine optimale Übereinstimmung zwischen Ihrem Angebot und den Bedürfnissen seines Unternehmens. Haken Sie nach. Falls ersteres zutrifft, bitten Sie darum, mit jemand anderem sprechen zu dürfen; bei letzterem sorgen Sie für einen würdevollen Abgang. Sollten Sie indessen nach wie vor überzeugt sein, daß dieses Unternehmen eine hervor-

ragende Verkaufschance bietet, empfiehlt es sich, Ihr Glück bei einer anderen Führungskraft zu versuchen.

Einwände von Managern sind oft subtil, wenn auch nicht minder real, und sie müssen restlos ausgeräumt werden. Potentielle Probleme erkennen Sie am schnellsten, wenn Sie Ihre „Antennen weit ausfahren". Denken Sie daran: Ein Einwand ist eine Bewährungsprobe oder eine Chance, den Abschluß unter Dach und Fach zu bringen. Bereiten Sie die Abschlußphase des Gesprächs so vor, daß sie den schwierigsten Einwänden standhält – den unterschwelligen, nicht verbal geäußerten. Falls der eine oder andere Einwand ungeklärt im Raum steht, wollen Sie ihn hören, denn andernfalls verfolgt er Sie noch lange, nachdem Sie unverrichteter Dinge gegangen sind.

Abschluß des Besuchs

Wenn diese Phase des Gesprächs durch die Reaktion des Managers nicht klar vorgezeichnet ist, sollten Sie das Verkaufsgespräch mit einer Reihe von Fragen beenden, die ihn veranlassen, über das weitere Vorgehen nachzudenken. Sie müssen außerdem noch immer nach versteckten Einwänden fahnden, die Ihre Firma oder Ihr Angebot betreffen.

Denken Sie daran, Sie verkaufen bei einem solchen Gespräch nicht im buchstäblichen Sinn des Wortes: Ihnen geht es in erster Linie um Referenzen und Fürsprache auf höchster Unternehmensebene. Jedes Verkaufsgespräch mit einem Mitglied des Topmanagements wird anders verlaufen. Genauso, wie Sie Ihre Präsentation auf das Unternehmen zuschneiden, das Sie besuchen, müssen Sie auch Ihre Abschlußtechnik auf die Geschehnisse während der Präsentationsphase abstimmen.

Bevor Sie sich für eine Abschlußtechnik entscheiden, überlegen Sie folgendes: Wie hat der Manager auf die Informationen reagiert, die Sie ihm in der Diskussionsphase an die Hand gegeben haben? Gab es unterschwellige (oder verdächtige) Anzeichen für mangelndes Interesse? Wie waren die direkten, verbalen Reaktionen auf das präsentierte Informationsmaterial?

Hier ist ein Beispiel für eine Abschlußfrage, die zur Abrundung des Gesprächs benutzt werden kann:

„Wenn wir durch unsere [Nutzen nennen] Ihrem Unternehmen helfen würden, die angestrebten Wachstums- und strategischen Ziele zu erreichen, könnten wir dann eine Geschäftsbeziehung anbahnen?"

Machen Sie eine Pause; warten Sie. Und dann wiederholen Sie die Frage in leicht abgewandelter Form.

„Wenn wir Ihrem Unternehmen auf die besprochene Weise helfen würden, welche Empfehlungen und Ratschläge könnten Sie mir dann geben, um eine Geschäftsbeziehung aufzubauen?"

Machen Sie eine Pause und fassen Sie sich in Geduld, solange es erforderlich ist!

Wenn Ihr Gesprächspartner positiv auf Ihren Abschluß reagiert, beginnen Sie, die Einzelheiten über die Anbahnung der Geschäftsbeziehung abzuklären. Es besteht durchaus die Möglichkeit, daß er andere Unternehmensangehörige mit Ihrem Informationsmaterial vertraut machen möchte. Jetzt ist der Zeitpunkt gekommen, die Besprechungen anzuberaumen, die dafür erforderlich sind. Sie möchten, daß Ihr Gesprächspartner die Mittlerrolle übernimmt. Ihre Vorstellung hat begonnen!

Wenn die Antwort negativ ausfällt, fragen Sie:

„[Herr X, Frau Y], wir bieten unseren Kunden [Nutzen nennen und an die Punkte ankoppeln, die während der Diskussion positiv aufgenommen wurden]. Um präzise zu ermitteln, wie wir Ihrem Unternehmen helfen können, brauchen wir Ihre Unterstützung und Orientierungshinweise. Vor allem würden wir uns gerne mit den Bereichen [Namen] vertraut machen. Würden Sie so freundlich sein, mich an die zuständigen Führungskräfte zu verweisen?"

Ist die Antwort positiv, bitten Sie ihn, Ihnen Titel und Namen der Bereichsleiter zu nennen. Falls Sie abschlägig beschieden werden, fragen Sie, ob Ihr Gesprächspartner noch einmal mit Ihnen und Ihrem Vorgesetzten über seine Bedenken sprechen möchte. Sollten Ihnen dabei keine großen Wahlmöglichkeiten zur Verfügung stehen, müssen Sie vielleicht andeuten, daß Sie selbst die richtigen Ansprechpartner finden werden, es sei denn, der Manager kennt sie und hat direkten Zugang zu ihnen. Damit kann er nicht nur Ihnen, sondern auch diesen viel Zeit ersparen. Danach beschließt er vielleicht, Ihnen zu helfen – oder Ihre Herausforderung anzunehmen.

Wenn der Manager Interesse bekundet, sollten Sie sofort nachfassen und Kontakt mit jedem Unternehmensangehörigen aufnehmen, an den er Sie verweist, selbst wenn Sie Termine mit acht verschiedenen Personen vereinbaren müssen. Denken Sie auch daran, ihn über Ihre Fortschritte auf dem laufenden zu halten und ihm Bericht über alle Vorteile zu erstatten, die sein Unternehmen dank Ihrer Hilfe erzielen konnte.

Programmieren Sie den Erfolg vor

Wenn Sie hoffen, mit Ihrem Besuch bei einem Topmanager des Kundenunternehmens etwas auszurichten, müssen Sie den Erfolg vorprogrammieren. Dabei hilft Ihnen das Basismaterial, das wir Ihnen in diesem Buch vorgestellt haben; es wurde mit akribischer Sorgfalt entwickelt und hinlänglich erprobt. Wenn Sie Ihre Hausaufgaben machen und ein Thema für den Besuch auswählen, das die Interessen und Belange des anvisierten Managers anspricht, werden Sie in rund 50% der Fälle einen Gesprächstermin erhalten. Wie es danach um Ihre Erfolgschancen bestellt ist, hängt von Ihrem Verkaufstalent und den Bedürfnissen des Zielunternehmens ab. Die Anbahnung von Kontakten auf Topmanagementebene ist eine bewährte Strategie; sie bringt Spitzenergebnisse für Verkäufer, die sich nach besten Kräften bemühen, den Erfolg bei der praktischen Umsetzung vorzuprogrammieren.

Lösung für das Fallbeispiel

Kevin erkannte, daß ein Besuch auf Topmanagementebene ungeheuer wichtig ist, um einen Konkurrenten anzugreifen, der fest im Sattel sitzt, und um den Widerstand gegen Veränderungen abzubauen. Nach der Wahl des richtigen Ansprechpartners wußte Kevin, daß er sein Produkt genau definieren mußte, damit das Gesamtbild klar und deutlich erkennbar wurde. Ein Schlüsselelement seiner Verkaufsargumentation war die Produktivität der Belegschaft. Seine Beobachtungen in den zahlreichen McClain-Werken, in denen Kopiergeräte standen, gaben ihm jede Menge Munition an die Hand, um seinen Fall überzeugend vorzutragen.

Kevin hatte die Aufgabe, das Konzept und die damit verbundenen Vorteile einer zentralisierten, gebündelten Kopierfunktion „an den Mann zu bringen". Als nächstes erkannte er, daß McClain im Fall einer solchen Neuerung umsichtig und sogar vorsichtig zu Werke gehen mußte. Eine Veränderung von derartiger Tragweite, begleitet von erheblichen finanziellen Aufwendungen, mußte von dem sicheren Wissen gestützt sein, daß dieses Projekt realisierbar sein und methodisch ablaufen würde. Die Frage der „Realisierbarkeit" ließ sich vor Ort im Rahmen eines Besuchs der zuständigen McClain-Mitarbeiter in einem Kundenunternehmen, das dieses System bereits eingeführt hatte, klären. Und „methodisch" schloß ein, alle erforderlichen Verfahren und Prozesse durch Erhebungen zu ermitteln, zu analysieren und zu dokumentieren; danach konnte man das erste System als Prototyp innerhalb von McClain Industries installieren. Kevin wollte darum bitten, daß man ihm dafür einen Mitarbeiter des Kundenunternehmens ganztätig zur Verfügung stellte. Das war Besuchsziel Nummer zwei.

Kevin besaß einen guten Plan und eine gesunde Strategie. Das war ein Verkauf, bei dem einiges auf dem Spiel stand, und er mußte die Neuerung beim Kunden mit der gebührenden Sorgfalt über die Bühne bringen. Kevin berücksichtigte diesen Aspekt, indem er den Verkaufsvorgang in einzelne Schritte aufsplitterte. Er dachte wie eine Führungskraft!

Kevin sollte seine derzeitigen Aktivitäten bei McClain so weit wie möglich an der Spitze der Hierarchie ansiedeln. Vertreter dieser Ebene fühlen sich weder zu Loyalität gegenüber Kevins Konkurrenten verpflichtet noch haben sie einen Grund, sich in geheimnisvolles Dunkel zu hüllen oder die Alternativen der Rivalen auszuloten. Würde Kevin seine Kontaktpersonen auf Verwenderebene informieren, könnte er sicher sein, daß es die Konkurrenz erführe, und dann wäre er gezwungen, Defensivmaßnahmen einzuleiten. Das Management von McClain könnte dann beschließen, ein Einkäufergremium damit zu beauftragen, sich durch den „Wettbewerbsberg" zu kämpfen. Das hätte möglicherweise zur Folge, daß sich sämtliche Regeln ändern und der Verkaufsprozeß erheblich verzögert.

Wenn Sie in den oberen Führungsetagen anklopfen, wird Ihr Gesprächspartner vermutlich bereit sein, Ihre Position und die Informationen zu schützen, die Sie ihm gegeben haben. Er wird anerkennen, daß Sie bereit waren, Ideen und Insider-Wissen mit ihm zu teilen, und darüber hinaus außergewöhnliches Engagement und Interesse für sein Unternehmen gezeigt haben. Das wird man respektieren und Ihre Bemühungen nicht offen unterlaufen. Bei Kontakten auf nachgeordneter Ebene muß dies nicht zwangsläufig gelten.

In Kevins Situation führt kein Weg daran vorbei, aus den eingefahrenen Gleisen auszubrechen. Kevin hat bei seinem Besuch in den Schaltzentralen der Macht nichts zu verlieren, aber alles zu gewinnen. Der einzige, der sich in Gefahr befindet, ist sein Konkurrent, der mit Sicherheit zum Gegenangriff ausholen wird, wenn Kevins Strategie Erfolg hat. Aber seine Waffe ist zu schwach und wird zu spät eingesetzt.

Kapitel 7

Der Verkaufsprozeß

– Ein weiterer Sesam-öffne-Dich, der nie versagt –

Herausforderung:

Unproduktive Kundenbesuche

Als Verkaufsprofi wissen Sie aus eigener Erfahrung, daß Sie nicht in jeder Situation erfolgreich sein können. Sie haben außerdem Überlebenstechniken entwickelt, um mit Zurückweisungen und Umsatzverlusten fertigzuwerden. Für fruchtlose Kundenbesuche lassen sich viele Gründe finden, beispielsweise eine Konjunkturschwäche, ein unergiebiges Verkaufsgebiet, das man Ihnen zugewiesen hat, Wettbewerbsdruck usw. Sie läuten die erste Runde im Verkaufsvorgang in der grundlegenden Annahme ein, daß Sie nicht Ihr gesamtes Fähigkeitspotential ausschöpfen und vielleicht nicht einmal mehr Ihren bisherigen Leistungsstand halten können. Sie haben inzwischen die Neigung entwickelt, den Weg des geringsten Widerstands zu gehen und sich Gewohnheiten zu eigen gemacht, die sich in der Vergangenheit ausgezahlt haben.

Fallbeispiel: Mike

Mike Thurston arbeitete viel, trat aber allem Anschein nach wieder einmal auf der Stelle. Er hatte bis zum heutigen Datum rund 80% seiner jährlichen Leistungsvorgaben realisiert, doch es blieben ihm auch nur noch 10% des Jahres. Es war möglich, das Ziel zu erreichen, aber da mußte er schon einiges in die Wege geleitet haben. Mike gab zu, daß ihm der Nachschub ausgegangen war. Er hatte keine potentiellen Kunden mehr, die sich in den letzten Phasen des Verkaufszyklus befanden.

Mike dachte über die beiden Kundenbesuche in der letzten Woche nach. Er erinnerte sich, daß er nervös gewesen und bestrebt war, unbedingt einen Auftrag an Land zu ziehen. Er erkannte, daß er in Wirklichkeit nicht viel ausgerichtet hatte. Es war ein hartes Jahr gewesen, um teure High-Tech-Produkte zu verkaufen. Viele Unternehmen reagierten zurückhaltend, wenn es um größere Anschaffungen ging. Es schien allgemein Vorsicht angesagt zu sein, eine Atmosphäre, die solange vorzuherrschen drohte, bis einige wirtschaftliche Indikatoren eine Besserung anzeigten.

Mike hatte nie ein richtiges Verkaufstraining absolviert; seine Firma, Tri-Memory, bot in dieser Hinsicht kaum mehr als eine Produktschulung. Mike hatte einige Kenntnisse aus Büchern erworben, aber das meiste erschien ihm marktschreierisch und nur kurzfristig motivierend. Er wußte, daß seine Verkaufstechniken zu wünschen übrigließen. Wenn er ehrlich war, hatte er sich nie groß auf Kundenbesuche vorbereitet, und er ging auch meistens ohne große Aufträge nach Hause. Das vierte Quartal hatte begonnen, und er konnte sein Ziel noch immer schaffen, aber dazu mußte er seine Verkaufsleistungen erst einmal verbessern.

Wir können uns der Behauptung nicht anschließen, daß es „die einzig wahre" Verkaufstechnik gibt. Es gibt jedoch einen klar definierbaren Prozeß, der bei gewissenhafter Befolgung der einzelnen Schritte mit hoher Wahrscheinlichkeit dazu beiträgt, die meisten Kundenbesuche produktiver zu gestalten. Wenn Sie diese Schritte kennen und auf jede einzelne Verkaufssituation anwenden, haben Sie eine einzigartige Möglichkeit zur

Hand, Ihre Verkaufsleistungen zu verbessern. Diesen Prozeß bezeichnen wir als „Verkaufskontrolle", ein System, das Ihnen zu jedem Zeitpunkt des Verkaufsvorgangs sagt, wo Sie stehen und welche Elemente des Prozesses noch vervollständigt werden müssen. Es ist in der Mitte der Skala zwischen einem bis ins kleinste vorprogrammierten, und einem völlig aus dem Stegreif ablaufenden Kundenbesuch anzusiedeln. Beide Strategien wurden erfolgreich umgesetzt, aber für die meisten Verkäufer ist der goldene Mittelweg langfristig verläßlicher, konsequenter und effektiver.

Eine vorprogrammierte Präsentation bietet eine logische Struktur und buchstäblich die Garantie, daß alle wichtigen Themen angeschnitten werden; ihr mangelt es indessen an Spontaneität und Anpassungsfähigkeit. Außerdem eignet sie sich nicht für komplexe Produkte und Dienstleistungen und ist oft so langweilig, daß die meisten Verkäufer sie bald abändern oder ganz fallenlassen. Dessenungeachtet ist diese Option nicht schlecht, wenn es sich um neue Produkte oder Dienstleistungen handelt. Im allgemeinen sollte ein vorprogrammiertes Verkaufsgespräch dem Verkaufsprozeß „übergestülpt" werden, so daß dieser gewissermaßen das Fundament eines Kundenbesuchs oder einer Präsentation darstellt. Das Verkaufskontrollsystem sagt Ihnen, wie Sie den vorgefertigten Teil mit dem individuellen Verkaufsprozeß vernetzen.

Der spontane Verkaufsansatz ist für viele Verkäufer zu nervenaufreibend, aber einige besonders trickreiche haben phantastische Ergebnisse damit erzielt. Er bietet nahezu uneingeschränkte Freiheit, auf das eigene Urteilsvermögen zu bauen und die Aktionen an der Persönlichkeit des potentiellen Kunden, an seiner Stimmung und an der Situation festzumachen. Leider fehlt den meisten Verkäufern die erforderliche Selbstdisziplin und das Einfühlungsvermögen in andere Menschen – Eigenschaften, die für eine erfolgreiche Umsetzung dieser Strategie unerläßlich sind.

Verkaufskontrollsystem

Ein Verkaufskontrollsystem ist daher in den meisten Fällen eine bessere Methode. Hier verbindet sich ein gewisses Maß an Gestaltungsfreiheit mit Disziplin und Struktur. Das System gewährleistet, daß jeder notwendige Schritt eingeleitet wird; aber der Verkäufer entscheidet, wie und wann. Sie müssen sich darüber im klaren sein, welchem Ansatz Sie bei jedem einzelnen Kunden den Vorzug geben; aber machen Sie sich auch bewußt, daß Sie keinen Schritt vollständig ausklammern können. Einen offenkundig überflüssigen Schritt fallenzulassen mag logisch erscheinen; aber das wirft meistens Probleme auf, entweder sofort oder in absehbarer Zukunft. Die folgende Liste faßt die neun Verkaufsschritte zusammen, die zum Kontrollsystem gehören und im Anschluß ausführlicher beschrieben werden.

1. Die *Planung* konzentriert Ihre Aktivitäten und hilft Ihnen, jeden Verkaufsvorgang zu strukturieren. Sie müssen Ziele setzen und entscheiden, wie Sie diese erreichen.
2. In der *Eröffnungsphase* müssen Sie sich und Ihre Firma vorstellen, spontan eine gute Beziehung zum potentiellen Kunden aufbauen, seine Aufmerksamkeit fesseln und die Erlaubnis erwirken, Ihr Thema auszuführen. Das mag wie ein Kinderspiel erscheinen, aber Sie haben dafür vermutlich nicht mehr als eine Minute Zeit. Jedes Wort, das Sie in dieser Phase sagen, fällt ins Gewicht.
3. Die *Bedarfsanalyse* bedeutet, daß Sie ergründen, wie die Probleme und Gegebenheiten des Kundenunternehmens beschaffen sind, und wie Sie mit Ihren Ideen und Produkten zur Lösung und Realisierung der angestrebten Ziele beitragen können. Menschen kaufen keine Produkte, sondern Problemlösungen. Daher ist es unwahrscheinlich, daß Sie mit einem potentiellen Kunden ins Geschäft kommen, ohne dessen Probleme von Grund auf zu kennen. Am Schluß können Sie Ihre „Ideen" mit Ihren Produkten oder Dienstleistungen verknüpfen.
4. Bei der *Präsentation* gilt es, eine direkte Verbindung zwischen Merkmalen und Nutzen Ihres Produkts und den Problemen des potentiellen Kunden zu schaffen. Sie müssen ihm zeigen, auf welche Weise Sie imstande sind, seine Probleme zu lösen. Hüten Sie sich gleichwohl davor, mit der Tür ins Haus zu fallen. Auch wenn die Antwort oder Lösung für Sie auf der Hand liegt, sollten Sie Ihre Zunge im Zaum halten; denn sonst sieht es so aus, als hielten Sie Ihren Gesprächspartner für unfähig. Drehen und wenden Sie Ihre Lösung von allen Seiten, bevor Sie sie langsam herauslassen, so als hätten Sie soeben einen Geistesblitz gehabt.
5. Die *Abschlußphase* stellt ganz besondere Anforderungen. Sie werden nicht viel verkaufen, wenn Sie im Verlauf des Verkaufsgesprächs den Grundsatz mißachtet haben, Ihrem potentiellen Kunden wichtige Ent-

scheidungen nahezulegen. Sie erhöhen den Prozentsatz Ihrer Abschlüsse, wenn Sie immer wieder Fragen zum Thema stellen, alle Abschlußschritte berücksichtigen, verschiedene Abschlußtechniken benutzen und auf Kaufsignale achten.
6. Da nur sehr wenige Gesprächspartner einer Aufforderung zum Kauf spontan Folge leisten, müssen Sie wissen, wie man *Einwände* behandelt. Einwände mögen lästig sein, aber Sie sollten sie begrüßen. Sie sagen Ihnen, was Sie tun müssen, um sich methodisch Ihren Besuchszielen zu nähern.
7. Die *Vorbereitung des Angebots* und der damit verbundenen Unterlagen sollte eigentlich ein Vergnügen sein, aber viele Verkäufer schenken diesem Element wenig Beachtung. Für diese Nachlässigkeit müssen sie selbst und ihre Firmen einen hohen Tribut zahlen.
8. Verlassen Sie den Kunden, an den Sie gerade verkauft haben, mit einer höflichen *Verabschiedung*. Damit ersparen Sie beiden Zeit und verringern die Gefahr, daß der Kunde es sich plötzlich anders überlegt.
9. Das *Follow-up* ist der am meisten vernachlässigte Teil des Verkaufsprozesses. Viele Verkäufer sind der Meinung, ihre Aufgabe sei erledigt, wenn der Kunde das Auftragsformular unterschrieben hat. Wenn Sie sich aber die Mühe machen, nachzufassen und Ihre Verkaufsunterlagen ständig zu aktualisieren, den richtigen After-sales-Service zu liefern, die Kundenbesuche zu analysieren und künftige Verkaufsgespräche zu planen, haben Sie sich einen Riesenvorsprung vor der Konkurrenz gesichert.

Manche behaupten, daß der geplante Verkaufsansatz zu starr sei. Sie finden es besser, ohne langwierige und akribische Vorbereitung einen Kunden zu besuchen, die Situation einzuschätzen und auf jede Verkaufschance, die sich ergibt, zu reagieren. Einige Verkaufschampions haben mit dieser Methode gearbeitet; aber die meisten Verkäufer sind effektiver, wenn sie ein übergeordnetes System als Orientierungshilfe besitzen. Ihre Pläne sollten weder unflexibel noch zu detailliert sein. Skizzieren Sie lediglich in groben Zügen, wie Sie vorgehen wollen, das mentale Bild, das Sie zeichnen möchten, die Variationen zum Thema Eröffnung und Präsentation, die Einwände, mit denen Sie rechnen, Ihre Reaktion darauf usw.

Planung

Viele Verkäufer stellen sich taub, wenn ihre Vorgesetzten einen Verkaufsplan sehen wollen. Planen ist für sie eine langweilige und vielleicht sogar unproduktiv wirkende Tätigkeit. Manche behaupten, daß sie ihre Zeit wesentlich sinnvoller nutzen, wenn sie draußen in vorderster Linie stehen und Kunden besuchen. Natürlich gibt es nichts, was ein Verkaufsgespräch ersetzen könnte. Und natürlich gibt es auch Verkäufer, die minutiös Pläne ausarbeiten, die immer wieder feingeschliffen werden – nur um der Kontaktaufnahme mit potentiellen Kunden aus dem Weg zu gehen.

Sie werden jedoch feststellen, daß Ihr Kundenbesuch noch wirksamer abläuft, wenn Sie ein paar Minuten für die Entwicklung eines Besuchskonzepts erübrigen. Falls Ihre Vorgesetzten es nicht ohnehin verlangen, sind Sie gut beraten, sich diese Vorausplanung zur Gewohnheit zu machen. Verkaufschampions verlassen sich nicht ausschließlich auf ihren Instinkt. Sie überlegen sorgfältig und halten sich an ihr Konzept.

Zielsetzung

Sie sollten sich für jeden Kundenbesuch ein klares Ziel setzen. Entscheiden Sie vor dem Gespräch mit einem potentiellen Kunden, was Sie zu erreichen hoffen. Ohne klare Zielsetzung würden Sie von einem Thema zum nächsten wandern, Ihren Gesprächspartner verwirren, Verkaufschancen verpassen und sich vielleicht durch eigenes Verschulden die Tür zu künftigen Geschäften verschließen. Benutzen Sie nicht die gleiche Verkaufsstrategie, wenn Sie mit einem Neukunden und einem langjährigen Kunden sprechen, der Ihnen eine neue Verkaufsmöglichkeit bietet.

Die Ziele lassen sich in folgende Kategorien einordnen:

- Qualifizierte Interessenten gewinnen,
- mehr über die Probleme und Ressourcen eines qualifizierten Interessenten herausfinden,
- ein Geschäft abschließen,
- die Kommunikationskanäle zu einem inaktiven Kunden wieder öffnen,
- Follow-up nach einem Verkauf,
- eine Dienstleistung bereitstellen.

Ihre Zielsetzung ist so wichtig, daß Ihr Besuchskonzept jedesmal hundertprozentig damit übereinstimmen sollte. Wenn es ausgearbeitet ist, sollten Sie es noch einmal durchsehen, um zu überprüfen, ob es keine Widersprüche zu Ihrem erklärten Ziel gibt.

Ergebnisse des letzten Kundenkontakts

Halten Sie die Ergebnisse jedes Kundenbesuchs fest. Diese Information wird Ihnen helfen, Ihren Kunden immer wieder zu kontaktieren. Sie können zeigen, daß Sie gut vorbereitet sind, indem Sie direkt auf das letzte Gespräch verweisen und Ihren heutigen Besuch auf die Situation des potentiellen Kunden beziehen. Dank dieser Methode wecken Sie seine Aufmerksamkeit wesentlich schneller als mit allgemeinen Anmerkungen. Der potentielle Kunde weiß, daß Sie über ihn nachgedacht haben und wird beeindruckt sein von Ihrem Insider-Wissen um seine Interessen und Bedürfnisse.

Persönlichkeitsprofil

Werfen Sie noch einen Blick auf die Aufzeichnungen über frühere Kundengespräche und Informationen, über die Sie verfügen; dann schreiben Sie einige Adjektive auf, die den Kunden charakterisieren: dominant, distanziert oder beziehungsorientiert, jung oder alt, vorsichtig oder impulsiv, vertrauensvoll oder mißtrauisch, freundlich oder unfreundlich. Es ist viel einfacher, jemanden während der Planungsphase zu analysieren als während des Verkaufsgesprächs. Wenn Sie dem Kunden gegenübersitzen, sind Sie vielleicht so sehr auf Ihre einzelnen Verkaufsschritte konzentriert, daß Sie Signale übersehen, die Ihnen Aufschluß geben, wie Sie einen „heißen Draht" zu diesem Gesprächspartner finden. Vor dem Besuch sollten Sie sich also entspannt im Sessel zurücklehnen und den potentiellen Kunden einem imaginären Zuhörer beschreiben; lassen Sie dabei Ihren Gedanken freien Lauf. Vielleicht stellen Sie fest, daß Sie instinktiv bereits wissen, wie Sie diese Person von Ihrem Produkt oder Ihrer Dienstleistung überzeugen; es war Ihnen nur noch nicht richtig bewußt.

Die erforderlichen Informationen

Überlegen Sie, welche Informationen Sie vor oder während des Kundenbesuchs brauchen. Überprüfen Sie Ihren Informationsstand immer vor dem Verkaufsgespräch, um sicherzugehen, daß Sie nichts Wichtiges vergessen haben. Sie geben ein schlechtes Bild ab, wenn Sie erkennen lassen, daß Sie sich nicht sachkundig gemacht, etwas vergessen oder sich nicht besonders gründlich vorbereitet haben.

Die Eröffnungsphase

Die Eröffnungsphase stellt eine Art Verkauf vor dem Verkauf dar. Wenn es Ihnen nicht gelingt, schon in den ersten Minuten einen positiven Eindruck zu machen, können Sie später mit Ihrem Produkt keinen „Blumentopf gewinnen". Die Eröffnungsphase umfaßt vier wichtige Ziele:

- Sie stellen sich selbst und Ihre Firma vor.
- Sie versuchen, die Aufmerksamkeit des potentielle Kunden zu wecken und zu fesseln.
- Sie bemühen sich, die Aufnahmebereitschaft des Kunden zu erhöhen.
- Sie „verkaufen" sich selbst.

Nachdem Sie sich und Ihre Firma vorgestellt haben, helfen Ihnen die nachfolgenden drei Schritte, die genannten Ziele zu erreichen:

- Machen Sie eine Bemerkung, die spontan eine „Verbindung" zum Kunden herstellt.
- Schließen Sie eine Aussage an, die Interesse weckt.
- Bitten Sie um die Erlaubnis, fortfahren zu dürfen.

Jeder dieser Schritte sollte zuversichtlich und professionell eingeleitet werden, um einen positiven Eindruck auf Ihren potentiellen Kunden zu machen.

Stellen Sie sich und Ihre Firma vor

Dieser Schritt ist so einfach und so offensichtlich von Bedeutung, daß jeder Verkäufer ihn perfekt beherrschen sollte; leider wird er oft ausgelassen oder schlecht umgesetzt. Sollten Sie das bezweifeln, dann denken Sie doch mal daran, wie oft potentielle Kunden Sie mit dem falschen Namen angesprochen oder gefragt haben, für welche Firma Sie arbeiten! Dafür gibt es drei Gründe: Sie sprechen zu schnell, nuscheln, wenn Sie Ihren Namen nennen, oder vergessen, Ihre Firma ordnungsgemäß vorzustellen.

Reden Sie also langsam, sagen Sie klar und deutlich Ihren Namen und liefern Sie eine kurze und prägnante Beschreibung Ihrer Firma (es sei denn, Sie sind absolut sicher, daß der potentielle Kunde weiß, womit Ihr Unternehmen befaßt ist). Einige Beispiele:

– *"Guten Morgen. [Pause]. Mein Name ist _____ . Ich vertrete die Firma _____ ." [Pause]*
– *"Herr Müller? [Pause für Reaktion] Mein Name ist _____ . Ich vertrete _____ . Wir sind ein [Art] _____ Unternehmen." [Pause]*
– *Ihr Gesprächspartner sagt: "Ja, Müller."*
– *"Guten Morgen, Herr Müller. Ich heiße _____ . Ich komme im Auftrag der Firma _____ . Darf ich mich setzen?"*

Nun das Ganze noch einmal von vorne, und dieses Mal bitte mit einem Lächeln! Achten Sie ganz besonders auf eine deutliche Aussprache des Namens, den Sie nochmals wiederholen sollten, damit Ihr potentieller Kunde ihn sich besser einprägen kann: *"Mein Name ist Meier – Manfred Meier."*

Experimentieren Sie mit verschiedenen Versionen, bis Sie eine Form finden, die alle Informationen enthält, zügig wirkt und mit Ihren Sprachgewohnheiten übereinstimmt. Vergessen Sie die Pausen nicht; der potentielle Kunde möchte Ihnen vielleicht Rückmeldungen geben. Und bitte lächeln Sie: Ein Lächeln bekundet, sogar am Telefon, daß Sie über Selbstvertrauen und Enthusiasmus verfügen.

Stellen Sie eine Beziehung zum Kunden her

Potentielle Kunden sind für Ihre Verkaufsbotschaft wesentlich empfänglicher, wenn Sie sich ein paar Sekunden Zeit nehmen, um spontan eine Beziehung herzustellen oder das Gefühl zu vermitteln, daß man sich auf der gleichen Wellenlänge befindet und miteinander kommunizieren kann. Ein solcher „heißer Draht" läßt sich auf verschiedene Weise herstellen:

Beziehen Sie sich auf einen Tatbestand, auf den der potentielle Kunde stolz sein oder den er als Realität anerkennen kann.
– *"Herr Müller, ich habe gelesen, daß Sie kürzlich zum Bereichsleiter ernannt worden sind. Herzlichen Glückwunsch."*

- *"Herr Müller, ich habe Ihren Sohn letzten Sonntag bei den Vereinsmeisterschaften gesehen. Sie müssen wirklich stolz auf ihn sein."*
- *"Herr Müller, ich suche nach jemandem in Ihrem Unternehmen, der sich für technologische Neuerungen und Produktivitätssteigerungen interessiert. Nach allem, was ich gehört habe, sind Sie der richtige Ansprechpartner."*

Beziehen Sie sich auf einen gemeinsamen Freund oder Bekannten.
- *"Herr Müller, Karl Schmidt hat mir empfohlen, mich mit Ihnen in Verbindung zu setzen."*
- *"Herr Müller, ich habe Sie letzte Woche im Restaurant D`Angelo mit einem meiner Kunden, Hans Haber, gesehen."*

Beziehen Sie sich auf Gemeinsamkeiten.
- *"Herr Müller, ich sehe an Ihrer Adresse, daß wir beinahe Nachbarn sind. Ich wohne gleich um die Ecke, in der Schillerstraße."*
- *"Herr Müller, ich habe gehört, daß Sie in M. Betriebswirtschaft studiert haben. Ich habe dort 1984 mein Diplom gemacht."*

Zeigen Sie, daß Sie die Situation des potentiellen Kunden verstehen.
- *"Herr Müller, Ihre Sekretärin konnte mir erst heute einen Termin geben; ich weiß es zu schätzen, daß Sie sich trotz Ihres vollen Terminkalenders Zeit für mich nehmen."*
- *"Herr Müller, ich weiß, daß Sie ein vielbeschäftigter Mann sind, deshalb werde ich mich kurz fassen."*

Bitten Sie nicht darum, fortfahren zu dürfen, wenn die Erlaubnis bereits stillschweigend gegeben wurde. Machen Sie dann einfach weiter.
- *"Herr Müller, wir haben einige neue Verfahren entwickelt und formalisiert, um unseren Kunden zu helfen, die einerseits ihr Einkaufvolumen erhöhen und andererseits bares Geld sparen müssen. Wir glauben, daß es für diesen Widerspruch verschiedene Lösungen gibt. Könnten die Kosten Ihres LKW-Fuhrparks ein repräsentativer Bereich sein, der sich in diesem Zusammenhang anbietet?"*

Lassen Sie diesen Teil weg, wenn der potentielle Kunde ganz offensichtlich in Eile ist. Wenn Sie beispielsweise Geräusche im Hintergrund hören und Ihr Gesprächspartner versucht, sich gleichzeitig auf Sie und jemand anderen zu konzentrieren, sagen Sie: „Herr Müller, ich wollte mit Ihnen über unsere langfristigen Finanzierungsinstrumente mit Beteiligungscharakter sprechen, aber Sie scheinen sehr beschäftigt zu sein. Soll ich heute nachmittag noch einmal vorbeikommen, oder wäre Ihnen ein Termin morgen vormittag lieber?" Für den Fall, daß der potentielle Kunde Sie auffordert, fortzufahren, gehen Sie direkt zur Bedarfsanalyse über (oder zur Präsentation, falls eine Diagnose überflüssig ist). Falls Sie wagemutig sind und die Situation dafür spricht, könnten Sie sogar vorschlagen, die Tür zu schließen.

Bedarfsanalyse

Menschen kaufen keine Produkte, sondern vielmehr Problemlösungen. Das beste Produkt der Welt ist wertlos, wenn es nicht einem Bedürfnis entspricht. Deshalb sollten Sie sich, bevor Sie Ihren Lösungsvorschlag präsentieren, eine entscheidende Frage stellen: Wie sieht das Problem des potentiellen Kunden aus?

Die Vorteile einer sorgfältigen Analyse

Eine sorgfältige Analyse bietet Ihnen die Informationen, die Sie für eine wirksame Präsentation benötigen. Außerdem lockert sie die Atmosphäre auf und baut den inneren Widerstand des potentiellen Kunden ab.

– *Die richtigen Produkte oder Dienstleistungen präsentieren.* Wenn Sie das Problem des Kunden kennen, können Sie ihm ein Produkt oder eine Dienstleistung empfehlen, die seinen Bedürfnissen am besten entspricht. Autoverkäufer analysieren beispielsweise höchst selten die Bedürfnisse möglicher Kunden und verderben sich das Geschäft, weil sie sich auf Preise, Sonderausstattung, monatliche Raten und Inzahlungnahme des alten Modells konzentrieren, statt in Erfahrung zu bringen, was für ein Auto der Interessent wirklich braucht. Gute Versicherungsvertreter gehen im Gegensatz dazu gründlich bei der Bedarfsanalyse vor. Sie verbringen oft mehrere Stunden damit, Daten und Informationen zu sammeln, und investieren noch mehr Zeit, um ein „maßgeschneidertes" Versicherungspaket zusammenzustellen. Wenn sie ihr Angebot präsentieren, wissen sie, daß es optimal mit den Bedürfnissen des potentiellen Kunden übereinstimmt.

- *Die überzeugendsten Verkaufsargumente vorbringen.* Wenn Sie nicht wissen, was der potentielle Kunde benötigt, können Sie kaum mehr tun, als die Merkmale Ihres Produkts aufzuzählen und einige allgemein gehaltene Bemerkungen über seine Vorteile zu machen. Wenn Sie jedoch eine gründliche Bedarfsanalyse durchgeführt haben, sind Sie imstande, Ihre Verkaufsargumente direkt mit den Bedürfnissen und Problemen Ihres Kunden zu verknüpfen. Sie könnten bei der Präsentation Ihres Produkts beispielsweise auf die Bedenken wegen der Kosten eingehen, indem Sie schildern, wie sich durch Veränderung zusätzlicher Funktionen die Wertschöpfungsstrukturen nachweislich und merklich verbessern lassen. Reden Sie „Klartext"; mit vagen Andeutungen werden Sie die Bedenken nicht zerstreuen.
- *Eine Atmosphäre schaffen, die eine gemeinsame Bedarfsanalyse begünstigt.* Eine sorgfältige, einfühlsame Analyse wird den inneren Widerstand gegen den Kauf abbauen und die Atmosphäre verändern, sobald sich die Konfliktbereitschaft in Kooperationsbereitschaft verwandelt. Die meisten Menschen mögen es nicht, wenn ihnen jemand etwas verkaufen will. Doch derselbe Mensch, der sich heftig gegen einen Verkäufer wehrt, ist oft froh, einem aufmerksamen Zuhörer sein Problem zu schildern. Viele Leute suchen verzweifelt nach jemandem, der ihre Situation von Grund auf versteht. Sie haben das Gefühl, daß sich niemand wirklich um ihr Wohl kümmert. Wenn Sie ihnen vermitteln können, daß Sie ihre Lage nachfühlen können, werden die meisten bereit sein, mit Ihnen zu sprechen.
- *Die Aufnahmebereitschaft des potentiellen Kunden erhöhen.* Wenn Sie Ihrem potentiellen Kunden ein offenes Ohr leihen, wird er auch Ihnen zuhören. So einfach ist das. Es besteht eine natürliche Neigung, Gleiches mit Gleichem zu vergelten. Und da Sie bemüht waren, Ihren Kunden zu verstehen, wird er sich revanchieren.
- *Mehr Kunden besuchen.* Warum besuchen Verkäufer nicht mehr Kunden? Weil der Verkauf psychologisch ein einsames Geschäft ist. Bei jedem Kundenkontakt riskieren Sie eine Zurückweisung. Auf den Bedarf des Kunden konzentriertes Verkaufen verringert jedoch den Widerstand und verändert die Atmosphäre zum Positiven. Sie sind kein Gegner mehr, gegen den man sich zur Wehr setzen muß, sondern werden als willkommener Problemlösungsexperte wahrgenommen. Wenn Sie sich bewußt machen, daß auch Sie diesen Status erreichen können, werden Sie gerne mehr Kunden besuchen.

Techniken, die Ihnen bei der Informationssammlung helfen

Sie können keine Bedarfsanalyse ohne Informationen durchführen; aber viele potentielle Kunden wollen nicht mit Ihnen reden – zumindest nicht am Anfang. Wenn Sie direkte Fragen stellen, antworten manche; aber die meisten widersetzen sich einem solchen „Einbruch in die Privatsphäre". Das Recht, jemandem so unverblümt auf den Zahn zu fühlen, muß man sich erst verdienen.

Ihre erste Aufgabe besteht also darin, dem potentiellen Kunden die Zunge zu lösen, selbst wenn er oder sie nicht über das Thema redet, von dem Sie etwas mehr wissen möchten. Ungeachtet dessen, worüber er spricht, werden Sie aber trotzdem etwas über Situation und Persönlichkeitsprofil Ihres Gesprächspartners erfahren. Sobald der potentielle Kunde die Hemmschwelle überwunden hat und der Kommunikationsfluß in Gang gesetzt ist, können Sie leicht das Thema wechseln. Das Eis ist gebrochen; der Kunde hat bemerkt, daß Sie aufmerksam zuhören und wird unter diesen Umständen positiv auf Ihre vorsichtigen Versuche reagieren, das Thema in die gewünschte Richtung zu lenken.

Menschen sperren sich in der Regel selbst gegen die unverfänglichsten Fragen, bis Sie ihnen einige Informationen über sich selbst geben. Sie haben den Kontakt angebahnt, und es ist an Ihnen, den ersten Zug zu machen. Sie sollten zum Auftakt Ihre Aussage durch einige Bemerkungen abrunden, die den potentiellen Kunden aufhorchen lassen, und dann die Frage stellen: „Was halten Sie davon?" oder „Klingt das nicht interessant?" Solche offen oder frei beantwortbaren Fragen fordern dazu auf, persönliche Meinungen, Überzeugungen und Gefühle zu äußern. Sie laden zu einer langen und weitläufigen Antwort sein. Der potentielle Kunde geht möglicherweise über den Radius Ihrer unmittelbaren Frage hinaus und schneidet von sich aus eine Reihe weiterer Themen an.

Nur wenige offen beantwortbare Fragen besitzen Aufforderungscharakter, so daß der potentielle Kunde frei von der Leber weg redet; aufmerksames Zuhören bestärkt ihn gleichwohl in diesem Impuls. Aktives Zuhören könnte man auch als „Zuhören mit dem dritten Ohr" bezeichnen. Sie haben zwei Ohren, um zu hören, aber Sie brauchen ein inneres Ohr, um Bedeutungen zu erfassen, die unterschwellig in den Worten mitschwingen. Menschen sagen selten genau das, was sie meinen. Sie lassen Andeutungen fallen, zucken die Achseln, ändern die Lautstärke ihrer Stimme und übermitteln verzerrte Signale. Hören Sie aktiv zu: Klopfen Sie die Worte nach versteckten Hinweisen ab; versuchen Sie, jede Aussage mit dem vorher Gesagten in Verbindung zu bringen, und halten Sie nach nonverbalen Botschaften Ausschau. Sie werden eine Menge in Erfahrung bringen und den Kunden mit Ihrem Verständnis auf der sachlichen und zwischenmenschlichen Ebene beeindrucken. Aktives Zuhören ist eine Kunst, die sechs Schritte beinhaltet:

1. *Konzentrieren Sie sich.* Reden Sie mit ruhiger, leiser Stimme und wenn möglich an einem ruhigen Ort. Drängen Sie alle eigenen Probleme für den Augenblick in den Hintergrund und widmen Sie Ihre gesammelte Aufmerksamkeit dem potentiellen Kunden.
2. *Schweigen Sie an der richtigen Stelle.* Wenn Sie reden, kann sich Ihr Gesprächspartner nicht äußern.
3. *Unterbrechen Sie Ihren potentiellen Kunden niemals.* Wenn Sie den Gedankenfluß unterbrechen, erfahren Sie nicht, was Ihr Gegenüber sagen wollte. Außerdem fühlt er sich irritiert oder ist verärgert und zieht sich unter Umständen wieder in sein Schneckenhaus zurück.
4. *Benutzen Sie die „Funkstille" als strategisches Mittel.* Eine lange Pause kann bewirken, daß Ihr potentieller Kunde das Wort ergreift. (Sie sollten allerdings nicht übertreiben, da er sonst eine Herausforderung oder Bedrohung darin sehen könnte.)
5. *Bleiben Sie offen für neue Ideen.* Verzichten Sie auf voreilige Schlußfolgerungen und Pauschalurteile über Ihren potentiellen Kunden, z.B. „richtig/falsch" oder „gut/schlecht". Ihnen könnte der Sinn dessen, was wirklich gesagt wurde, entgehen. Außerdem beleidigen Sie Ihren Gesprächspartner, der sagen könnte: „Mit welchem Recht sitzt Du über mich oder meine Bemerkungen zu Gericht?"
6. *Zeigen Sie Verständnis, auf sachlicher und zwischenmenschlicher Ebene.* Wiederholen Sie mit Ihren eigenen Worten die Punkte, die der potentielle Kunde erwähnt hat. Greifen Sie subtile Andeutungen auf, und sprechen Sie diese unmißverständlich und offen an. Fassen Sie von Zeit zu Zeit das übergeordnete Muster zusammen, das sich im Gesprächsinhalt abzeichnet. Wenn ein potentieller Kunde merkt, daß Sie das Problem „erfaßt" haben, wird er wesentlich offener und objektiver reden.

Und wichtiger noch: Falls Sie etwas nicht richtig verstanden haben, fühlt sich der potentielle Kunde aufgefordert, Sie zu korrigieren. Manche Verkäufer haben Angst zuzugeben, daß sie etwas nicht begreifen, aber solche Befürchtungen sind irrational. Sie sinken nicht in der Achtung Ihres Gesprächspartners, wenn Sie ihm klarmachen, daß Sie sich zwar nach besten Kräften bemühen, aber ein Punkt noch nicht ganz klar ist. Im Gegenteil, er wird Ihr Interesse und Ihre Offenheit zu schätzen wissen und alles in seiner Macht stehende tun, um seinen Standpunkt zu verdeutlichen.

Frei beantwortbare Fragen und aktives Zuhören sind Instrumente, die eine fruchtbare Arbeitsatmosphäre schaffen und Ihnen eine Fülle von Informationen liefern; aber Sie werden trotzdem einige zusätzliche Fakten ganz spezifischer Art brauchen. In solchen Fällen sind Fragen mit einer begrenzten Reihe von Antwortmöglichkeiten besser geeignet. Sie lassen sich mit „ja", „nein" oder einer bestimmten Anzahl von Informationen oder Informationsbruchstücken beantworten.

Eingliederung der Kommunikationstechniken in Ihr Gesamtkonzept

Jede Technik hat ihre Vor- und Nachteile. Aktives Zuhören bietet Ihnen die Möglichkeit, an eine maximale Informationsmenge heranzukommen, und dient in der Regel dazu, die Beziehung zu Ihrem potentiellen Kunden auf Anhieb zu verbessern. Nachteile sind, daß ein großer Teil der dabei gewonnenen Informationen irrelevant sein könnte, daß dieses Verfahren zeitaufwendig und diese Phase des Verkaufsprozesses nicht steuerbar ist. Dazu kommt, daß einige potentielle Kunden die langsame Vorgehensweise und den Strukturmangel frustrierend finden.

Offen beantwortbare Fragen haben, verglichen damit, einige Vorteile. Sie bieten mehr Kontrolle über den Verlauf des Verkaufsgesprächs und führen zu mehr sachrelevanten Informationen. Im allgemeinen tragen sie ebenfalls zur Auflockerung der Atmosphäre bei. Auch hier besteht der Preis, den Sie zahlen müssen, wieder in den Elementen Zeitaufwand und Steuerbarkeit!

Fragen, die eine begrenzte Anzahl von Antwortmöglichkeiten zulassen, bieten Ihnen ein Höchstmaß an Kontrolle über den Verkaufsprozeß und oft genau die Informationen, die Sie brauchen. Sie erfahren dabei aber selten etwas Wichtiges, das Sie nicht ausdrücklich in Ihrer Frage angesprochen haben. Einige Kunden ärgern sich über diese „Knebeltechnik", vor allem, wenn Sie mehrere solcher Fragen kurz hintereinander stellen. Sie haben das Gefühl, man wolle sie ins Kreuzverhör nehmen, und schalten unter Umständen vollständig ab.

Leider sind viele Verkäufer so sehr damit beschäftigt, das Verkaufsgespräch unter Kontrolle zu halten, daß sie sich fast ausschließlich auf Fragen mit mehr oder weniger vorgegebenen Antworten beschränken. Und falls sie einmal von der Regel abweichen, hören sie sich die Antwort nicht aufmerksam von Anfang bis Ende an. Manche unterbrechen den Kunden sogar, wenn er beginnt, über die spezifischen, vom Verkäufer gewünschten Informationen hinauszugehen.

Ein echter Verkaufsprofi ist imstande, alle drei Techniken einzusetzen und nahtlos von einer zur anderen überzuwechseln, sobald sich Zielrichtung und Stimmungsbarometer des potentiellen Kunden ändern. Wenn Sie ein Gespräch in Gang bringen, auf strikte Kontrolle verzichten und den Kunden ermutigen wollen, sollten Sie offene Fragen stellen und aktiv zuhören. Sobald Sie wieder spezifische Informationen brauchen, stellen Sie Fragen mit vorgegebenen Antwortmöglichkeiten.

Behalten Sie Gesicht, Gestik und Körperhaltung des potentiellen Kunden im Auge, um Aufschluß über die Reaktion zu erhalten, die jede Ihrer Techniken hervorgerufen hat. Wenn er offene Fragen und unklare Strukturen nicht mag, müssen Sie ihn „an die Hand nehmen" und spezifische Fragen stellen. Wenn er reden möchte, sollten Sie passiv werden und sich mit dem Gesprächsfluß treiben lassen. Durch ständige Anpassung Ihrer Taktik bringen Sie nicht nur mehr in Erfahrung, sondern demonstrieren Ihrem Gegenüber auch, daß Sie seine Bedürfnisse und Stimmungen wahrnehmen und ihnen Rechnung tragen. Diese unterschwellige Botschaft verbessert sowohl den Informationsfluß als auch die Atmosphäre.

Schlußfolgerung

Techniken zählen viel weniger als Absichten. Wenn Sie ernsthaft daran interessiert sind, die Probleme Ihres potentiellen Kunden zu verstehen, wird er Ihr Bemühen anerkennen, und dann spielt die Technik keine primäre Rolle. Wenn Ihr Interesse aufgesetzt erscheint, werden Sie mit keiner noch so tollen Technik etwas ausrichten. Sie müssen Ihre gesamte Aufmerksamkeit auf die Beantwortung der „Gretchenfrage" konzentrieren: Wie ist das Problem des potentiellen Kunden beschaffen, und wie löse ich es am besten?

Überprüfen Sie die Richtigkeit Ihrer Problemdiagnose mit Ihrem Gesprächspartner. Wenn Sie hinsichtlich der Problemstellung einen gemeinsamen Nenner finden, können Sie leicht eine effektive Präsentation in die Wege leiten. Andernfalls müssen Sie weiterforschen, bis Sie wissen, wie das Problem nach Meinung des potentiellen Kunden aussieht. Sie wären an seiner Stelle vielleicht nicht zu den gleichen Schlußfolgerungen gelangt, doch er ist es, der über die Reaktion auf Ihren Vorschlag entscheidet. Folglich müssen Sie die Präsentation auf seine Überzeugungen abstimmen oder das Gespräch fortsetzen, bis Sie eine Änderung seines Standpunkts feststellen.

Präsentation

Ihre Verkaufsargumente klar und reizvoll darzubieten, ist sicher wichtig. Dies kann aber kein Ausgleich für die Unfähigkeit sein, eine positive Beziehung aufzubauen, den Bedarf des Kunden zu analysieren, Einwände auszuräumen, einen guten Abschluß in die Wege zu leiten usw. Sie sollten Ihre Präsentationsfähigkeiten unbedingt verbessern, sich aber nicht so stark auf Ihre Worte konzentrieren, daß Sie dabei das Wichtigste vergessen – Ihren potentiellen Kunden.

Setzen Sie sich ein klares Ziel

Sie werden mehr mit Ihrer Präsentation bewirken, wenn Sie sich an ein paar einfache Regeln halten: Machen Sie sich bewußt, was Ihr potentieller Kunde nach Abschluß dieser Präsentation tun soll. Gehen Sie dabei über vordergründige Wünsche wie „kaufen" hinaus. Legen Sie spezifische Ziele fest, z.B. Liefertermine, Lieferbedingungen, Intensivierung der Kundenbeziehung usw. Und dann achten Sie darauf, daß alles, was Sie sagen, und alles, was der potentielle Kunde hört, in sämtlichen Punkten mit Ihrer Zielsetzung übereinstimmt.

Strukturieren Sie Ihre Präsentation

Eine gute Präsentation weist klare Strukturen auf, ist in Anfangsphase, Mitte und Endphase unterteilt. Die Anfangsphase enthält einen Überblick über das Thema, das zur Diskussion steht. Sie sagt dem potentiellen Kunden, welche Richtung das Gespräch einschlagen wird, und das erleichtert es ihm, Sie zu begleiten. Hier ein Beispiel:

"Herr Fischer, ich würde heute gerne überprüfen, ob ich den eigentlichen Prozeß der Auftragserteilung in Ihrem Unternehmen richtig verstanden habe, und Sie dann bitten, mir alle Schlüsselkomponenten zu erklären, die noch fehlen könnten. Und ich würde gerne von Ihnen wissen, Herr Fischer, nach welchen Kriterien Sie die Finanzierungsalternativen auswählen und mit den vorgegebenen Budgeteinsparungen in Verbindung bringen."

Der Hauptteil der Präsentation bietet detaillierte Informationen über jedes wichtige Thema. Um dem Kunden dabei zu helfen, dem Gesprächsfluß zu folgen, sollten Sie jedes neue Thema kurz vorstellen. Das ist ein guter Zeitpunkt, um sich an die Gedankenverbindungen und Wortbrücken zu erinnern, über die in Kapitel 5 gesprochen wurde. Achten Sie darauf, daß Sie nicht abrupt zum Thema kommen; überqueren Sie – mit dem potentiellen Kunden an Ihrer Seite – verbal die „Brücke". Der größeren Klarheit wegen besteht der Hauptteil aus mehreren Schlüsselelementen, die aneinandergekoppelt sind, z.B.:

"Wir haben gesehen, wie dieses Konzept die Verwaltungsarbeit erleichtern kann. Und wenn Sie damit einverstanden sind, können wir einen Blick auf die Konsequenzen für die Terminplanung werfen. Haben Sie noch Fragen? Ist Ihnen klar, wie der administrative Prozeß im einzelnen aussieht? Gut, dann lassen Sie uns darüber sprechen, wie man die Lieferanforderungen überwacht und erfüllt."

In der Abschlußphase erfolgt die Zusammenfassung und eine Wiederholung der wichtigsten Nutzen/Vorteile:

"Herr Fischer, heute waren wir in der Lage, die Merkmale unseres Programms auf Ihr Interesse an der Einführung einer einsatzsynchro-

nen Materialwirtschaft abzustimmen. Ich denke, Sie werden mir in vieler Hinsicht zustimmen, daß dieses Programm wie maßgeschneidert für Sie erscheint. Einige Budgetzwänge, die Sie erwähnt haben, waren mir neu; aber ich denke, wir werden imstande sein, auch sie zu berücksichtigen."

Der Abschluß als Lohn der Mühen

Eine Präsentation ohne Abschluß ist vergeudete Mühe. Sobald Sie die kundenspezifischen Nutzwerte zusammengefaßt haben, steuern Sie mit einer Frage eines der Besuchsziele an, die Sie ursprünglich im Sinn hatten oder die Sie jetzt aufgrund neuer Informationen festlegen mußten:

„Herr Fischer, ich sehe, daß die Beschaffungsmethode an sich ein Schlüsselelement der Entscheidung Ihres Unternehmens sein wird, und deshalb möchte ich Sie um einen Gefallen bitten. Sie können sich sicher vorstellen, daß unsere Problemlösung um so zielgerichteter sein wird, je mehr Informationen ich über die Problemstellung besitze. Wäre es Ihnen deshalb möglich, mich mit Herrn Friedmann bekanntzumachen, dem Logistikmanager Ihres Hauses?"

Eine gut strukturierte Präsentation geht nahtlos und natürlich in die Abschlußphase über. Mit einer chaotischen Präsentation erreichen Sie gewöhnlich nicht mehr, als Ihren Gesprächspartner in Verwirrung zu stürzen. Und am Ende sind Sie am Ziel angekommen, während er irgendwo feststeckt.

Fassen Sie sich kurz

Wenn Sie zu lange reden, schaltet der potentielle Kunde leicht ab. Wenn Sie nicht genug sagen, wird er um Informationen bitten, die er noch braucht, oder Ihnen auf andere Weise Gelegenheit für zusätzliche Anmerkungen geben. Setzen Sie also das absolute Mindestmaß an Zeit für Ihre Präsentation fest und vergewissern Sie sich, daß Sie im Rahmen bleiben.

Heben Sie den Nutzen hervor

Ihr potentieller Kunde ist weniger am Produkt selbst als vielmehr daran interessiert, was es für ihn bewirken kann. Ihm geht es in erster Linie um

Nutzen und weniger um Merkmale. Ein Merkmal ist ein spezifisches Kennzeichen Ihres Produkts oder einer Dienstleistung. Zu den Produktmerkmalen eines Fernsehgeräts könnten z.B. ein 50-cm-Bildschirm, zu 100% mit ICs bestückt und ein Start ohne Aufwärmphase gehören.

Ein Nutzen ist der Wert, den ein Produktmerkmal potentiellen Kunden bietet. Produktmerkmale ändern sich nicht, im Gegensatz zum Nutzen. Ein und dasselbe Produkt kann verschiedenen Kunden verschiedene Nutzen bringen, weil diese verschiedene Bedürfnisse haben. Die Tatsache, daß ein hoher Kinderstuhl zusammenklappbar ist, wäre sicher wichtig für eine Familie, die zu verreisen plant, hätte aber keinen besonderen Nutzen, wenn er stets am selben Platz stehen soll. Daß er sich zusammenklappen läßt, könnte sogar als negatives Merkmal gewertet werden, weil der Stuhl dadurch an Stabilität verliert.

Kehren wir zum Fernsehgerät zurück. Der 50-cm-Bildschirm bedeutet, daß Sie aus jeder Ecke eines großen Raums fernsehen können. Die Festkörperelemente erhöhen die Zuverlässigkeit und verringern die Wartungskosten. Daß der Fernseher sofort nach dem Einschalten auf Hochtouren läuft, erspart Ihnen Zeit und Langeweile; denn Sie müssen nicht warten, bis die Vorwärmzeit vorüber ist. Jeder dieser Nutzen wird für den potentiellen Kunden noch reizvoller, wenn der Verkäufer ihn hervorhebt:

„Sie wissen, wie frustrierend es ist, darauf zu warten, bis das Gerät warmgelaufen ist. Das dauert zwar nur etwa eine Minute, aber die kommt Ihnen wie eine Stunde vor. Bei diesem Modell müssen Sie überhaupt nicht mehr warten."

Die meisten Verkaufspräsentationen betonen die Produktmerkmale und nicht den Nutzen. Verkäufer wissen in der Regel einiges mehr über ihre Produkte als über ihre Kunden. Es ist leicht, über 350 PS oder 99% Verfügbarkeit zu sprechen. Doch Kunden interessieren sich viel weniger für diese Merkmale als für die schnelle Beschleunigung, die ihnen ein zügiges und damit sicheres Überholmanöver garantiert, oder für eine verläßlichere Arbeitsweise am Bildschirm.

Wenn Sie eine angemessene Bedarfsanalyse durchgeführt haben, können Sie diejenigen Grund- und Zusatznutzen hervorheben, die Ihren potentiellen Kunden am meisten interessieren. Ihre Präsentation wird besonders effektiv sein, wenn Sie die Vorteile gegenüber anderen Plänen oder Optionen betonen, die vom Kundenunternehmen derzeit in Betracht gezogen werden. Vorteile sind Nutzen, die andere Problemlösungsmöglichkeiten nicht zu bieten haben. Je direkter Sie den Nutzen Ihres Produkts mit anderen Angeboten vergleichen, desto besser stehen Ihre Chancen, den Auftrag zu erhalten.

Fördern Sie den Dialog

Viele Verkäufer haben Angst vor Fragen und Kommentaren. Sie fegen sie vom Tisch, indem sie sagen: „Gut, daß Sie fragen; ich werde später darauf eingehen." Höchstwahrscheinlich kommen sie jedoch nie wieder auf das Thema zurück. Natürlich können Sie nicht jede Frage beantworten, denn sonst würde Ihre Verkaufsstrategie völlig aus den Fugen geraten. Aber mit einem echten Gedanken- und Meinungsaustausch – selbst wenn er nicht in geordneten Bahnen verläuft – lassen sich vermutlich bessere Ergebnisse erzielen als mit dem brillantesten Monolog.

Halten Sie von Zeit zu Zeit inne und bitten Sie um Rückmeldungen; achten Sie dabei ganz besonders auch auf nonverbale Botschaften. Wenn der Kunde deutlich macht, daß er Ihnen beipflichtet, können Sie das Gespräch vorantreiben. Wenn er dagegen verwirrt, skeptisch oder verärgert wirkt, sollten Sie nach dem Grund fahnden und dann Schwerpunkt, Vokabular, Tonfall oder Tempo des Gesprächs wechseln. Mit anderen Worten: Während der Präsentation müssen Sie die gleichen Themen wie in jeder anderen Phase des Verkaufsprozesses in den Brennpunkt rücken – die Bedürfnisse und die Probleme Ihres potentiellen Kunden. Es ist wichtig, daß Sie Informationen über Ihr Produkt auf klare und ansprechende Weise darbieten. Aber es ist noch viel wichtiger, die Probleme des Kunden zu verstehen, die Vorteile hervorzuheben, die sich in diesem spezifischen Fall erzielen lassen, und sich laufend den Reaktionen des potentiellen Käufers anzupassen.

Abschluß

Der größte Fehler, den ein Verkäufer machen kann, besteht vermutlich darin, daß er es versäumt, um Auftragserteilung oder etwas anderes sehr

Wichtiges zu bitten. Manchen unterläuft dieser Fehler sogar mehrmals am Tag. Sie treten auf der Stelle, weil sie Angst haben, eine besondere Bitte zu äußern. Sie schrecken davor zurück, die nette Unterhaltung in ein echtes Verkaufsgespräch zu verwandeln. Aber die meisten potentiellen Kunden haben es nicht auf einen „Plausch" mit Ihnen abgesehen; sie ziehen es vor, daß Sie zur Sache kommen und Ihre Arbeit erledigen. Sie halten nicht viel von Leuten, die ihre kostbare Zeit verschwenden; sie haben dagegen Achtung vor Verkäufern, die über genug Selbstvertrauen und Professionalität verfügen, um das Thema Auftragserteilung zur Sprache zu bringen.

Die meisten schätzen darüber hinaus auch Ihre Hilfe bei der Entscheidungsfindung. Sie neigen dazu, zu zögern und sind für einen „Anstoß" dankbar. Mit anderen Worten: Die beste Strategie, um sich die Achtung Ihres Gesprächspartners zu erhalten, ist gleichzeitig auch Ihre einzige Überlebensstrategie im Verkauf. Jedesmal, wenn Sie eine Lösung präsentiert haben, sollten Sie um eine klare Zusage bitten.

Einwände ausräumen

Während Sie die einzelnen Phasen des Verkaufsvorgangs durchlaufen, werden Sie mit Fragen und Einwänden konfrontiert. Sie sind ein absolut unerläßlicher Teil jedes Kundenbesuchs und bieten Ihnen eine Chance, hieb- und stichfeste Argumente zu präsentieren. Manche Verkäufer haben Angst vor Einwänden; doch die echten Profis sehen darin eine willkommene Gelegenheit, den Kunden restlos zu überzeugen. Ein Einwand sagt Ihnen unverblümt oder durch die Blume, was Sie als nächstes tun müssen. Sie sind aufgefordert, einen zögerlichen Kunden zum Handeln zu motivieren, Mißverständnisse richtigzustellen, letzte Zweifel zu beseitigen, ein anderes Produkt vorzuschlagen oder Nutzen und Vorteile Ihres Produkts noch einmal ins Blickfeld zu rücken.

Wenn Sie Einwände erfolgreich ausräumen wollen, sind fünf wichtige Schritte erforderlich: Klären, Klassifizieren, Reagieren, Wiederholen des Nutzens und Fortfahren im Verkaufsgespräch.

Klären

Die grundlegende Technik besteht darin, einen Einwand als Frage zu wiederholen und dann eine Pause zu machen, in der Sie auf die Reaktion des potentiellen Kunden warten. Die Frage muß nicht direkt als solche formuliert werden. Ihr Tonfall oder die Art, wie Sie beim Sprechen innehalten, können eine Frage andeuten:

- *„Sie glauben, daß Verträge mit einer Laufzeit von mehr als drei Jahren ein Risiko darstellen, nicht wahr?" [Pause und zuhören] „Würden Sie mir die Ziele Ihrer Vertragspolitik erklären?" [Pause und genau zuhören]*
- *„Wahrscheinlich sind Sie der Überzeugung, daß wir höhere Preise als die Konkurrenz verlangen." [Pause. Wenn die Reaktion ausbleibt, fragen Sie...] „Gehe ich recht in dieser Annahme?"*
- *„Wenn ich Sie richtig verstanden habe, machen Sie sich Sorgen, daß die Produktkomponenten unzuverlässig und schwierig zu warten sein könnten. Ist es so?" [Reaktion] „Wie kann ich Sie vom Gegenteil überzeugen?"*

Ändern Sie Ihre Worte häufig, *(„Glauben Sie...", „Haben Sie das Gefühl...", „Wenn ich Sie richtig verstanden habe,...", „Sie möchten vielleicht...", „Es scheint, als wären Sie...", „Es sieht nicht so aus, als ob Sie...")*, aber befolgen Sie die gleiche Form der Einwandbehandlung in leicht abgewandelter Wortwahl. Sie können fragen oder andeuten, daß Sie gerne wissen möchten, ob Sie richtig verstanden haben. Diese Methode hat vier wichtige Konsequenzen:

1. Ihre Frage mit anschließender Pause bewirkt, daß der potentielle Kunde Ihnen einen Hinweis gibt, ob Sie ihn richtig verstanden haben. Falls ja, können Sie den Einwand klassifizieren und sich bemühen, ihn zu entkräften. Sollten Sie den Durchblick verloren haben, wird es Ihnen der Kunde vermutlich sagen und den Einwand noch einmal klarer wiederholen. Danach ist es wieder Ihre Aufgabe, ihn einzuordnen und auszuräumen.

2. Sie zeigen dem potentiellen Kunden, daß Sie Einwände ernstnehmen und seine Position verstehen wollen. Das heißt, Sie respektieren die Meinung Ihres Gesprächspartners, was wiederum die Beziehung und sein Vertrauen zu Ihnen stärkt.

3. Ihre Achtung und der Wunsch, die Situation zu verstehen, werden viele potentielle Kunden veranlassen, Ihnen reinen Wein einzuschenken. Sie werden ihre Abwehrmechanismen abbauen, sich Ihnen gegenüber öffnen und objektiver werden. Eine Kundin könnte beispielsweise zugeben, daß sie sich eigentlich keine Sorgen um den Kauf selbst macht, sondern um die Begleiterscheinungen, die zu erwarten sind.
4. Sie bekunden Respekt und den Wunsch, das Problem zu verstehen, ohne den Einwand durch Ihre Zustimmung zu untermauern. Es besteht ein Riesenunterschied zwischen den Sätzen „Sie glauben, der Preis sei zu hoch." und „Der Preis ist zu hoch." Ersterer zeigt, daß Sie die Meinung des Kunden anerkennen, ohne einzuräumen, sie sei richtig. Letzterer kann den potentiellen Kunden in seiner Überzeugung bestärken, der Preis sei wirklich unannehmbar hoch.

Deshalb sollte Ihr erster Schritt darin bestehen, den Einwand in Frageform zu wiederholen; dann warten Sie auf das Feedback. Sie müssen bestätigen, daß Ihr potentieller Kunde ein Recht auf Gegenargumente hat, und seine Bedenken vollends ausräumen. Es gibt keine andere Möglichkeit, einen wirksamen Rahmen für eine gute oder eine zielgerichtete Antwort zu schaffen, die akzeptiert werden könnte.

Klassifizieren

Da jede Kategorie von Einwänden eine andere Reaktion erfordert, sollten Sie diese klassifizieren, bevor Sie antworten. Platzen Sie nicht mit Ihren Gedanken heraus, auch wenn Sie damit goldrichtig lägen. Ihr potentieller Kunde hat einen Einwand vorgebracht, den Sie respektieren sollten. Einwände lassen sich in der Regel vier Gruppen zuordnen:

1. *Hinhaltemanöver* bestehen aus Gründen, die lediglich dazu dienen, eine Entscheidung zu verzögern. „Ich werde darüber nachdenken.", „Ich muß mit X [oder wem auch immer] darüber sprechen", „Ich werde Sie zurückrufen", „Damit möchte ich bis nach Weihnachten warten" usw. Einige dieser Aussagen sind ganz legitim und ehrlich gemeint, aber viele stellen lediglich eine unbewußte Rechtfertigung dar. Viele Leute haben Angst, zu handeln, kaschieren diese Befürchtungen aber mit plausibel klingenden Ausflüchten. Auf diese Weise umgehen sie unangenehme Entscheidungen und können gleichzeitig das Selbstbild von einem starken, entschlußfreudigen Menschen aufrechterhalten.

2. *Ein versteckter Einwand* wird hinter der Oberfläche eines anderen Gegenarguments verborgen. Zum Beispiel sind Hinhaltemanöver oft eine Fassade, hinter der sich grundlegende Einwände verstecken. Es ist viel leichter zu sagen: „Ich möchte bis nach Weihnachten warten." als „Ich traue Ihnen nicht." oder „Ich bin der Meinung, daß die Serviceleistungen Ihres Unternehmens schlecht sind.", oder „Ich bin nicht befugt, eine solche Entscheidung zu treffen."

Es gibt drei verläßliche Indikatoren für versteckte Einwände: unlogische Argumente, ein kunterbuntes Sammelsurium von oft widersprüchlichen Argumenten und die Weigerung, gute Gegenargumente zu akzeptieren. Wenn Sie sich einem dieser drei Probleme gegenübersehen, wissen Sie, daß es vermutlich versteckte Einwände signalisiert. Wenn es zwei oder sogar drei sind, haben Sie mit Ihrer Vermutung aller Wahrscheinlichkeit nach „ins Schwarze getroffen."

3. *Ein leicht auszuräumender Einwand* basiert auf einem Mißverständnis oder Mangel an Informationen. Er stellt oft ein Ersuchen um weitere Informationen dar, selbst wenn er nicht als Bitte formuliert wird. Ein Beispiel: „Ihre Zahlungsbedingungen sind ungewöhnlich."
4. *Ein schwerwiegender Einwand* deutet den Wunsch nach einem Nutzen oder Vorteil an, den Ihr Produkt nicht zu bieten hat. Ein Beispiel wäre: „Wir sind nicht an einer Geschäftsbeziehung mit Zulieferfirmen interessiert, die bei früher Zahlung keinen Preisabschlag bieten."

Reagieren

Jede Kategorie von Einwänden erfordert eine unterschiedliche Reaktion. Deshalb ist die Klassifizierung so wichtig.

– Wenn der potentielle Kunde zu einem Hinhaltemanöver greift, sollten Sie ihm die Vorteile einer prompten Entscheidung und die Nachteile einer Verzögerung vor Augen führen. Zum Beispiel: „Sie wissen, daß wir Schritt 2 nicht einleiten können, wenn wir Schritt 1 nicht abgeschlossen haben."
– Wenn Sie instinktiv spüren, daß ein versteckter Einwand im Spiel ist, bohren Sie nach, aber erst, nachdem Sie auf das vorgebrachte Argument geantwortet haben – selbst wenn Sie der festen Überzeugung sind, daß es sich dabei nur um eine Fassade handelt. Wenn Sie es igno-

rieren, bekunden Sie damit einen Mangel an Achtung und bewirken, daß sich der Kunde in sein Schneckenhaus zurückzieht. Er wird dann noch weniger gewillt sein, Ihnen zu sagen, was er wirklich denkt. Antworten Sie also kurz auf das Argument, und danach spüren Sie die Einwände auf, die sich hinter der Fassade verbergen.
- Wenn der potentielle Kunde einen leicht auszuräumenden Einwand vorbringt, liefern Sie einfach die nötigen Informationen. Falls möglich, sollten Sie Ihren Standpunkt mit objektiven Beweisen belegen.
- Wenn der potentielle Kunde einen schwerwiegenden Einwand geltend macht, schwächen Sie den fehlenden Nutzen durch Betonung der Vorteile, die Ihr Produkt zu bieten hat, ab.

Wiederholen des Nutzens und Fortfahren im Verkaufsgespräch

Jedesmal, wenn Sie einen Einwand vollständig ausgeräumt haben, sollten Sie überprüfen, ob Ihr potentieller Kunde die Antwort akzeptiert. Danach wiederholen Sie noch einmal die Vorteile, vor allem solche, denen eine Schlüsselstellung zukommt, und ergreifen die Chance, das Verkaufsgespräch voranzubringen. Haben Sie keine Angst, Sie könnten den Kunden langweilen. Er möchte wissen, was Ihr Produkt für sein Unternehmen zu bewirken vermag, und manchmal müssen Sie mehrere Anläufe nehmen, bis Sie Ihre Botschaft „rübergebracht" haben. Darüber hinaus wird die Aufmerksamkeit Ihres Gesprächspartners durch die Zusammenfassung vom Einwand weg auf die Vorzüge Ihres Angebots gelenkt.

Follow-up

Der gesamte Prozeß der Kundenentwicklung erfordert, daß Ihr Follow-up zum richtigen Zeitpunkt erfolgt, widerspruchsfrei ist und mit allen Ihren Versprechen und Zusagen übereinstimmt. Selbst die kleinste Geste kann den Unterschied zwischen einem zufriedenen und einem verärgerten Kunden bewirken, der abspringt und seiner Enttäuschung überdies noch bei Kollegen und Geschäftspartnern Luft macht.

In den Augen des Kunden sind Sie identisch mit der Firma, die Sie repräsentieren. Wir leben in einem Zeitalter, in dem Zynismus herrscht, und viele Menschen mißtrauen Verkäufern und großen Unternehmen. Sie haben das

Gefühl, „Verkäufer haben es nur auf unser Geld abgesehen; sobald sie Kasse gemacht haben, lassen sie sich nicht mehr blicken, es sei denn, sie wollen wieder ein Geschäft mit dir machen." Diese Überzeugung stellt sowohl eine Bedrohung als auch eine Chance dar. Ohne Serviceleistungen nach dem Verkauf bestärken Sie diese Käufer nur in ihrer zynischen Haltung. „Der ist genau wie alle anderen; sobald das Geschäft unter Dach und Fach war, hat er das Weite gesucht." Solche Gefühle tragen dazu bei, daß die Leute plötzlich kleinlich werden, mit fliegenden Fahnen zur Konkurrenz überwechseln, Sie und Ihre Firma bei Freunden anschwärzen und vielleicht sogar versuchen, aus ihren derzeitigen Verpflichtungen „auszusteigen".

Da sich viele Verkäufer nicht um das Follow-up kümmern, bietet sich Ihnen natürlich eine phantastische Chance: Sie können sich profilieren und zeigen, daß Sie anders sind. Die Kunden werden in Ihnen einen Menschen sehen, der wirkliches Interesse bekundet und ihnen genau den persönlichen Service bietet, den sie sich wünschen. Wenn Sie die Beziehung pflegen, so daß sich eine echte, langfristige Bindung zwischen Ihrer Firma und den Käufern entwickeln kann, werden Ihre Kunden zufriedener mit Ihren Produkten und Dienstleistungen sein, mit viel höherer Wahrscheinlichkeit wieder bei Ihnen kaufen und Sie Freunden und Bekannten weiterempfehlen. Und genau das ist der Schlüssel zu einer erfolgreichen Kundenentwicklungspolitik.

Analyse des Verkaufsgesprächs

Ihre Verkaufstechniken lassen sich noch mit einer anderen nachfassenden Maßnahme verbessern – der regelmäßigen Analyse Ihrer erfolgreichen und fehlgeschlagenen Verkaufsgespräche. Warum haben Sie an diesen Kunden verkauft? Was haben Sie richtig gemacht? Wie unterscheidet sich Ihr Vorgehen von anderen Strategien, die Sie angewendet haben? Und falls es schiefgegangen ist, wo liegt der Fehler? Was sollten Sie in Zukunft anders machen?

Sie können zu jedem Zeitpunkt des Verkaufsprozesses Ihren Vorsprung vor der Konkurrenz einbüßen – selbst in der Planungsphase, oder weil Sie nach einem vorhergehenden Verkaufsgespräch nicht nachgefaßt haben. Deshalb sollten Sie jeden Schritt, den Sie eingeleitet oder unterlassen haben, genau unter die Lupe nehmen. Die nachfolgende Checkliste wird Ihnen helfen zu erkennen, was Sie richtig machen und welche Bereiche verbesserungsbedürftig sind.

I. Planung

A. Hatten Sie sich ein klares Ziel gesetzt?
B. Waren Sie im Besitz aller erforderlichen Informationen einschließlich eines Kundenprofils?
C. Was hätten Sie besser machen können?

II. Eröffnungsphase

A. Haben Sie sich selbst und Ihre Firma klar und deutlich vorgestellt?
B. Haben Sie eine spontane Beziehung aufgebaut?
C. Haben Sie mit einer Aussage Interesse geweckt?
D. Haben Sie um die Erlaubnis gebeten, fortzufahren?
E. Was hätten Sie besser machen können?

III. Bedarfsanalyse

A. Haben Sie das Problem des Kunden verstanden und diskutiert?
B. Hat der potentielle Kunde Ihrer Analyse zugestimmt?
C. Waren Sie im Besitz aller Informationen, die Sie brauchten, um das Problem zutreffend zu diagnostizieren?
D. Was hätten Sie besser machen können?

IV. Präsentation

A. Haben Sie das Problem des potentiellen Kunden zusammengefaßt?
B. Haben Sie anschaulich und klar gezeigt, wie Ihr Produkt oder Ihre Dienstleistung zur Lösung dieses Problems beitragen könnte?
C. Haben Sie sich in stärkerem Maß auf Bedürfnisse und Nutzen als auf die Produktmerkmale konzentriert?
D. Was hätten Sie besser machen können?

V. Abschlußphase

A. Haben Sie sich das Recht verdient, um etwas Wichtiges zu bitten?
B. Haben Sie Ihre Bitte vorgetragen?
C. Konnten Sie Signale auffangen, die Kaufbereitschaft oder Zustimmung andeuteten?
D. Was hätten Sie besser machen können?

VI. Gesamtauswertung

A. Wie sind Sie mit Ihrer Leistung zufrieden?
B. Wo war der Wendepunkt, der über Erfolg oder Mißerfolg des Ver-

kaufsgesprächs entschieden hat?
C. Was sollten Sie beim nächsten Kontakt mit dieser Person anders machen?
D. Was sollten Sie bei einem Verkaufsgespräch mit einer anderen Person verbessern?

Planung des nächsten Kundenkontakts

Unmittelbar nach jedem Kundenbesuch sollten Sie bereits Ihren nächsten Kontakt mit diesem Kunden planen. Seine Situation und seine Persönlichkeitsmerkmale werden Ihnen nie klarer sein als unmittelbar nach dem Gespräch. Also notieren Sie sich, wann Sie sich wieder mit dieser Person in Verbindung setzen, welches Verkaufsziel Sie anstreben, wie Sie Ihre Verkaufsstrategie verändern wollen usw. Es dauert nur ein paar Minuten, um einen solchen Plan zu entwickeln, aber er erhöht automatisch Ihr Leistungsniveau. Sie kontaktieren die richtigen Leute zum richtigen Zeitpunkt mit dem richtigen Produkt und der richtigen Verkaufsstrategie. Was könnte da noch schiefgehen?

Wenn Sie den Verkaufsprozeß bis in jede Einzelheit verstehen, haben Sie den Schlüssel zum Erfolg in der Tasche. Das setzt jedoch voraus, daß Sie Informationen über jeden einzelnen Schritt zu jedem Zeitpunkt aus Ihrem Gedächtnis abrufen können. Um Ihnen dabei zu helfen, sind diese Informationen noch einmal im Anhang zusammengefaßt.

Lösung für das Fallbeispiel

Mike braucht eine Arbeitsgrundlage. Deshalb entwickelte er ein Diagramm, das im wesentlichen einem Besuchsplaner entsprach und fünf Schlüsselkomponenten enthielt:

1. Kundenname und Abteilung
2. Situation
3. Ziele
4. Logische Argumente und Strategien
5. Schlüsselthemen

Mike benutzte die neue Technik während eines Besuchs bei Doug Smithers, dem die Aufgabe oblag, künftige Beschaffungsanforderungen in den DV-Abteilungen seines Unternehmens zu analysieren. Mike wußte lediglich, daß Smithers ursprünglich aus dem Finanzbereich stammte. Aus dieser Perspektive konnte er ein übergeordnetes Ziel für das bevorstehende Verkaufsgespräch bestimmen: Er wollte Smithers überzeugen, daß die TriMemory-Produkte imstande waren, die Leistungen des Zentralrechners zu verbessern und die Lebensdauer der bereits installierten Ausrüstung merklich zu verlängern – ohne daß Zugeständnisse an die Qualität gemacht werden mußten. Neue Mainframes – also Großrechner – stellten nicht mehr die einzige Option dar, um mehr Rechenkapazität zu erzielen. Andere Lösungen waren verfügbar, die solche hohen finanziellen Investitionen um ganze zwei Jahre aufschieben konnten.

Der nächste Schritt bestand darin, Smithers von der Wirksamkeit der zusätzlichen Speicherkapazität zu überzeugen. Eine solche Entscheidung stützte sich auf die finanzielle Lage des Kundenunternehmens und würde bei den Endanwendern vermutlich keinen großen Beifall finden. Deshalb mußte Mike seinem potentiellen Kunden zuerst die Idee schmackhaft machen und dann mit seiner Hilfe herausfinden, wie sich diese Lösung auf der Benutzer-/Käuferebene umsetzen ließ.

Mike erklärte, daß er um die Engpässe wisse, die durch die Hardware-Beschränkungen in den vier DV-Abteilungen verursacht wurden. Die herkömmliche Lösung, die von den Herstellern der Großrechner unwiderruflich empfohlen wurde, lautete, die Ausrüstung zu ersetzen und an ein höheres Niveau anzupassen. Dieser Weg würde allen ein Gefühl der Sicherheit und Zufriedenheit geben ... vielleicht mit Ausnahme desjenigen, der für die Bilanz des Unternehmens zuständig war.

Mike baute eine Brücke, um einen nahtlosen Übergang von der Eröffnungsphase des Verkaufsgesprächs zur Hauptphase zu schaffen. Er erklärte, einige Firmen betrachteten dies als zweidimensionales Problem: Entweder sehe man sich dem Dilemma der Rechenkapazität gegenüber, oder man setze dem Fiasko ein Ende und nehme die finanzielle Belastung auf sich. Mike sagte: „Herr Smithers, ist das eine klare Beschreibung des Problems? Welche zusätzlichen Aspekte können Sie noch ausmachen?"

Smithers half ihm, die Brücke fertigzustellen, als er erwiderte: „Wenn ich die zweidimensionale Betrachtungsweise akzeptieren könnte, würde ich die Zeit nicht damit verbringen, auch nur einen Blick auf dieses Problem zu werfen. Ich kann mich der Vorstellung nicht anschließen, daß man es immer falsch macht, für welche der beiden Optionen man sich auch immer entscheidet. Meine Aufgabe besteht darin, mich intensiv mit diesem Problem zu befassen und den anderen Dimensionen auf die Spur zu kommen. Mit einfachen Worten: Wir müssen das Problem mit dem Engpaß lösen und gleichzeitig die finanziellen Auswirkungen auf ein Mindestmaß beschränken."

Mike wußte genau, an welchem Punkt im Verkaufsgespräch er sich befand. Er sah, daß die Brücke hielt; er mußte sich nur noch vergewissern, daß Smithers ihm gefolgt war und er die Erlaubnis hatte, den nächsten Schritt einzuleiten. „Herr Smithers, ich glaube, daß Sie vorhaben, andere Alternativen zu finden und auszuloten. Wenn wir Ihnen klipp und klar eine oder mehrere nachweislich erfolgreiche Lösungsmöglichkeiten aufzeigen können, wären Sie bereit, mich anzuhören; habe ich das richtig verstanden?"

Doug: „Ja, nach meiner Aufassung ist die Suchphase noch nicht abgeschlossen; ich will mich über sämtliche Alternativen kundig machen. Lassen Sie mal hören, wie Ihre Option beschaffen ist."

Mike war über die Brücke gegangen und hatte die Präsentationsphase oder den Hauptteil seines Kundenbesuchs erreicht. Er benutzte ein Diagramm, um die Wirkung zu veranschaulichen, die eine Erweiterung der Kanalkapazität für die Datenübertragung an untergeordnete Arbeitsstationen via Wide Area Network haben würde. Er präsentierte sein Produkt, baute Brücken, vergewisserte sich, daß der Kunde ihm gefolgt war und ging zum nächsten Schritt über. Doug Smithers gab zu, daß die TriMemory-Lösung ihre Vorzüge besaß, und wollte diese neuen Optionen in Ruhe überdenken.

Es blieb noch das hochgradig knifflige Problem, das sich um das zweite Ziel dieses Verkaufsbesuchs rankte. Mike sagte: „Aufgrund meiner Gespräche mit Ihren Kollegen in den Bereichen EDV und Beschaffung habe ich den Eindruck gewonnen, daß sie auf der einzigen Lösung beharren, eine Anpassung der Hardware durch Austausch der Geräte zu erreichen.

Es ist mir nicht gelungen, sie zum Zuhören zu bewegen, um sich ein genaues Bild von den Möglichkeiten zu machen, über die wir hier reden. Das ist nach meinem Dafürhalten ein echtes Problem, bei dem ich sehr wenig auszurichten vermag."

Doug Smithers biß nicht nur an, sondern schien den „Köder" auch zu genießen. Er sagte, es sei bereits bekannt, daß diese Kollegen eingleisig dachten und das Problem nicht von allen Seiten durchleuchteten. Er wolle und werde dafür sorgen, daß keine voreiligen Entscheidungen oder Zusagen gemacht würden. Er bat Mike, einige der Vergleichscharts, die sie gemeinsam angeschaut hatten, und eine Produktbeschreibung zusammenzustellen – kein ausgefeiltes Angebot, sondern eher ein Instrument, mit dem man für den Augenblick arbeiten konnte.

Mike stimmte zu, und dann bewies er Mut. Er fragte, ob Doug ihm helfen könne, mit Carl Sommers ins Gespräch zu kommen, dem Leiter der Administration. Er erklärte, daß ein großer Teil der Anwender in Sommers' Bereich angesiedelt sei. Daher fände auch ein beträchtlicher Anteil der Aufwendungen für die EDV letztlich den Weg zurück in dessen Budget. Leider sei es ihm nicht möglich gewesen, einen Termin bei Sommers zu erhalten. Smithers versprach, Sommers in das Gespräch einzubeziehen, das anberaumt werden sollte, sobald Mike das Informationspaket geschnürt hatte.

Nach dem Besuch ließ Mike den Ablauf des Verkaufsvorgangs noch einmal Revue passieren. Er wußte, daß dieses Gespräch einiges gebracht hatte. Es war ihm gelungen, alle drei Ziele zu erreichen, und die nachfassenden Aktivitäten waren eingeleitet. Er hatte heute echte Fortschritte zu verzeichnen und befand sich in Hochstimmung.

Kapitel 8

Kundenbesuch nach Maß

– Besuch bei der Zielperson Ihrer Wahl –

Herausforderung:

Wankelmütige Einkäufer und undankbare Anwender

Das Geschäftsvolumen, das Sie derzeit erzielen, steht auf tönernen Füßen und sieht einer ungewissen Zukunft entgegen. Die Einkäufer behandeln weder Sie noch Ihr Produkt als etwas Besonderes. Manche scheinen ein abgekartetes Spiel mit Ihnen zu treiben, lassen mit keinem Wort verlauten, daß Ihre Dienste benötigt werden. Es ist hart, etwas zu verkaufen, wenn es an Interesse mangelt. Wenn Sie sich in Ihren Kunden hineinversetzen und den Leitlinien in diesem Kapitel folgen, machen Sie sich unentbehrlich!

Fallbeispiel: Keith

Keith zwang sich, sein Verkaufsgebiet gründlich unter die Lupe zu nehmen. Er hatte 23 Unternehmenskunden, auf die das Gros seiner Jahresumsätze entfiel. Soweit es ihm bekannt war, war er bei acht dieser Firmen der einzige Lieferant, und bei den restlichen 15 hatte er einen oder mehrere Konkurrenten. Keith wußte, daß eine solche Aufteilung in seiner Branche keineswegs als unüblich galt. Er wußte auch, daß seine Rivalen ständig auf der Jagd nach einer Erhöhung ihres Anteils waren – auf Kosten der anderen Anbieter. Sie hatten die gleichen Kontakte wie er, und oft sah er ihre Prospekte auf dem Schreibtisch eines Mitarbeiters im Kundenunternehmen herumliegen.

Es war eine unwägbare Welt, und die Käufer konnten jederzeit „kalte Füße" bekommen. Er wünschte sich, sie wüßten die Qualität seines Produkts und seine persönlichen, unterstützenden Dienstleistungen mehr zu schätzen. Keith glaubte nicht, daß einer seiner Konkurrenten einen besseren Service bot als er. Er war Realist genug, um zuzugeben, daß manche Kunden ihm in diesem Punkt nicht zugestimmt hätten, und daß sich einige Einkäufer und Anwender bei dem einen oder anderen Verkäufer der Konkurrenz besser aufgehoben fühlten. Keith kam zu der Schlußfolgerung, daß man ein potentielles Problem in Angriff nehmen muß, bevor es eskaliert. Er bezeichnete sein Problem als „Erosion, weil Einkäufer und Anwender wankelmütig sind."

Es kann viele schwierige Verkaufssituationen geben, wenn die Beziehungen zu Anwendern und Einkäufern auf einem Fundament ruhen, das letztlich nicht tragfähig ist. Solche schwachen und wenig Unterstützung bietenden Beziehungen sind Ursache von Frustrationen im Verkauf und bewirken, daß Ihnen die Kunden nach und nach abspringen. Es bringt nichts, wenn Sie meinen, daß Käufer und Anwender Ihres Produkts Ihnen „die Tür einrennen", sobald Sie sich mehr Mühe geben. Sie erreichen mehr, wenn Sie sich bewußt machen, daß der Anbieter schwache Beziehungen zu seinen Abnehmern aufgebaut hat; dazu sollte er stehen und die Verantwortung für dieses Defizit übernehmen.

Die Beziehung zu Anwendern und Einkäufern läßt sich pflegen. Damit erreichen Sie, daß diese Ihren Produkten und Dienstleistungen die Treue halten und Ihnen gegenüber vergleichbaren Angeboten der Konkurrenz den Vorzug geben. Dieses Ziel zu erreichen, erfordert Zeit und Mühe, sorgfältige Planung und ausgereifte Verkaufstechniken. Kurz gesagt: Die charakteristischen Merkmale einer Verkaufsbeziehung zu ändern, setzt eine stetige und direkte Investition voraus. Manche Ihrer Kunden rechtfertigen eine solche Investition, während sich bei anderen mit begrenztem Potential eine derartige Konzentration der Kräfte nicht logisch untermauern läßt. In Kapitel 11 werden Sie erfahren, wie Sie Investitionen in eine Kundenbeziehung bewerten und begründen. An dieser Stelle geht es darum, daß der Verkäufer guten Grund für das Bestreben hat, die Beziehungen zu seinen Unternehmenskunden zu verbessern, und fest entschlossen ist, die nötigen Investitionen zu tätigen.

Das A und O ist hier der *Kundenbesuch nach Maß*. Dieser außergewöhnliche Verkaufsvorgang muß mit zahlreichen Kundenkontakten wiederholt werden. Es könnte sich bei Ihren Ansprechpartnern z.B. um *Topmanager, Bereichsleiter* und *mittleres Management, Anwender* und *Einkäufer* handeln. Das Ziel eines Kundenbesuchs nach Maß besteht darin, zu demonstrieren, daß der Verkäufer über fundierte Sachkenntnisse, ein hohes Maß an Problemlösungsfähigkeiten und reges Interesse verfügt, dem Kunden bei der Anwendung seiner Güter und Dienstleistungen zu helfen. Sie sollten mehr als ein „Klinkenputzer" sein, der „auf die Schnelle" an der Haustür verkauft. Die hier angesprochenen Kundenbesuche sind deshalb *nach Maß* geschneidert, weil Ihr jeweiliger Ansprechpartner sorgfältig ausgewählt und der Inhalt des Verkaufsvorgangs bis ins letzte Detail den funktionellen Interessen jedes einzelnen angepaßt wurde.

Der Kundenbesuch nach Maß sollte zu Ihren wichtigsten Verkaufsaktivitäten zählen; hier muß alles stimmen. Ganz egal ob Sie ein Verkaufsgespräch an der Spitze oder an der Basis anberaumt haben oder „blind" Ihr Glück versuchen, Sie sollten sämtliche Register ziehen und Ihr ganzes Wissen aufbieten. In mancher Hinsicht, auch wenn es nicht ins Auge springen mag, erhalten Sie „Noten", und wenn Sie etwas erreichen, dann bringen Sie den Stein hier ins Rollen.

Im Verkauf an gewerbliche Kunden sollten Sie viele Besuche auf Ihren Terminkalender setzen – es gibt nichts, was diesen hautnahen Kontakt ersetzen könnte. Sie besuchen Kunden, die Sie seit langem kennen, solche, die Sie noch nie im Leben von Angesicht zu Angesicht gesehen haben, und potentielle Interessenten, mit denen Sie bisher noch nicht ins Geschäft kommen konnten. Sie müssen Kunden aufsuchen, die auf einen Konkurrenten eingeschworen sind, und Kunden, die Ihnen bisher die kalte Schulter gezeigt haben.

Undankbare Kunden sind nicht zwangsläufig undankbare Menschen. Sie brauchen einen Grund, um Ihnen Wertschätzung entgegenzubringen und Ihnen als Anbieter bis zu einem gewissen Grad die Treue zu halten. Verkäufer müssen sich diese Belohnungen verdienen, und das geschieht am besten, wenn Sie bei Ihren Kundenbesuchen Fachkompetenz und persönliches Engagement in allen Punkten, die Ihr Produkt betreffen an den Tag legen.

Ihr Besuchsziel

Wir sprechen in diesem Buch über mehrere „Besuchsebenen". Wenn Sie Ihr Verkaufsgebiet gut entwickeln, bedeutet das normalerweise Kontakte auf unterer Hierarchieebene. Wenn Sie eine wirksame Kundenentwicklungsstrategie einführen oder aufrechterhalten, werden Sie die Abdeckung Ihres Verkaufsgebiets beschleunigen und Ihre Kontakte im Kundenunternehmen sowohl horizontal als auch vertikal ausweiten. Kundenentwicklung heißt, daß Ihre Besuchsaktivitäten das mittlere und obere Management und die Geschäftsleitung einschließen. Außerdem werden Sie, wo möglich, Kontakte und Geschäftsbeziehungen in mehr als einer Abteilung bzw. Sparte knüpfen. Diese Aktivitäten in einem Bereich benutzen Sie als Bindeglied für neue Verkaufsaktivitäten in einer anderen Unternehmenseinheit usw.

Viele Unternehmen gliedern sich in mehrere Bereiche/Divisionen, und Ihre Kundenentwicklungsstrategie beinhaltet das Ziel, in diese zusätzlichen Dimensionen vorzudringen. Größere Unternehmen bestehen oft aus verschiedenen, eigenständigen Wirtschaftseinheiten oder Sparten, ein vernetztes Gefüge, das infolge reinen Wachstums, von Firmenzusammenschlüssen, Zukäufen usw. unabdingbar wurde. Ihre Kundenentwicklungsaktivitäten berücksichtigen alle diese Verflechtungen, um sich über die Anwendbarkeit Ihrer Produkte und Dienstleistungen ein Bild zu machen. Als nächstes steht für Sie die Ausarbeitung von Plänen und Taktiken auf dem Programm, um diese „Geschäftsbereiche" als Kunden zu gewinnen.

Besuche an der Spitze

Konzentrieren wir uns nun auf die Besuchsebenen im Rahmen aller dieser Möglichkeiten. Kundenentwicklungsaktivitäten schließen keine wie auch immer geartete Ebene aus. Sowohl Mitglieder der Unternehmensspitze als auch der Basis können ungeheuer wichtige Verkaufsziele darstellen. Für welche Gruppe Sie sich entscheiden, hängt vom Thema Ihres Kundenbesuchs ab. Für unsere Zwecke ist die Aufgabenstellung Ihrer Ansprechpartner wichtiger als die Berufsbezeichnung. Titel sind in manchen Unternehmen irreführend, während sie die Funktionsträger in einem anderen betrieblichen Umfeld sehr anschaulich beschreiben. Ein Bereichsleiter kann beispielsweise ein Mann sein, der alles selbst in die Hand nimmt und beinahe jeden Aspekt seiner Aufgaben genau kennt und eigenhändig steuert. Ein Berufskollege, vielleicht sogar im selben Unternehmen, delegiert alle Folgeaktivitäten an seine „Statthalter". Eine Kontaktaufnahme wäre bei beiden ein Besuch „auf hoher Ebene", aber sie sollten individuell behandelt werden. Wenn Sie einen Termin haben wollen, müssen Sie sich bei beiden etwas einfallen lassen, das Hand und Fuß hat.

Der praxisorientierte Bereichsleiter wird vermutlich selbst ans Telefon gehen. Sie werden nur mit seiner Sekretärin verbunden, falls er selbst gerade telefoniert oder an einer Konferenz teilnimmt. Er benutzt das Telefon deshalb so oft, weil er auf diesem Weg Weisungen erteilt und die Ergebnisse vorher erteilter Instruktionen überprüft. Er scheint eine kurze Aufmerksamkeitsspanne zu besitzen; aber in Wirklichkeit ist er über alle Vorgänge im Bild und braucht nur jeweils die allerneuesten Informationen. Die Hintergrunddaten sind ihm bereits hinlänglich bekannt. Ihre Bitte um einen Termin wird schnell erledigt: Entweder erhalten Sie einen Termin, werden gleich „weitergeschickt", oder er sagt Ihnen klipp und klar, daß weder er selbst noch jemand anderer in der Gruppe Interesse hat.

Der delegationsfreudige Bereichsleiter scheint mehr Zeit zu haben, verweist Sie aber lieber an einen seiner Stellvertreter. Und doch erklärt er sich vielleicht bereit, Sie zu empfangen, um entscheiden zu können, welchem seiner Mitarbeiter Sie am besten die ganze Geschichte erzählen.

Es ist interessant, einmal über den Verlauf des Verkaufsprozesses in zwei identischen Situationen nachzudenken, in denen Sie sich den beiden oben beschriebenen Bereichsleiterpersönlichkeiten gegenübersehen. Höchstwahrscheinlich halten sich Ihre Chancen, erfolgreich zu verkaufen oder unverrichteter Dinge von dannen zu ziehen, in etwa die Waage. Die Schlußfolgerungen der beiden Gesprächspartner werden in den meisten Fällen die gleichen sein, da jeder von beiden zur richtigen Lösung gelangt. Beim praxisorientierten Bereichsleiter wissen Sie sofort Bescheid, beim delegationsfreudigen werden Sie eine Weile brauchen, bis Sie sich ein Bild machen können, und seinen „Statthaltern" mehrere Besuche abstatten müssen.

Zielpersonen im Topmanagement

Sie haben vielleicht selten die Gelegenheit, dem Firmenchef oder einem anderen Vorstandsmitglied höchstpersönlich einen Besuch abzustatten. Dann und wann landen Sie einen Treffer und bekommen einen Topmanager auf nachgeordneter Ebene zu Gesicht. Zwischen beiden bestehen einige Ähnlichkeiten.

In den USA sind die Merkmale besonders augenfällig: Hier ist der typische CEO (Chief Executive Officer) ranghöchste Führungskraft eines Unternehmens und oft auch Präsident, von weißer Hautfarbe, verheiratet (nie geschieden), männlich und im Schnitt 57 Jahre alt. Er hat drei Kinder, die das College besucht haben und „flügge" sind. Die Angetraute war vermutlich zunächst in erster Linie Hausfrau und beschäftigt sich nun mit ehrenamtlichen Tätigkeiten oder übernimmt die Schirmherrschaft über verschiedene soziale Projekte. Beide gehören dem protestantischen Glauben an und sind konservativ. Sie ziehen nicht gerne um, auch wenn das Haus inzwischen viel zu groß für zwei Personen ist. Im Durchschnitt verbringt er rund 20 Stunden pro Woche in Konferenzen und nimmt mindestens einmal im Monat an einem Meeting teil, das sich über das Wochenende erstreckt. Er hat oft nach Feierabend geschäftliche Besprechungen und ist jeden Monat eine oder zwei Wochen auf Geschäftsreisen. Der CEO zählt in seiner Gemeinde zu den heißbegehrten Mitbürgern. Er versucht, für zu viele Menschen zuviel zu sein.

Mitglieder des Topmanagements in den USA sind in der Regel von weißer Hautfarbe, verheiratet, männlichen Geschlechts und zwischen 48 und 53 Jahren alt. Auch sie sind vorwiegend protestantisch und haben Kinder, die vielleicht noch das College besuchen. Viele sind in einer Stadt mittlerer Größe im Mittleren Westen Amerikas aufgewachsen. Sie arbeiten hart und lang. Sie sind noch immer bestrebt, Spitzenleistungen zu bringen, und legen eine Menge Energie und genug Motivation an den Tag, um ihre Ziele zu erreichen. Rund die Hälfte dieser Männer ist seit 15 oder 20 Jahren in ein und demselben Unternehmen tätig. 75% haben vorher für zwei oder drei andere Firmen gearbeitet. Diese Topmanager glauben an Werte wie harte Arbeit, Familie, Ausbildung und Ehrlichkeit. Auf finanziellem und sozialem Gebiet sind sie überwiegend konservativ. Nur zehn Prozent in dieser Gruppe unterhalten persönliche Beziehungen zu einem einflußreichen Vorstandsmitglied, einem Aktionär oder einem hochkarätigen Angehörigen der Geschäftsleitung. Die meisten zeichnen sich durch Freundlichkeit und Höflichkeit aus. Sie fühlen sich wohl und übermitteln die Botschaft, daß sie sich nicht bedroht sehen. Wenn Sie in Ihrem Kundenunternehmen einen Termin mit einem solchen Topmanager erhalten, zügeln Sie Ihre Überraschung, denn manche sehnen sich geradezu nach einer gelegentlichen Abwechslung. Eine Führungskraft von diesem Kaliber wird eine angenehme, lockere Atmosphäre verbreiten und sich alles aufmerksam anhören, was Sie zu sagen haben – es sei denn, Sie haben nichts zu sagen.

Erinnern Sie sich unbedingt daran, daß Sie an der Sekretärin vorbeimüssen; sie selektiert die Informationen. Themen, die Sie anschneiden wollen, müssen also gezielt aufbereitet werden, um sie zu überzeugen, daß Ihr Anliegen einen Eintrag im Kalender ihres vielbeschäftigten Chefs wert ist. Im nachfolgenden finden Sie einige Tips für potentielle Gespräche, die Ihre „hochkarätigen" Zielpersonen interessieren könnten.

Gesprächsthemen für das Topmanagement

Der Gesprächsinhalt auf Topmanagementebene sollte anders gestaltet sein als auf niedrigerer Ebene; Sie müssen auf die Betonung des Produkts verzichten. Ausnahmen bestätigen natürlich die Regel, sind aber nicht typisch. Die meisten Produkte haben indirekte und weniger offensichtliche oder periphere Merkmale und Folgewirkungen. Verkaufsprofis, die Gespräche auf Topmanagementebene anberaumen, sollten diese gründlich planen und Techniken entwickeln, die den erwähnten charakteristischen Produkteigenschaften Substanz verleihen.

Wenn Unternehmen Produkte oder Dienstleistungen erwerben, versuchen sie, ein Bedürfnis zu befriedigen und/oder ein Problem zu lösen. Daraus folgt, daß Ihr Produkt oder Ihre Dienstleistung einem Bedürfnis entsprechen muß, das durch betriebliche Anforderungen, ein geschäftliches Problem oder eine unternehmerische Chance entstanden ist. Die Mitglieder des Topmanagements interessieren sich herzlich wenig um Ihr spezifisches Produkt, aber um so mehr für die Anforderungen, das Problem oder die Chance. Diese Aspekte müssen im Brennpunkt Ihrer Aufmerksamkeit stehen, denn nur so können Sie einen Gesprächstermin auf höchster Ebene „ergattern".

Angenommen, ein Kunde hat jährlich 100 000 DM in den Kauf Ihres Produkts investiert. Wenn die Investitionen bemerkenswert sind, betrachtet man Sie vielleicht als wichtigen Lieferanten. Es besteht bereits eine Geschäftsbeziehung: Sie und Ihr Produkt helfen diesem Kunden, seine Unternehmensziele zu erreichen. Angenommen, die jährlichen Aufwendungen sind nicht hoch genug, um die Aufmerksamkeit zu wecken, die auf vergangenen Jahren basiert, dann sagen Sie vielleicht: „Ich war Euch zu Diensten, und Ihr habt meiner Firma mehr als eine Viertelmillion DM zukommen lassen. Damit haben wir uns als wichtiger Lieferant qualifiziert." Topmanager kennen den Stellenwert, der Topanbietern zukommt. Ohne sie würden sie sich im eigenen Unternehmen Schwierigkeiten gegenübersehen.

Ein Besitzerwechsel oder andere Veränderungen von großer Tragweite sind für die Führungsmannschaft Ihres Kunden entweder wichtig oder interessant. Wenn Sie es sich zur Gewohnheit gemacht haben, stets über die neuesten Informationen zu verfügen – um so besser! Ein Machtwechsel an der Unternehmensspitze, Reorganisation, Fusionen, größere Akquisitionen usw. sind Themen, die bei diesen Ansprechpartnern allgemein auf Interesse stoßen.

Moderne Technologie ist ebenfalls ein gutes Sprungbrett in die Führungsetage, falls Sie dieses Thema mit Belangen verknüpfen können, die für Ihren Gesprächspartner von Bedeutung sind. Die folgenden vier Beispiele zeigen, wie Sie mit Ihren Aussagen das Interesse auf Topmanagementebene wecken können. Auf Anwender- oder Einkäuferebene wären sie nur von geringem Wert.

– *"..., und damit ließen sich viele Mitarbeiter in Unternehmen wie dem Ihren einsparen."*
– *"..., und eine solche Gesetzgebung wäre unvorteilhaft für meine Firma, und vielleicht auch für Ihr Unternehmen."*
– *"..., und die Kosten der Umschulung werden viele Unternehmen belasten."*
– *"..., und die Repro-Zentren zwingen uns, Dokumente mit dem Vermerk „Firmeneigentum" aus einem neuen Blickwinkel zu betrachten."*

Ein Anliegen, das seine Wirkung in der Regel nicht verfehlt, ist die Bitte um Informationen zum besseren Verständnis des Kundenunternehmens und/oder Orientierungshilfen. „Ich vertrete eine Firma mit einer Produktlinie, die es verdient, von Ihrem Unternehmen zumindest in Betracht gezogen zu werden. Leider war es mir bisher nicht möglich, mit einem Entscheidungsträger zu sprechen oder mir ein Bild zu machen, wie Ihr Unternehmen innovative Ideen auswertet." Das ist eine „Einbahnstraße", auf der Sie ans Ziel gelangen könnten; aber sie schreit geradezu nach einem Gedankenaustausch. Sicher sind Sie imstande, eine Kleinigkeit als „Gegenleistung" anzubieten. Sie könnten beispielsweise beschreiben, wie ein anderer Kunde dank Ihres Produkts ein bestimmtes Ziel verwirklicht.

Verkaufen nach Maß in der Führungsetage

Verkäufer haben die Aufgabe und die Pflicht, ihre Produkte auf eine Weise neu zu definieren, die nicht auf den ersten Blick offenkundig ist. Das bezeichnet man manchmal als Konzeptverkauf im Gegensatz zum Verkauf eines greifbaren Produkts. Die nachfolgenden Punkte sollen Ihnen dabei helfen, eine kundenspezifische Liste zu fertigen, mit der sich Ihr Produkt auf neue und reizvollere Weise beschreiben läßt.

– Es verbessert die Qualität Ihrer Aktivitäten.
– Es setzt Ressourcen frei.

- Es bietet Möglichkeiten für ein gezieltes Job Enrichment.
- Es vereinfacht Arbeitsaufgaben.
- Es wird von Serviceleistungen begleitet, die einen Zusatznutzen darstellen.
- Es kann positive Nebenwirkungen haben.
- Es schont den Cash-flow.
- Es fördert eine partnerschaftliche Beziehung.

Um Ihre Fähigkeit zu testen, ein Produkt in verschleierter Form anzubieten und es attraktiver zu machen, versetzen Sie sich in folgendes Szenario:

Angenommen, Sie verdienen Ihren Lebensunterhalt mit dem Verkauf von Briefumschlägen. Kein Unternehmen möchte sie kaufen, aber alle brauchen welche. Denken Sie nun einmal an die Briefumschläge, die während einer Woche in Ihrem Briefkasten landen. Sie kennen sicher den „Zwei-Wege-Umschlag", der nach dem Öffnen sorgfältig gefalzt, an der selben Stelle geklebt und auf wundersame Weise wieder für die ausgehende Post verwendet werden kann. Welche Geschäftsleute würden Umschläge von dieser Sorte kaufen? Und interessanter noch, was könnte der Verkäufer sagen, um jemanden zu überzeugen, daß diese Idee etwas für sich hat? „Benutzerfreundlich" könnte man in diesem Fall sicher nicht als Vorteil im Verkaufsgespräch einbauen. Überlegen Sie, was man als Nutzen anpreisen könnte:

- Rückumschlag nicht notwendig; daher entfallen diese Kosten und eine Materialbeschaffung ist nicht notwendig.
- Umschlagtechnologie dem neuesten Stand des Wissens entsprechend; alle werden diesem Trend folgen.
- Reduziert Bestände, weil nur ein Artikel auf Lager genommen wird.
- Potentielle Einsparungen bei den Portokosten.

Wie Sie Ihren maßgeschneiderten Kundenbesuch auf ein stabiles Fundament stellen

Topmanager sehen sich ungezählten Anforderungen gegenüber. Viele Leute nehmen einen Teil ihrer Zeit in Anspruch, und ihr randvoller Terminkalender ändert sich ständig. Ihr Name ist mit Bleistift darin vermerkt und folglich auch am einfachsten wieder auszuradieren. Es macht daher Sinn, einen Gesprächstermin unverzüglich zu bestätigen und eine kurze

Schilderung der Themen beizufügen, die auf Ihrer Tagesordnung stehen werden. Folgendes Beispiel ist einfach, aber wirksam:

Sehr geehrter Herr Benton,

ich freue mich auf das Gespräch am [Datum] um [Uhrzeit] in Ihrem Büro. Bei diesem Anlaß möchte ich Ihnen zeigen, wie die Produkte meiner Firma in zwei Kundenniederlassungen eingesetzt werden. Die Anwendung ist neuartig, und ich glaube, sie könnte auch in Ihrem Unternehmen von großem Nutzen sein.

Danach hoffe ich, Hinweise und Orientierungshilfen zu erhalten, wo, wem und wie ich unser Leistungspotential in [Name des Unternehmensbereichs] vorstellen könnte.

Ich weiß den Wert Ihrer Zeit ebenso zu schätzen wie Ihr Einverständnis, mich am [Wochentag] zu empfangen. Ich habe meine Mitteilungen deshalb knapp und präzise zusammengefaßt, wie in der beiliegenden Übersicht skizziert.

Mit freundlichen Grüßen

Ihr Bestätigungsbrief und die Punkte, die Sie auf die Tagesordnung gesetzt haben, sichern Ihnen den Termin. Der Manager hat vielleicht gedacht, da ausgerechnet Sie in die Lücke seines Terminkalenders gerutscht sind, würde sich ihm die Möglichkeit bieten, in letzter Minute eine Änderung vorzunehmen. Ihr Brief und Ihr Programm machen es ihm schwer, ein Hinhaltemanöver zu inszenieren.

Suchen Sie sich einen „Sponsor"

Das Topmanagement wird weder direkte Präferenzen für Ihre künftigen Aktivitäten innerhalb des Kundenunternehmens erkennen lassen, noch unterstellte Mitarbeiter anweisen, Maßnahmen zu Ihren Gunsten in die Wege zu leiten. Einen „Sponsor" zu gewinnen bedeutet, daß Sie subtile Unterstützung auf Topmanagementebene genießen. Oft schlägt man Ihnen vor, Ihr Anliegen einer bestimmten Führungskraft vorzutragen, die eine Stufe tiefer in der Hierarchie steht. Die Sekretärin Ihres Fürsprechers könnte sogar Ihre Verbündete sein und Ihnen helfen, das nächste Treffen in die Wege zu leiten.

Zumindest einige Faktoren sprechen für die „Idee", sich einen Sponsor zu suchen. Erstens haben Sie mit diesem Topmanager bereits ein persönliches Gespräch geführt, und Sie sind nicht an die Luft gesetzt worden. Der Mann hat Ihnen gewisse Tips gegeben – und sei es auch nur, sich an jemand anderen zu wenden. Aufgrund dieses Vorschlags (und der Quelle) werden Ihnen weitere Unternehmensangehörige eher zuhören, als wenn Sie es auf eigene Faust versuchen.

Dazu kommt, daß Sie sich zusätzlich die subtile Unterstützung Ihres Sponsors sichern, wenn Sie das zweite Verkaufsgespräch geschickt handhaben. Wenn Sie Ihre „Trümpfe" richtig ausspielen, werden Sie wahrscheinlich sogar die Chance erhalten, mit einer dritten Führungskraft zu sprechen. Zu diesem Zeitpunkt ist es eine rein akademische Frage, ob Sie tatsächlich einen Sponsor höheren Orts besitzen. Da Ihre Besuchsaktivitäten in der Kundenorganisation linear von oben nach unten verlaufen, erwecken Sie den Eindruck, als hätten Sie einen Fürsprecher – und dementsprechend werden Sie sich verhalten!

Während Sie zusätzliche Besuche innerhalb Ihres Kundenunternehmens absolvieren, haben Sie die Möglichkeit, anderen Kontaktpersonen etwas über die Verkaufsgespräche zu erzählen, die Sie auf Topmanagementebene geführt haben. Damit erzielen Sie nicht nur eine Hebelwirkung, sondern sorgen in der Regel auch dafür, daß Ihr Ansprechpartner aufmerksamer zuhört. Diese neue Kontaktperson (oder ein alter Gesprächspartner, der in einen neuen Verkaufsvorgang einbezogen wird) wird höchstwahrscheinlich denken, daß Sie die selbe Geschichte schon eine Etage höher erzählt haben, und daß man Ihren Ausführungen dort zumindest schweigend zugestimmt hat. Andernfalls wären Sie ja nicht hier und würden das Thema noch einmal zur Sprache bringen. Stellen Sie sich die Reaktion auf einen Verkäufer vor, der sagt:

„Als ich mit Herrn Kalter sprach (drei Ebenen über der Ihres Gegenübers), schien er überrascht zu sein, daß sich die Firma damit noch nicht näher befaßt hat. Ich habe ihm erklärt, daß Ihr Team wahrscheinlich ziemlich beschäftigt oder personell unterbesetzt ist. Aber ehrlich

gesagt, Herr Fritz, er schien beides nicht recht zu akzeptieren – und dann fiel Ihr Name; vielleicht wären Sie der richtige Ansprechpartner, um einen Blick auf das Konzept zu werfen. Glauben Sie, Sie könnten die Zeit erübrigen, um es mit mir einmal durchzugehen?"

Die Antwort des Herrn Fritz könnte in jede beliebige Richtung führen. Doch ein gewiefter Verkäufer hätte die oben beschriebene Unterhaltung nicht mit Herrn Kalter in Verbindung gebracht, ohne sich über die Alternativen seines Ansprechpartners im klaren zu sein.

Ihre Besuche auf Topmanagementebene sollten so strukturiert sein, daß Sie bei jeder Etappe des Wegs zu Ihren Zielpersonen eine Hebelwirkung erreichen. Deshalb muß die Führungsetage den Eindruck gewinnen, daß Sie mehr sind als ein „Verkäufer": Sie sind ein Geschäftsmann, ein absoluter Profi! Im gleichen Ausmaß, wie es Ihnen während des Verkaufsgesprächs gelingt, dieses Bild zu vermitteln, wird der angesprochene Topmanager um weitere Informationen bitten und sich ebenfalls wohler fühlen, Ihnen Informationen zu geben.

Wenn Sie an Ihren Zielen gearbeitet und die Bandbreite Ihrer Verkaufsaktivitäten erweitert haben, sind Ihnen wahrscheinlich Sachverhalte unter die Augen oder zu Ohren gekommen, die dem Topmanagement unbekannt sein dürften. Meistens tun Sie gut daran, Schweigen zu bewahren; es gibt indessen Zeiten, in denen ein kluger und positiver Schachzug angesagt ist. Wenn es sich um eine wichtige Information handelt, die jedoch in keinem Zusammenhang mit Ihrer unmittelbaren „Verkaufstätigkeit" steht, könnte Ihre Offenheit an höherer Stelle geschätzt werden und Ihrem Image als Geschäftsmann zugute kommen. Hier ein Beispiel:

Jerry war sieben Jahre lang in seiner Firma tätig; vor zwei Jahren wurde er zum Leiter der EDV-Abteilung befördert. Vor kurzem hatte man ein neues Großrechnersystem installiert, und die Anwendungen mußten weitgehend neu geschrieben werden. Jerry war in seinem Beruf einmalig; ihm konnte niemand „das Wasser reichen". Der Vertreter der Computerfirma hatte das Gerücht gehört, daß Jerry sich von der Geschäftsleitung nicht genügend anerkannt fühlte. Er erhielt einen Termin beim Finanzdirektor, wo er erklärte und bestätigt bekam, daß Jerry bei der Einführung des neuen Systems eine Schlüsselrolle spielte. Außerdem ließ er eine Andeutung fallen, daß sich Jerry aus irgendeinem Grund Sorgen machte.

Mit Hilfe einer guten Gesprächstechnik fand der Vertreter heraus, daß Jerry merklich unterbezahlt war; er bot dem Finanzchef neue Informationen über die Gehaltsskala in Jerrys Metier. Auch andere Themen wurden sehr sachlich und kompetent besprochen. Jerry erhielt bald darauf eine Gehaltserhöhung und die Aussicht auf einen Bonus. Der Vertreter der Computerfirma entwickelte eine sehr positive und langfristige Beziehung zum Finanzchef des Unternehmens.

Sie könnten natürlich fragen, ob Jerry jemals etwas von der Rolle erfuhr, die der Vertreter der Computerfirma gespielt hatte. Darauf dürfen Sie wetten! Und möchten Sie vielleicht auch wissen, ob die Konkurrenz je versucht hat, ihm diesen Kunden abspenstig zu machen? Und ob! Ist er ihr ins Netz gegangen? Nein, beileibe nicht!

Besuche an der Basis

Kein Kundenbesuch gleicht dem anderen. Wenn Sie feststellen, daß dies bei Ihnen nicht zutrifft, wissen Sie, daß Sie sich einem Problem gegenübersehen. Ihre Besuche auf unterer Hierarchieebene sollten nur auf jene Mitarbeiter im Kundenunternehmen zugeschnitten sein, die zum sichtbaren Teil des Kaufzyklus gehören. Dagegen ist nichts einzuwenden, denn Sie müssen alle nötigen Gespräche mit den Personen führen, die den eigentlichen Kauf tätigen oder den Einkäufer direkt beeinflussen.

Verkaufsbesuche weisen so viele Ähnlichkeiten auf, weil Sie und Ihre Gesprächspartner über Ihr Produkt oder Ihre Dienstleistung nebst den damit verbundenen Verkaufs- und Lieferbedingungen diskutieren. Sie sollten mit ziemlicher Sicherheit wissen, wo Ihre Interessen liegen und welche Fragen und Bedenken vermutlich geäußert werden. Dieser Personenkreis ist wahrscheinlich genauso gut über andere Produkte informiert, die seine Bedürfnisse gleichermaßen erfüllen. Ihre Konkurrenten sprechen dieselben Leute an und erzählen, wie ihre Produkte diesen Bedürfnissen gerecht werden.

Der Begriff Benutzer/Anwender schließt nur diejenigen ein, die persönlich mit dem Kaufobjekt in Berührung kommen. Der Anwender faßt Ihr Produkt jeden Tag an oder arbeitet damit. Er kann Ihnen sagen, was es tatsächlich zu leisten vermag, und welche Probleme er möglicherweise damit hat. Auf dieser Ebene empfangen Sie Frühwarnsignale, und falls Sie nicht anwesend und ganz Ohr sind, spricht der Anwender mit jemand anderem darüber. Folglich haben Ihre Besuche vornehmlich die Aufgabe, dafür zu sorgen, daß alles reibungslos verläuft, und zielen weniger auf einen Verkauf ab. Der Anwender kauft nicht, kann aber einigen Einfluß ausüben. Wenn alles wie versprochen läuft, verhält er sich normalerweise still. Läuft etwas schief, macht er seinem Unmut oft sehr lautstark Luft. Kollegen, unmittelbare Vorgesetzte und Topmanagement sind nicht besonders erpicht auf unzufriedene Anwender.

Denken Sie daran, daß Sie bei dieser Art von Besuch Informationen sammeln und sich als hilfsbereite Informationsquelle erweisen. Sie versuchen nicht, an diesem Tag Ihre Auftragsbücher zu füllen.

Je nach Komplexität Ihres Produkts werden Sie vielleicht auf Fälle stoßen, wo der Anwendungsprozeß von einem unkundigen Nutzer beeinträchtigt wird. Unter solchen Umständen ist es besonders wichtig, daß Sie eine gute Beziehung zu seinen Vorgesetzten aufgebaut haben. Sie können nicht zulassen, daß Ihr Produkt an Inkompetenz scheitert. Ihre Besorgnis wird Vorgesetzte und Management wahrscheinlich nicht überraschen.

Führungskräfte, die in der Hierarchie über anderen stehen, sind oft als Leiter der Ablauforganisation tätig. Diese Gruppe ist manchmal befugt, einen Kauf zu tätigen oder Kaufentscheidungen zu treffen, während jemand anderes die Bestellung unterzeichnet. Breitangelegte Kundenkontakte an der Basis erfordern, daß Sie gute Beziehungen auf dieser Ebene unterhalten; diese Führungskräfte sind hautnah mit der Entscheidung befaßt, wo und von wem Ihr Produkt verwendet wird. Sie befassen sich mit der Implementierung, und sie brauchen detaillierte Informationen. Sie sind aktiv in das Tagesgeschehen eingebunden und verhalten sich deshalb ähnlich wie die Anwender. Sie müssen wissen: Der Verkäufer ist für uns da und garantiert, daß die Produkte so funktionieren, wie sie sollten.

Ihre Kundenbesuche an der Unternehmensspitze und an der Basis werden bald um einiges ergiebiger als die Ihrer Konkurrenten sein. Sie dürfen annehmen, daß andere Produkte im Vergleich zu Ihrem auch nicht schlecht abschneiden. Das sollte Grund genug für Sie sein, Ihre Produkte und/oder Dienstleistungen ständig zu einem besseren Verkaufspaket zu schnüren. Wenn Sie die einzelnen, im vorherigen Kapitel genau beschriebenen Schritte im Verkaufsprozeß gewissenhaft durchführen, werden Ihre Kundenbesuche und Sie gegenüber der Konkurrenz zunehmend an Qualität gewinnen – ein Vorsprung, auf den Sie es abgesehen haben.

Besuche auf mittlerer Managementebene

Die nächsthöher angesiedelten Zielpersonen haben einen bestimmten Titel. Man nennt sie nicht Abteilungsleiter, Planungsleiter oder Leiter gleich welchen Bereichs. Es gibt zwar unzählige Variationen zu diesem Thema, aber alle lassen sich der Kategorie „mittleres Management" zuordnen. Sie gehören nicht zum Topmanagement, zu den leitenden Angestellten oder Vorstandsmitgliedern. Sie befinden sich jedoch auf einer Unternehmensebene, auf der Sie die meisten Ihrer Kundenentwicklungsziele erreichen können. Sie wirken im unsichtbaren Teil des Verkaufszyklus. Folglich tragen sie ihren Teil zur Definition der Bedürfnisse bei, die bei der Wahrnehmung von unternehmerischen Chancen und bei der Lösung von Problemen eine Rolle spielen.

Hier sollten Sie Ihre Kundenbesuche ganz individuell gestalten – nicht besser, sondern nur anders. In Kapitel 3 haben Sie etwas über Führungskräfte erfahren, die Sie auf dieser Ebene finden. Sie sind mit dem Tagesgeschäft betraut. Sie entdecken auch die Mängel in den Plänen und Konzepten, die vom Topmanagement entwickelt wurden. Sie stellen fest, warum etwas nicht funktioniert und wissen normalerweise, wie man Abhilfe schafft. Wenn sie genaue Vorstellungen davon haben, was erforderlich wäre, aber keine Mittel im Budget oder Möglichkeiten besitzen, ihre Problemlösung umzusetzen, wenden sie sich oft an die Führungsetage, tragen ihren Fall vor und holen sich, was sie brauchen – falls es vorhanden ist. Ihre Empfehlungen werden höheren Orts geschätzt und auf nachgeordneten Ebenen befolgt. Sie sind ausgezeichnete Zielpersonen, denen Sie einen Besuch abstatten sollten, vor allem, wenn Ihnen an einer schnellen Entscheidung gelegen ist.

In diesem Kapitel stand der Gedanke im Mittelpunkt, daß Verkaufsbesuche Ihr wichtigstes Instrument darstellen – und ein schlagkräftiges obendrein. Es gibt keinen Grund, warum Sie diese Schlagkraft nicht nutzen und sie jeden Tag für sich arbeiten lassen sollten.

Lösung für das Fallbeispiel

Keiths Kunden hatten kein „bilaterales" Abkommen mit ihm, seiner Firma oder seinem Produkt geschlossen. Keith betrachtete sie als wetterwendisch und undankbar. Er erwartete, von ihnen etwas geschenkt zu bekommen. Vielleicht nährte er die Illusion, daß ein Unternehmen mit dem Kauf bestimmter Produkte Vertrauen und einen Sympathiebonus signalisiert. Vielleicht kaufte es aber nur aus Verzweiflung, weil es schlechte Erfahrungen mit einem anderen Anbieter gemacht hatte.

Keith akzeptierte die Tatsache, daß er seinen Einkäufern und Anwendern einen Grund liefern mußte, Vertrauen zu ihm zu entwickeln und den Wert seiner Produkte und Dienstleistungen anzuerkennen. Außerdem wurde ihm bewußt, daß er ein Kundenentwicklungskonzept brauchte, das ihm ermöglichte, sich verbesserte Geschäftsbeziehungen zu alten und neuen Kontaktpersonen im Kundenunternehmen zu verdienen.

Seine Besuchsaktivitäten waren unzureichend und ohne taktisch sinnvolle Ziele. Sie stellten nichts Besonderes dar. Er dachte über die Kundenentwicklungsstrategien und die Vorteile nach, sich Ansprechpartner auf höchster Ebene zu suchen. Der Verkaufsprozeß konnte ihm eindeutig helfen, bessere und produktivere Verkaufsgespräche einzuleiten.

Keith begann, Kundenbesuche nach Maß durchzuführen. Sie stellten aus drei Gründen etwas Besonderes dar: Erstens ging jedem einzelnen die Erarbeitung von Kundenentwicklungszielen voraus. Zweitens stützten sie sich auf neue Kundenkontakte. Und drittens waren die Botschaften optimal auf die Interessen und Funktionen der neuen Entscheidungsträger abgestimmt. Keith vergaß seine alten Kontakte in der Einkäufer- und Anwendergruppe nicht. Seine Herausforderung bestand darin, die „launischen und undankbaren" Käufer in Kunden umzuwandeln, die ihn, seine

Firma und sein Produkt mit Achtung behandelten und zu schätzen wußten.

Bei der praktischen Umsetzung der Kundenentwicklungstechniken, die im Rahmen der Besuche auf der Ebene des mittleren Managements, der Anwender und Einkäufer erfolgte, war Keith in der Lage, aufrichtiges Interesse für alle Personen zu bekunden, die hautnah mit seinem Produkt in Berührung kamen. Was seine Bemühungen unterstützte, war die Erkenntnis, daß einige Angehörige dieser Gruppe innovative Anwendungen für sein Produkt gefunden hatten. Er nahm die Gelegenheit wahr, diesen Personen sein Lob auszusprechen und andere auf ihren Einfallsreichtum aufmerksam zu machen. Er schrieb ihnen Dankesbriefe und fügte oft neue, branchenspezifische Informationen bei.

Keith rief außerdem ein methodisches Trainingsprogramm ins Leben, das er ebenfalls als Verkauf nach Maß bezeichnete. Er entdeckte mehrere Situationen, wo der Kunde von allgemeinen Informationen über eine effektivere Nutzung bestimmter Produktmerkmale profitieren konnte. Zwei Vorträge hielt er vor den Mitarbeitern der Nachtschicht – die selten einen Lieferanten zu Gesicht bekamen.

Einen Kundenbesuch mit besonderen Kennzeichen als „maßgeschneidert" zu klassifizieren, führt zu einer besseren Vorbereitung und Umsetzung des Konzepts. Anfangs zwingt dieser Ansatz den Verkäufer, sich zu fragen: Welche Ziele verfolge ich bei diesem Besuch, und wie will ich sie erreichen? Diese Fragen setzen den Besuchsplanungsprozeß in Gang und führen zu sinnvolleren Verkaufsgesprächen.

Wie in diesem Kapitel hervorgehoben, begann Keith, seine Ansprechpartner in jedem Kundenunternehmen sorgfältig auszuwählen. Er bekundete ungewöhnliches Interesse an der Gruppe, die seine Produkte benutzte, und half ihnen, die vielfältigen Anwendungen effektiver wahrzunehmen.

Die Ergebnisse von Verkaufsaktivitäten, wie sie der „verwandelte" Keith erzielte, sind stets gleichermaßen spektakulär: Potentielle Käufer werden in Kunden umgewandelt. Welche Einstellungen und Überzeugungen auch vorherrschen, Sie können sie mit Hilfe von Kundenbesuchen ändern, die Sie mittels der beschriebenen Techniken und Fähigkeiten „maßschneidern". Wir möchten Keith und Ihnen empfehlen, Kapiteln 11 und 12 ab Seite 251 ganz besondere Aufmerksamkeit zu widmen, denn hier werden Sie erfahren, „warum und wie" Sie nachhaltige Veränderungen in der Beziehung zu Ihren Kunden einleiten.

Kapitel 9

Eine Präsentation, die den Erfolg garantiert

– Wann, wo und wie Sie bei einmaligen Verkaufschancen auf das Siegertreppchen gelangen –

Herausforderung:

Jeder ist überzeugt, aber niemand kauft

Verkäufer sind stets darauf bedacht, alles zu vermeiden, was den Verkaufsprozeß verlangsamt. Nichtsdestoweniger entspricht es den Tatsachen, daß viele Entscheidungen aufgrund ihrer schwerwiegenden Auswirkungen in aller Ruhe durchdacht sein wollen. Aus der Sicht des Unternehmens ist die gebührende Sorgfalt ein Kriterium, das zu besseren Entscheidungen führt. Einkäufergremien und Projektgruppen mögen träge und geneigt sein, bedächtig zu handeln; aber oft ist dies der einzige Weg, der zum Verkauf führt. Der Verkaufsvorgang kann knifflig und für die Konkurrenz eine Einladung sein, sich in die Schlacht zu stürzen. Wenn es Ihnen nicht gelingen sollte, den Stein außerhalb des multipersonalen Entscheidungsgremiums ins Rollen zu bringen, bleibt Ihnen kaum eine andere Wahl, als zu der in diesem Kapitel beschriebenen Strategie zu greifen und das Beste daraus zu machen. Die nachstehende Verkaufssituation ist schwierig; aber es gibt auch andersgeartete, die erfordern, daß Sie Ihr Augenmerk auf optimale Präsentationen richten. Diese sind nicht nur individuell gestaltet, sondern stellen auch Schlüsselsituationen dar, mit denen Sie sich für die Präsentation vor der Hauptgruppe der Entscheidungsträger positionieren. Es gibt keine „häppchenweise" erlernbaren Fähigkeiten, die Ihnen eine Erfolgsgarantie für diese wichtigen Präsentationen bieten. In diesem Kapitel werden wir uns nach dem Fallbeispiel mit allen Dimensionen einer Präsentation befassen, die Sie beherrschen müssen, um sich zu einem echten Verkaufsprofi zu entwickeln.

Fallbeispiel: Sie, lieber Leser

Sie waren nicht imstande, das Geschäft unter Dach und Fach zu bringen. Sie hatten sich die allergrößte Mühe gegeben und alle Techniken eingesetzt, mit denen Sie vertraut sind. Es spielt keine große Rolle, wie Ihr Produkt oder Ihre Dienstleistung beschaffen ist; Sie haben es einfach nicht geschafft, bei den richtigen Leuten den richtigen Hebel zu betätigen. Während des Verkaufsprozesses sind Sie mit einigen Personen zusammengekommen, die Ihren Empfehlungen und Vorschlägen allem Anschein nach zustimmten, aber aus irgendeinem Grund dann letztlich doch nicht „angebissen" haben. Andere waren ganz Ohr, aber Ihr Vortrag ließ sie offenbar kalt. Sie brachten die üblichen Einwände vor, die Sie hervorragend ausräumten, und sie schienen mit Ihren Antworten zufrieden zu sein. Sie hätten sich einen Fürsprecher gewünscht, der bereit gewesen wäre, Ihren Ideen den Weg durch das Labyrinth zu ebnen; aber es fand sich keiner.

Sie haben über die Persönlichkeitsmerkmale derjenigen nachgedacht, denen Sie im Rahmen ihrer individuellen Besuche beim Kundenunternehmen begegnet sind. Sie sind den einzelnen Schritten des Verkaufsprozesses gefolgt und wissen, daß Ihre Verkaufsgespräche zunehmend besser werden. Sie haben Angehörige des Topmanagements kontaktiert und einige Zuhörer auf dieser Ebene gefunden. Sie waren nicht überrascht, daß man Sie an Mitarbeiter verwiesen hat, die hautnah in die tagtäglichen Arbeitsabläufe eingebunden sind. Erstaunt waren Sie nur, daß diese Leute zwar ebenso aufmerksam zuhörten, aber keine Bereitschaft zeigten, eine Position zu beziehen, die zu einer Entscheidung über Ihr Angebot hätte führen können.

Dieses Szenario deutet darauf hin, daß sich Ihr Angebot auf verschiedene Bereiche Ihres Kundenunternehmens auswirken würde. Innerhalb dieses Rahmens sind die Entscheidungsträger nur schwer aufzuspüren. Da ein offenkundiges Problem fehlt, das mehrere Geschäftsbereiche betrifft und eine Lösung dringend erforderlich macht, besteht für niemanden die Notwendigkeit, sich zu einer Machtstellung aufzuschwingen oder so zu „exponieren".

Es scheint, als müßten Sie Ihrem potentiellen Kunden Hilfestellung beim Eintritt in einen Prozeß leisten, in dem eine Reihe ausgewählter Mitarbeiter die Botschaft gleichzeitig hören kann. Darüber hinaus wäre es ideal, wenn sich mehr oder weniger alle Beteiligten darauf verständigten, daß Ihr Angebot seine Vorzüge hat. In einem multipersonalen Entscheidungsumfeld sollten Sie auf überwiegend positive Reaktionen, einige Neutrale und keinen einzigen strikten Gegner hoffen. Daran zu arbeiten ist Ihr erstes Ziel.

Ihr zweites Ziel besteht darin, diese Gruppe zur Bildung eines *Buying Center* oder Entscheidungsgremiums zu veranlassen. Mit anderen Worten: Sie müssen entdecken, welche Personen während des Kaufvorgangs in einer Interaktionsbeziehung zueinander stehen. Sie versuchen, einen Entscheidungsprozeß ins Leben zu rufen, der sich beim potentiellen Kunden noch nicht eingebürgert hat.

Jede geplante Kommunikation mit einem bestehenden oder potentiellen Kunden muß als Präsentation gewertet werden. Bei den in diesem Kapitel beschriebenen Fähigkeiten und Techniken gehen wir jedoch davon aus, daß eine individuelle, formalere Präsentation stattfinden soll. Ein erfolgreiches Kundenentwicklungsprogramm wird Präsentationen dieser Art in der Regel einschließen. Bei einer solchen formalen Präsentation kann es einen oder zwei Zuhörer oder eine ganze Gruppe geben. In jedem Fall gehen wir jedoch davon aus, daß die Besprechung schwer zu arrangieren ist, oder daß sich die Gruppe danach nicht mehr zusammenfindet. Deshalb muß der Verkäufer sein Bestes geben und auf Kurs bleiben.

Halten Sie keine Präsentation, nur weil sich Ihnen gerade eine Gelegenheit dazu bietet. Wo stehen Sie in Ihrem Kundenentwicklungsprogramm? Haben Sie in Ihren Kundenunternehmen ein Fundament gelegt, das ein formales Präsentationsziel tragen wird? Können Sie den nächsten logischen Schritt in Ihren Kundenentwicklungsbemühungen auf untergeordneter Hierarchieebene oder in einer weniger kniffligen Situation einleiten?

Präsentationen vor Gruppen

Präsentationen vor Einkäufergremien. Zahlreiche Verkäufer mögen keine Präsentationen vor Gruppen, wenn diese Teil des Verkaufsprozesses sind.

Leider stellen sie manchmal die einzig verfügbare Alternative dar. Falls andere Optionen vorhanden sind, sollten Sie möglichst diese wählen. Dafür gibt es mehrere Gründe.

Es ist schwer zu bewirken, daß sich die Mitglieder eines solchen Gremiums im gleichen Tempo bewegen. Manche eilen den anderen voraus, während andere zurückbleiben. Es gibt zu viele Knöpfe, auf die man drücken muß, einen für jede Person, und alle möchten, daß ihre Interessen besonders hervorgehoben werden. Es kann außerordentlich schwierig werden, im Zeitrahmen zu bleiben, und die Gruppe kümmert sich nicht darum, bis die Zeit plötzlich abgelaufen ist. Unter Umständen kommen Sie nie auf Ihre Kernpunkte zu sprechen, was Ihnen einen Strich durch die geplante Zusammenfassung macht. Der Abschluß einer Präsentation vor einer Gruppe läßt sich vorab schwer konzipieren und noch schwerer nach Plan durchführen. Es spricht einiges für den Gedanken, daß sich alles, was Sie am Ende erhalten, im Hauptteil der Präsentation angebahnt hat. Da dies viel weniger kalkulierbar ist als in anderen Verkaufssituationen, muß folglich Ihr Abschluß unter Umständen aus dem Stegreif „gezaubert" werden.

Sie können vielleicht nicht mit Sicherheit sagen, wer die wichtigsten Personen im Kollektiv sind. Manchmal halten diese sich zurück, nur um ihr Demokratiebewußtsein zu bekunden. Oft haben die lautesten (besonders gut vernehmbaren) Mitglieder den geringsten Einfluß und nutzen die Gelegenheit nur, um sich wichtig zu machen, oder um „Punkte" zu sammeln.

Häufig kommt es vor, daß Ihr sorgfältig abgesteckter Kurs für dieses Kundenunternehmen durch die Präsentation vor einer Gruppe zu einer Fahrt durch klippenreiche Gewässer gerät. Danach ist möglicherweise eine Schadensbeurteilung und -begrenzung erforderlich, und Sie müssen sich (im Rahmen zahlreicher Kundenbesuche) die Zeit nehmen, Ihre Strategie wieder auf den ursprünglich angepeilten Kurs auszurichten.

Manchmal benutzt ein wichtiger Ansprechpartner, der von Ihrem Angebot bereits überzeugt ist, Sie selbst und Ihre Präsentation, um die Truppen um sich zu scharen und sie auf die von ihm geplanten Veränderungen einzuschwören. Wenn Sie dies wissen oder spüren, sollten Sie niemals zu selbstgefällig werden. Menschen, die sich als Ratgeber betrachten, sind selten so offen wie in einer Gruppe beinahe Gleichrangiger. Meinungsverschiedenheiten müssen doch wohl erlaubt sein; warum hat man sonst diese Veranstaltung anberaumt? Hier finden Sie auch einige, die sich für die Lösung eines Konkurrenten stark machen, und plötzlich tauchen sie in Scharen auf. Ihr Rivale war vielleicht imstande, einen Teil Ihrer Zuhörer auf seine Seite zu ziehen, und Ihre Präsentation könnte zum idealen Forum werden, um die Stärken Ihres Konkurrenten publik zu machen. Diese „Jünger" im Kundenunternehmen sind möglicherweise darauf erpicht, einen detaillierten Vergleich der Produktmerkmale zu erzwingen. Unter Umständen müssen Sie in solchen Situationen forsch vorgehen, wenn Sie nicht die Kontrolle und die Marschrichtung verlieren wollen. Erfahrungsgemäß sind die „Jünger" der Konkurrenz bei rund 50% aller Präsentationen vor einer Gruppe zu finden.

Solche Präsentationen bieten auch einen fruchtbaren Nährboden für alle, die sonst nicht genügend Gelegenheit haben, sich höheren Orts zu profilieren – und Gleichrangige zu beeindrucken. Der Vorgesetzte könnte solche Aktionen, sich ins Rampenlicht zu rücken, billigen oder sogar begrüßen. Unangenehmerweise ist das Protokoll für derartige Zusammenkünfte (in diesem Fall Ihre Präsentation) bereits festgelegt. Es gibt viele Veranstaltungen wie diese, und jeder weiß, was er sich ungestraft erlauben kann. Ihre Zuhörer kennen die Spielregeln, im Gegensatz zu Ihnen. Wenn Sie das Blatt nicht für sich wenden können, verlieren Sie vielleicht die Asse, die Sie im Ärmel hatten.

Gruppen treffen keine Entscheidungen, es sei denn, sie sind ausdrücklich damit betraut. Von Einkaufsgremien und Projektgruppen erwartet man für gewöhnlich, daß sie sich intensiv mit den Handlungsalternativen befassen und Empfehlungen vorlegen. Da die meisten keine Entscheidungen fällen, sondern sie nur beeinflussen, haben Sie allen Grund zu fragen: Warum plane ich diese Veranstaltung? Das ist eine zweckdienliche Frage, und Sie sollten die richtige Antwort gefunden haben, bevor Sie eine Präsentation anstreben oder sich darauf einlassen.

Wenn Sie immer noch das Gefühl haben, eine Präsentation vor der Gruppe sei der bestmögliche, nächste Schritt in Ihrer Gesamtstrategie, dann sollten Sie die Kundenziele und Erwartungen hinsichtlich Ihrer Präsentation gründlich durchleuchten. Danach sollten Sie sich vergewissern, daß jeder Teilnehmer weiß, welche Aufgaben diese Veranstaltung hat und worauf sie nicht abzielt. Es dürfte inzwischen klar sein, daß Präsentationen zwar einen angestammten Platz in Ihrem Verkaufsinstrumentarium haben, daß Sie damit aber auch auf verschiedene Weise eine Angriffsfläche bieten. Ihre Zuhörer sollten begriffen haben, daß Sie vor ihnen stehen, um ihnen etwas Wichtiges mitzuteilen. Die Informationen können sich beispielsweise auf eine technologische Anpassung, prinzipiell jedoch auf jedes andere Thema beziehen; aber sie sind in den Rahmen einer Präsentation eingebunden, und das ist keine Situation, die einen offenen Dialog beinhaltet. Entscheidend ist also, was Ihre Zuhörer erwarten, und das hat eine Menge mit der Rolle zu tun, die Sie spielen werden.

Zum Schluß müssen Sie Ihr Präsentationskonzept in die Praxis umsetzen. Eine Veranstaltung vor einer Gruppe ist anders als eine übliche Verkaufssituation und erfordert besondere Aufmerksamkeit. Folgende Informationen helfen Ihnen, in diesem Bereich statt durchschnittlicher Resultate zukünftig Spitzenergebnisse zu erzielen. Im Anhang finden Sie außerdem eine kurze Zusammenfassung, die Sie als Kontrollinstrument nach und als endgültige Checkliste vor jeder Präsentation benutzen sollten.

Logistik vor der Präsentation

Den richtigen Rahmen schaffen: Dieser Schritt ist bei jeder Präsentation wichtig, doch in besonderem Maß bei Gruppenveranstaltungen. Je sorgfältiger Sie Ihre Präsentation und den Handlungsrahmen vorbereiten, desto größer sind Ihre Erfolgschancen.

In Ihrer Firma oder im Kundenunternehmen präsentieren? Diese grundlegende Entscheidung will sorgfältig überdacht sein. Beide Örtlichkeiten haben ihre Vor- und Nachteile. Folgendes spricht dafür, die Präsentation in Ihrer Firma abzuhalten:

1. Es gibt weniger Störungen. Wenn Sie die Präsentation im Kundenunternehmen abhalten, müssen Sie unter Umständen mit Störfaktoren verschiedener Art fertigwerden.
2. Sie haben psychologisch „Heimvorteil", weil die Veranstaltung auf Ihrem eigenen Territorium stattfindet.

3. Ihre technische Ausrüstung ist vermutlich besser. Das kann besonders wichtig sein, wenn Sie visuelle Hilfsmittel oder Geräte für die Präsentation benutzen.
4. Der potentielle Kunde lernt die Geschäftsleitung Ihrer Firma kennen. Damit erhält Ihre Präsentation einen zusätzlichen Reiz, weil es den meisten Menschen gefällt, Kontakt zu Mitgliedern der oberen Führungsebenen zu knüpfen.
5. Sie können Ihre Zuhörer mit der Solidität und Stärke Ihres Unternehmens beeindrucken. Wenn sich Ihre Firma im Besitz eines eigenen Gebäudes oder repräsentativer Büros befindet, können Sie das Vertrauen des potentiellen Kunden in Ihre Organisation stärken.
6. Ihnen stehen wichtige Informationsquellen innerhalb Ihrer Firma zur Verfügung. Falls ein Problem auftaucht, können Sie sich leichter bei einem Experten „schlau machen". Außerdem sind solche Fachleute in der Lage, Antworten auf technisch ausgefeilte Fragen zu geben, die Sie in Anwesenheit der oberen Führungsebene lieber nicht diskutieren möchten. Sie können die Spezialisten des Kunden zu Ihren eigenen Spezialisten schicken oder ihnen mitteilen, daß Sie direkt nach der Präsentation einen Gesprächstermin vereinbaren werden.
7. Sie können eine längere Präsentation abhalten und ziemlich sicher sein, daß man Ihnen die gewünschte Zeit bewilligt. Die Teilnehmer machen sich normalerweise nicht für eine Darbietung auf den Weg, die nur 15 bis 20 Minuten dauert. Aber sie könnten auf diesem Zeitrahmen bestehen, wenn die Präsentation im Kundenunternehmen stattfinden soll, oder sie verlangen in allerletzter Minute, daß Sie Ihre Präsentation verkürzen, weil sich zum Beispiel eine Krisensituation abzeichnet.
8. Sie haben sich automatisch als potentieller Lieferant qualifiziert. Die Präsentationsteilnehmer haben ihr Interesse bekundet, weil sie sich in Ihre Firma bemühen.
9. Es kann viel Zeit kosten, eine Präsentation im Kundenunternehmen in die Wege zu leiten. Manche Leute halten nicht, was sie versprochen haben, die Räume stehen nicht bereit, das Licht funktioniert nicht, der Projektor ist defekt, und Sie müssen alles selbst überprüfen.

Es gibt aber auch einige Argumente, die dafür sprechen, daß Sie Ihre Präsentation im Kundenunternehmen abhalten:

1. Ihre Zuhörer fühlen sich wahrscheinlich wohler in ihrer gewohnten Umgebung. Denken Sie daran: Sie haben es sich zum Ziel gesetzt, eine

Atmosphäre zu schaffen, die Wohlbefinden und Aufnahmebereitschaft Ihrer potentiellen Kunden fördert. Die meisten Menschen fühlen sich auf eigenem Terrain sicherer, auch wenn einige wenige es vorziehen, aus ihrem Büro herauszukommen, um Ihnen ihre ungeteilte Aufmerksamkeit zu widmen.

2. Die Präsentationsteilnehmer werden eher bereit sein, einer Präsentation im eigenen Haus zuzustimmen als in Ihrer Firma. Die Logistik ist weniger zeitaufwendig, mühevoll usw. Die Bitte, in Ihre Firma zu kommen, könnte sogar Ihre Chancen verringern, einen Termin für die Veranstaltung und klare Zusagen der Teilnehmer zu erhalten.
3. Normalerweise verstehen Sie den Kunden besser, wenn Sie ihn in seinem eigenen „Milieu" beobachten. Er fühlt sich wohler und entspannter. Wenn Sie registrieren, wer wo sitzt, wie die Teilnehmer miteinander kommunizieren und wer pünktlich erscheint, haben Sie hilfreiche Informationen über die Entscheidungsträger gewonnen.
4. Wenn Sie für irgend etwas die Zustimmung einer Person brauchen, die nicht bei der Präsentation anwesend ist, können Sie das unmittelbar nach der Veranstaltung erreichen, wenn das Pendel noch zu Ihren Gunsten ausschlägt. Das ist wichtig! Wenn es zu lange dauert, um bis zur nächsten Genehmigungsebene vorzudringen, haben Sie die Entscheidung zu Ihren Gunsten vielleicht verspielt.
5. Die Präsentation im Kundenunternehmen zwingt Sie, doppelt sorgfältig zu planen. Sie müssen genau entscheiden, was Sie tun wollen, weil Ihre materiellen und personellen Ressourcen begrenzt sind. Diese Beschränkungen können dazu beitragen, die natürliche Trägheit zu überwinden, die unter Umständen bei einer Veranstaltung auf dem eigenen Gelände entsteht.
6. Falls Ihnen ein Mitarbeiter des Kundenunternehmens bei den Vorbereitungen hilft, können Sie eine Menge in Erfahrung bringen. Sekretärinnen und Assistenten sind oft eine unschätzbar wertvolle Informationsquelle.

Die Einladung: Vor der Präsentation sollten Sie allen geladenen Gästen eine schriftliche Einladung schicken, die folgende Punkte beinhalten sollte:

1. Ort und Zeit der Veranstaltung: Wenn Sie nicht sicher sind, daß die Teilnehmer hinfinden, fügen Sie auf jeden Fall eine detaillierte Beschreibung oder Straßenkarte bei.

2. Teilnehmerliste: Geben Sie an, wen Sie erwarten. Schreiben Sie am Ende der Liste: „Falls Sie noch weitere Vorschläge haben, lassen Sie es mich bitte wissen." Mit diesem einfachen Satz verhindern Sie unliebsame Überraschungen (weil Sie jemanden vergessen haben).
3. Liste der Hauptthemen: Listen Sie die Punkte auf, die Sie ansprechen werden. Bitten Sie dann um zusätzliche Vorschläge zu Themen, die Ihre Zuhörer gerne diskutieren möchten. Damit erhalten Sie Einblick in die Sachgebiete, die für Ihre Teilnehmer interessant sind.

Die Einladung sollte kurz genug abgefaßt sein, um sie in ein bis zwei Minuten durchlesen zu können. Wenn sie richtig formuliert ist, können Sie damit vielen weitverbreiteten Problemen vorbeugen, zum Beispiel daß die Teilnehmer nicht wissen, wann oder wo die Veranstaltung stattfindet, daß hochkarätige Führungskräfte unerwartet erscheinen, daß wichtige Themen ausgelassen werden usw.

Der Besuch im Vorfeld: Wenn Sie Ihre Präsentation im Kundenunternehmen abhalten, sollten Sie die Räumlichkeiten spätestens einen Tag vorher in Augenschein nehmen. Vergewissern Sie sich, daß der Raum groß genug, gut zu be- und entlüften und auch in anderer Hinsicht für Ihr Vorhaben geeignet ist. Falls er Ihnen unangemessen erscheint, eruieren Sie, ob es eine Alternative gibt.

Überprüfen Sie jeden einzelnen Ausrüstungsgegenstand. Und warten Sie mit der Inspektion nicht bis zur letzten Minute. Schlimmstenfalls sind Sie nicht in der Lage, einen Kassettenrekorder oder Overheadprojektor zu organisieren, und wenn es ihnen doch gelingt, dann funktionieren sie möglicherweise nicht. Natürlich ist es sicherer, Ihre eigenen Geräte mitzubringen; aber unter Umständen fühlen sich dann einige Leute im Kundenunternehmen „auf den Schlips getreten".

Fragen Sie, wenn möglich, ob Ihnen eine Sekretärin oder Mitarbeiterin aus der Verwaltung bei den Vorbereitungen helfen kann. Sie finden die Ausrüstung, Konferenzräume, und was immer Sie brauchen, wesentlich schneller, und gleichzeitig erfahren Sie eine Menge über die Organisation. Beispielsweise könnten Sie feststellen, daß die Mitarbeiter morgens später zur Arbeit kommen, als Sie dachten, oder die Mittagspause zu einer anderen Zeit nehmen, als in Ihrer Firma üblich. Wenn Sie Ihre Präsentation für 8.30 Uhr geplant hatten und entdecken, daß die meisten erst um 8.45 Uhr zur Arbeit erscheinen, müssen Sie die Anfangszeit ändern. Und wenn Sie gemeinsam Vorbereitungen treffen, sollten Sie gleich nach firmeninternen Kunden fragen.

Außerdem könnten Sie durch Ihre Helferin etwas über die Einstellungen der Teilnehmer zur Präsentation in Erfahrung bringen: Wie lange sollten ihrer Meinung nach solche Veranstaltungen dauern? Was für eine Sprache bevorzugen sie? Wo würden sie gerne sitzen? Möchten sie eine kurze Kaffeepause einlegen? Solche Informationen helfen Ihnen, Ihre Ziele zu realisieren.

Ausrüstung und visuelle Hilfsmittel. Jedes Ausrüstungselement sollte sorgfältig überprüft werden, allerspätestens am Tag vor der Präsentation. Vergewissern Sie sich, daß Ersatz für die Teile bereitsteht, die störanfällig sind. Bei einer Panne mit Ihrer Ausrüstung kann sich Ihre gesamte Präsentation in Luft auflösen.

Bitten Sie jemand, einen kritischen Blick auf Ihre visuellen Hilfsmittel zu werfen. Erzielen Sie damit eine optimale Wirkung? Sind sie zielgerichtet? Unterstreichen Sie genau die Punkte, die Sie hervorheben wollen?

Wenn Sie den Raum vorbereiten, sollten Sie darauf achten, daß Ihre visuellen Hilfsmittel verdeckt sind. Wenn Ihre Zuhörer sie zu früh zu Gesicht bekommen, entbrennt vielleicht ein Wettstreit zwischen Worten und Bildern. Die Teilnehmer starren darauf, während Sie über ein ganz anderes Thema reden. Dazu kommt, daß Ihre Materialien ihre dramatische Wirkung einbüßen, wenn die Leute sie zu früh ins Visier nehmen. Sie möchten aber, daß Ihre Zuhörer genau im richtigen Moment einen Blick darauf werfen.

Die Stunde der Präsentation ist gekommen

Sitzordnung: Viele Verkäufer überlassen diese Frage dem Zufall. Aber Sie können Ihre Erfolgschancen verbessern, wenn Sie solche Arrangements vorab selbst übernehmen, vor allem bei einer großen Teilnehmerzahl. Versehen Sie die Sitze mit Namenskarten; die meisten Menschen folgen automatisch diesen „Wegweisern".

Wenn Sie die Sitzordnung auf diese Weise unterschwellig steuern, sagen Sie damit aus: „Ich habe alles unter Kontrolle." Sie verhindern, daß Sie die Namen der Teilnehmer vergessen oder daß zu Beginn der Veranstaltung ein Chaos entsteht, und Sie haben die Entscheidungsträger genau nach Ihren Vorstellungen plaziert. Die räumliche Distanz zu ihnen sollte so gering wie möglich sein, damit Sie imstande sind, eine persönliche Beziehung zu ihnen aufzubauen und ihnen alle visuellen Hilfsmittel, Modelle und andere Materialien zu zeigen.

Wenn möglich, sollten Sie sich zwischen Zuhörer und Tür stellen. Dadurch verringert sich die Anzahl der Personen, die während der Präsentation klammheimlich den Raum verlassen. Außerdem verringern Sie automatisch Störungen durch Sekretärinnen und andere „ungebetene Gäste". Wenn diese nämlich bemerken, daß sie um Sie herummarschieren müssen, um ihre Botschaft jemandem zu überbringen, warten sie damit vielleicht bis zum Ende der Präsentation.

„Aufwärmphase" vor der Präsentation: Je größer die Gruppe ist, desto länger wird die Zeitspanne zwischen der Ankunft des ersten und des letzten Teilnehmers sein. Diese Wartezeit ist möglicherweise für jeden unangenehm, bietet aber auch eine Gelegenheit, eine psychologische Verbindung zu Ihren Zuhörern herzustellen.

Begrüßen Sie jeden mit Handschlag und versuchen Sie, spontan eine persönliche Beziehung aufzubauen. Überprüfen Sie, wer das meiste Interesse zu zeigen scheint, wer ein besonders skeptisches Gesicht macht und wer Feindseligkeit oder sogar Verdrossenheit über die Teilnahme erkennen läßt. (Manche wurden von höherer Stelle hinbeordert.)

Versuchen Sie anhand bestimmter Signale Rückschlüsse auf die Atmosphäre zu ziehen. Scheint die Gruppe interessiert, gelangweilt oder enthusiastisch zu sein? Sind Sie imstande, eine oder zwei Personen auszumachen, denen eine Führungsrolle zukommen könnte? Scheint es Bündnisse oder Feindseligkeiten innerhalb der Gruppe zu geben? Mit anderen Worten: Nutzen Sie die Zeit unmittelbar vor der Veranstaltung, um soviel wie möglich über Ihre Zuhörer herauszufinden. Dann stimmen Sie Ihre Präsentation auf die Situation ab.

Überzeugen Sie die Entscheidungsträger: Vor der Präsentation sollten Sie entscheiden, wessen Zustimmung Sie für die Realisierung Ihrer Ziele brauchen. Dann konzentrieren Sie sich darauf, diese Personen zu überzeugen. Wer sind die wirklichen Entscheider? Wenn viele Ihrer Zuhörer ungefähr die gleichen Kompetenzen und Befugnisse besitzen, sollten Sie die Teilnehmer drei Kategorien zuordnen: Personen, die Sie bereits gewonnen haben, diejenigen, die nie für Ihre Lösung votieren werden, und die Gruppe, die Sie noch überzeugen müssen. Die beiden Extreme auf der Skala können Sie für den Augenblick beiseite lassen. Konzentrieren Sie sich ganz auf die Stimmen derer, die Sie auf Ihre Seite ziehen könnten, weil sie sich bisher noch nicht 100%ig entschieden haben.

Sobald Sie wissen, wer Ihre Zielpersonen sind, wählen Sie eine Präsentationsform aus, die genau dieser Gruppe am meisten entgegenkommt. Wie könnten sie den Zeitrahmen beurteilen? Welche Argumente und wieviele Einzelheiten würden sie vermutlich vorziehen? Beobachten Sie während der Präsentation ihre Reaktionen und passen Sie Ihren Vortrag an, um die Wirkung auf diese Schlüsselpersonen zu maximieren.

Wichtige Beschlüsse werden selten bei Präsentationen vor einer Gruppe gefällt; über Ihr Wohl und Wehe wird hinterher entschieden, wenn die Entscheidungsträger in Klausur gegangen sind.

Bitten Sie vor der Präsentation um ein kurzes Gespräch mit ihnen unmittelbar nach der Veranstaltung. Die Wirkung verblaßt, wenn Sie zu lange warten. Andere Leute werden dann andere Vorschläge machen, neue Probleme werden ihre Aufmerksamkeit in Anspruch nehmen und einige Punkte sind dann schnell vergessen. Die Präsentation vor der Gruppe weckt Handlungsimpulse; machen Sie sich diese unmittelbar danach in einer Besprechung mit den Entscheidungsträgern zunutze.

Stellen Sie eine Beziehung zu allen Anwesenden her: Obwohl Sie sich auf ein paar Entscheidungsträger konzentrieren, sollten Sie sich vergewissern, daß Sie eine Beziehung zu allen Zuhörern hergestellt haben. Lassen Sie Ihre Augen gemächlich von einer Person zur nächsten wandern. Richten Sie einige Ihrer Bemerkungen an bestimmte Teilnehmer. Wenn möglich sprechen Sie den einen oder anderen namentlich an. Mit anderen Worten: Sorgen Sie dafür, daß sich niemand ausgeschlossen fühlt; er wäre mit Sicherheit beleidigt und vielleicht sogar bemüht, Ihre Anstrengungen zu boykottieren.

Straffen Sie Ihr Konzept: Je größer Ihr Publikum, desto straffer sollte Ihr Konzept sein. Bei einer Präsentation vor nur einer Person können Sie Strukturfehler mittels einer Diskussion korrigieren. Bei einem lockeren Rahmenwerk, das Sie einem Kollektiv präsentieren, verlieren Sie unter Umständen den Faden oder irritieren Ihre Zuhörer. Benutzen Sie mehr visuelle Hilfsmittel, die einfach und klar sein sollten. Bilder sprechen eine Sprache, die vom Fachpublikum und Laien gleichermaßen verstanden wird.

Strahlen Sie Autorität aus: Je größer die Gruppe, desto mehr Autorität sollten Sie ausstrahlen – hier verstanden als Fachwissen und Fachkönnen. Wenn es Ihnen nicht gelingt, mit Ihrem Auftreten Achtung und Aufmerksamkeit zu gewinnen, haben Sie Ihre Zuhörer verloren. Folgende Tips werden Ihnen helfen, in der Präsentation vor Gruppen mehr Autorität zu vermitteln:

1. Stehen Sie. Ihre Zuhörer von oben zu betrachten, gibt Ihnen ein Gefühl der Sicherheit und Kontrolle.
2. Positionieren Sie sich nahe den Teilnehmern. Je geringer die Distanz, desto mehr müssen die Anwesenden zu Ihnen aufsehen. Dadurch verbessern Sie auch die psychologische Wirkung Ihrer räumlichen Position.
3. Sprechen Sie mit volltönender, klarer Stimme. Zeigen Sie, daß Sie stolz sind auf das, was Sie zu sagen haben.
4. Benutzen Sie Gesten, die Autorität und Selbstvertrauen widerspiegeln. Stimme und Gestik sollten unmißverständlich zum Ausdruck bringen: „Ich halte die Fäden in der Hand."
5. Fassen Sie sich kurz. Gruppenveranstaltungen sollten kürzer sein als Präsentationen vor Einzelpersonen. Da der Dialog beschränkt ist, „ermüdet" Ihr Publikum schneller.
6. Beantworten Sie Fragen mit Zuversicht. Geben Sie sich nie den Anschein, als hätte man Sie in Panik oder in eine peinliche Lage versetzt. Wenn Sie die Antwort nicht gleich parat haben, sagen Sie mit zuversichtlicher Stimme: „Ich kann Ihnen diese Frage im Moment nicht beantworten, aber ich werde Ihnen unmittelbar nach der Präsentation alle erforderlichen Informationen beschaffen."

7. Lassen Sie nicht zu, daß Zuhörer Ihre Autorität anzweifeln oder untergraben. Oft versuchen die Teilnehmer, Ihnen zu beweisen, daß Sie sich auf dem Holzweg befinden, daß sie mehr auf dem „Kasten" haben als Sie, oder sie halten ausgiebige Monologe vor „Ihrem" Publikum. Lassen Sie ein solches Verhalten nicht durchgehen. Sie sollten die Betreffenden nicht angreifen oder beleidigen; aber sorgen Sie dafür, daß Sie die Kontrolle über die Situation behalten. Wenn man Ihnen eine Frage stellt, die aggressiv oder auf Konfrontation gerichtet ist, schmettern Sie den Angreifer ab und sagen, daß Sie seine Frage nach dem Meeting beantworten werden. Wenn jemand versucht, große Reden zu schwingen, weisen Sie ihn darauf hin, daß solche Einzelheiten im Augenblick unangemessen sind und daß Sie nachher gerne privat darüber diskutieren. Haben Sie keine Angst, daß es Ihren Zuhörern mißfallen könnte, wenn Sie sich gegen solche Anfechtungen Ihrer Autorität zur Wehr setzen. Jeder möchte und erwartet von Ihnen, daß Sie Ihre Präsentation 100%ig im Griff haben.

Zusammenfassung: Bei der Präsentation vor Gruppen besteht eines der größten Probleme darin, die Situation unter Kontrolle zu halten, ohne unflexibel oder autoritär zu wirken. Die meisten der hier gegebenen Empfehlungen zielen darauf ab, diese Kontrolle zu verbessern. Je straffer Ihr Konzept, desto mehr Kontrolle haben Sie. Wenn Sie sich auf einige wenige Entscheidungsträger konzentrieren, bleiben Sie mit Ihrer Präsentation auf Kurs. Mit dem richtigen Rahmen schaffen Sie ein Umfeld und eine Atmosphäre, die Ihre Autorität unterstützt. Wenn Sie in Ihrem Auftreten Fachkompetenz ausstrahlen, werden Sie Ihre Zuhörer fesseln, ihr Vertrauen in Sie stärken, und Unterbrechungen oder Ablenkungen auf ein Mindestmaß beschränken.

Verkaufstechniken bei Präsentationen

Es gibt einige grundlegende Verkaufstechniken, die gleichermaßen anwendbar sind, wenn Sie eine Präsentation vor einer kleinen Schar Auserwählter oder vor einem großen Kollektiv in einem formalen Umfeld halten. Deshalb bewirken Sie mit einer Verbesserung dieser Techniken eine qualitative Aufwertung Ihrer Präsentationen auf allen Ebenen. Mit zunehmender Gruppengröße sollten Sie Ihre Techniken leicht abwandeln, um der bunten Vielfalt unterschiedlicher Verkaufssituationen, in die Gruppen einbezogen sind, Rechnung zu tragen.

Jede Präsentation läßt sich in zwei klar voneinander abgegrenzte Teilbereiche unterteilen:

1. *Inhalt und Struktur* – die Worte, die Sie sagen, und
2. *Vortragsweise und Einfühlungsvermögen* – die Art, wie Sie sprechen und Kontakt zu Ihren Zuhörern herstellen.

Diese Themen sind logischerweise verschieden und sollten während der Vorbereitung getrennt bedacht werden.

Inhalt und Struktur

Verwenden Sie während der Vorbereitung soviel Zeit wie nötig darauf, Ihre Präsentationsziele zu definieren und zu entscheiden, wie Sie diese Ihren Zuhörern übermitteln werden. Sie sollten vorher genau wissen, um was Sie Ihr Publikum bitten werden. Bauen Sie Ihre Präsentation rückwärts auf: Gehen Sie vom Abschluß zur Zusammenfassung, dann zum Hauptteil und am Schluß zur geplanten Eröffnung über. (Ihre Zusammenfassung ist vielleicht nicht vollständig, bis Ihr Hauptteil „steht".)

Zu Beginn des Gliederungsprozesses sollten Sie sich vor Augen halten, daß der einzige Zweck einer Präsentation darin besteht, Bedarf an Ihrer Problemlösung zu wecken. Die Zuhörer zu überzeugen, daß es logisch ist, Ihnen zuzustimmen, reicht nicht aus. Beipflichten heißt noch lange nicht zur Tat schreiten. Sie müssen versuchen, den dringenden Wunsch nach Ihren Diensten zu wecken; er muß stark genug sein, um den Widerstand gegenüber definitiven Zusagen zu überwinden.

Setzen Sie ein klares Ziel. Ihr Ziel ist die Aktion, die Sie sich von den Leuten nach der Präsentation erhoffen. Leider haben viele Referenten kein klares Ziel vor Augen. Sie konzentrieren sich auf das, was sie als nächstes tun oder sagen werden, statt ihr Augenmerk auf die Reaktionen zu richten, die sie sich von ihren Zuhörern wünschen.

Zweifellos haben Sie es auf ein Engagement in irgendeiner Form abgesehen. Worin besteht dieses Engagement genau? Möchten Sie, daß noch heute ein Vertrag unterschrieben wird? Brauchen Sie grünes Licht für eine Bestellung, die von der Einkaufsabteilung oder irgendeiner anderen Abteilung abgezeichnet wird? Möchten Sie, daß der Entscheidungsträger firmenintern als Ihr „Stellvertreter im Verkauf" fungiert? Legen Sie genau fest, was Sie bei Ihren Zuhörern erreichen wollen, und vergewissern Sie sich, daß jedes Wort in Einklang mit Ihrem angestrebten Ziel steht.

Gliedern Sie Ihre Präsentation so, daß sie einen logischen Pfad bietet, der zu Ihrem Ziel führt. Eine Präsentation ist kein kunterbuntes Sammelsurium von Ideen und Empfehlungen. Sie muß eine klare Struktur aufweisen, damit alle Punkte in der richtigen Reihenfolge angesprochen werden. Die vier wichtigsten Teile einer Präsentation – Eröffnung, Hauptteil, Zusammenfassung und Schlußteil – werden nachfolgend in der Reihenfolge abgehandelt, die Ihre Teilnehmer zu hören bekommen.

Präsentationseröffnung: Die Eröffnung ist der Teil, der eine Übersicht über Ihre gesamte Präsentation bieten sollte. Ihre Zuhörer müssen schon am Ende der ersten Minute wissen, welchen Weg Sie einschlagen. Visuelle Hilfen sind hier bisweilen außerordentlich hilfreich. Selbst wenn Sie den Teilnehmern sagen, daß Sie über vier Punkte sprechen wollen, können sich die meisten nicht alle vier merken oder wissen nach einiger Zeit nicht mehr, in welcher Beziehung diese zueinander stehen. Wenn alle Punkte in Schriftform abgefaßt sind, fühlen sich die Leute wohler und können sich besser auf Ihre Präsentation konzentrieren. Es dauert nur wenige Minuten, um in der Eröffnungsphase auf die visuellen Hilfsmittel hinzuweisen. Außerdem sind sie schnell vorzubereiten und nicht teuer.

Der Hauptteil: Der Hauptteil liefert die Details. Sie könnten die besonderen Merkmale Ihres Beispiels ansprechen und sie mit den Chancen verknüpfen. Informationen über Ihr Unternehmen könnten das unterstützende Rahmenwerk für den Hauptteil der Präsentation darstellen.

Der Hauptteil sollte sorgfältig strukturiert werden, so daß jeder bedeutsame Punkt zur Sprache kommt. Die wichtigsten Punkte stehen am Anfang und am Ende, weil man sich an sie besser erinnert als an diejenigen, die in der Mitte abgehandelt werden. Machen Sie Ihre Zuhörer darauf aufmerksam, wenn Sie von einem Punkt zum nächsten übergehen. Wenn Sie keine klaren Übergänge schaffen, verlieren sie möglicherweise den

Faden. Ein Übergang wäre z.B.: „Wir haben gesehen, wie dieser Ansatz Ihre Optionen erweitern kann. Lassen Sie uns nun einen Blick auf die finanziellen Folgewirkungen werfen."

Zusammenfassung: Hier werden die Punkte noch einmal in geballter Form präsentiert, so daß der Zuhörer den Zusammenhang zwischen Ihren wichtigsten Argumenten begreift. Außerdem bereitet sie ihn psychologisch auf den Abschluß vor.

Schlußteil: Das ist Ihre „Pointe". Ihre Präsentation sollte Handlungsbereitschaft erzeugen. Nutzen Sie diesen Impuls, um ein Engagement oder eine positive Entscheidung zu bewirken. Wenn Ihre Zuhörer jedoch befremdet auf den Abschluß reagieren, haben Sie im Hauptteil oder bei der Zusammenfassung etwas falsch gemacht!

Stellen Sie Verbindung her zu den Problemen oder Zielen Ihrer Zuhörer. Zeigen Sie genau auf, daß Ihre Empfehlungen auf Ihre Bedürfnisse und Anforderungen optimal zugeschnitten sind. Wenn Sie bei einer vorherigen Besprechung eine Bedarfsanalyse erstellt haben, beginnen Sie mit einem kurzen Abriß der Ergebnisse. Vergewissern Sie sich, daß Ihr Publikum mit Ihrer Analyse übereinstimmt; wenn nicht, leiten Sie entsprechende Änderungen im Konzept ein. Weisen Sie dann darauf hin, daß Sie im einzelnen zeigen werden, wie Ihre Empfehlungen der Situation entsprechen. Jedesmal, wenn Sie ein neues Thema einführen, beziehen Sie es direkt auf die Anforderungen.

Ihre Zuhörer ziehen auch andere potentielle Lösungen in Betracht. Sie müssen also nachweisen, daß Ihre Empfehlungen die besseren sind – nicht im allgemeinen Sinn, sondern als Lösung für ihre spezifischen Probleme. Viele Verkäufer ignorieren in diesem Augenblick die Konkurrenz. Sie reden nur über ihr eigenes Angebot und überlassen den Vergleich ihren Zuhörern. Wenn diese selbst einen Vergleich ziehen, wird er weniger vorteilhaft für Sie sein als wenn Sie ihn „auf dem Silbertablett servieren". Sie sollten genau beschreiben, in welcher Hinsicht Ihre Vorschläge die Probleme besser lösen. Erwecken Sie dabei nicht den Eindruck, als wollten Sie die Konkurrenz in die „Mangel" nehmen; das könnte einigen Anwesenden nicht besonders gefallen.

Wenn Sie Ihre Empfehlungen direkt mit den Problemen oder Zielen Ihrer Zuhörer in Verbindung bringen und zeigen, daß Sie den Vergleich mit der Konkurrenz nicht zu scheuen brauchen, erleichtern Sie den Entscheidern ihre Aufgabe. Sie verstehen, warum sie Ihnen den Vorzug geben sollten, und entwickeln mehr Vertrauen zu Ihnen. Die Teilnehmer erkennen, daß Sie ihnen kein „Einheitsmenü" vorgesetzt haben oder lapidar meinen, die Empfehlungen sprächen für sich selbst. Sie haben die Bereitschaft bekundet, gemeinsam mit ihnen an der Realisierung ihrer Ziele zu arbeiten.

Betonen Sie den Nutzen, nicht die Produktmerkmale. Ihre Zuhörer interessieren sich viel weniger für Ihre Empfehlungen als für das, was diese für sie bewirken können. Sie messen dem Nutzen einen höheren Stellenwert bei als einem bestimmten Merkmal. Leider stellen die meisten Präsentationen die Produktmerkmale in den Vordergrund. Die Verkäufer wissen in der Regel weit besser über ihre spezifischen Lösungen Bescheid, als über die Anforderungen, die ihre Zuhörer an ein Produkt stellen. Es läßt sich leicht über 350 PS oder über 100% Polyester reden. Aber den Leuten ist viel wichtiger, daß sie zügig überholen können oder Kleidungsstücke nicht in die teuere Reinigung geben müssen. Es ist immer wirksamer, über die Vorteile zu reden – und außerdem ist dies die einzige Möglichkeit, Ihren Zuhörern bildlich vor Augen zu führen, was Ihre Problemlösung für sie zu bewirken vermag.

Kurze und einfache Formulierungen. Sie können etwas konkret und präzise vortragen, ohne weit auszuholen oder allzu sehr ins Detail zu gehen. Solche Nebensächlichkeiten langweilen und verwirren Ihre Zuhörer nur. Viele Verkäufer warten mit langatmigen und erschöpfenden Schilderungen auf, weil sie Angst haben, man könnte ihre Argumente nicht verstehen. Aber das Ziel ist nicht, alles zum besten zu geben, was Sie wissen, sondern eine definitive Zusage zu erhalten. Je kürzer und schlichter Ihre Präsentation, desto besser Ihre Chancen.

Zuhörer sind nicht böse, wenn eine Präsentation kürzer ausfällt als erwartet; aber wenn sie zu lange dauert, verlieren viele das Interesse. Sie glauben vielleicht, Sie müßten jeden Punkt ausführen. Aber den meisten Leuten ist es lieber, wenn Sie sich auf die „Glanzlichter" beschränken. Und machen Sie sich bitte keine Sorgen, Sie könnten nicht genug sagen. Die

Teilnehmer bitten schon um die Informationen, die sie noch haben möchten, und ziehen einen lebhaften Dialog einem endlosen Monolog vor. Setzen Sie einen Zeitrahmen für Ihre Präsentation, kürzen Sie diesen um ein Drittel und halten Sie sich an diese Zeitvorgabe.

Vermeiden Sie es, im Fachjargon zu schwelgen. Zuhörer reagieren leicht verärgert oder irritiert, wenn Sie nur noch im Fachkauderwelsch reden. Sie meinen vielleicht, damit zu demonstrieren, wie beschlagen Sie in Ihrem Tätigkeitsfeld sind, aber die meisten Zuhörer frustrieren Sie damit. Den richtigen Draht zu Ihren Zuhörern finden Sie nur, wenn Sie „ihre" Sprache sprechen. Falls Sie eine solche Fachterminologie noch nicht bei ihnen gehört haben, sollten Sie einfache Worte aus dem alltäglichen Sprachgebrauch wählen.

Abschlußstrategie. Ihr Abschluß sollte dynamisch und einprägsam sein. Ihre gesamte Präsentation muß in ihrer Struktur auf diese Abschlußphase hinauslaufen, ähnlich wie ein gutes Theaterstück die Spannung bis zum letzten Vorhang aufbaut. Und dann, wenn der Kaufwunsch am größten ist, bitten Sie auf eindrucksvolle Weise um die angepeilte Zusage.

Stützen Sie sich auf grundlegende Verkaufstechniken

Nicht einreden, sondern einschwören. Reden Sie nicht auf Ihre Zuhörer ein, um ihnen Ihr Produkt schmackhaft zu machen, sondern schwören Sie sie auf Ihre Problemlösung ein. Vergewissern Sie sich, daß jedes Wort dazu beiträgt, das angestrebte Engagement zu erzielen. Wenn Ihr Publikum weiß, worauf Sie hinauswollen – um so besser. Konzentrieren Sie sich in Ihrer Präsentation darauf, ein Bedürfnis zu wecken, das stark genug ist, um Handlungsimpulse auszulösen. Folgende Prinzipien helfen Ihnen dabei:

Sprechen Sie Gefühle an. Die meisten Kaufentscheidungen sind emotional beeinflußt. Versuchen Sie, den Empfindungen Ihrer Zuhörer auf die Spur zu kommen, und dann sprechen Sie diese in Ihrer Präsentation an. Zum Beispiel werden Rauchmelder aus Angst vor einem Brand gekauft. Diese Gefühle sollten Sie einbeziehen: Zeigen Sie, wie man mit Hilfe des Rauchmelders die Angst abbauen und der Gefahr durch einen logischen Aktionskurs beggenen kann. (Das Produktmerkmal wäre Rauchentdeckung und Alarm; der Nutzen die besseren Überlebenschancen.)

Belegen Sie Ihre wichtigsten Punkte mit „Geschichten, die das Leben schrieb". Abstrakte Wertnormen und Statistiken reißen die wenigsten „vom Hocker". Erfolgsstories, mentale Bilder und Fallbeispiele erzielen weit größere Wirkung. Eine gute Verkaufspräsentation für Rauchmelder würde beispielsweise nicht vor Statistiken strotzen. Die potentiellen Kunden würden den Rauch direkt riechen, die Flammen vor sich sehen und sich die Katastrophe ausmalen. Der Film „Roots" hat die Fernsehzuschauer mehr beeindruckt, als es eine langatmige historische Analyse der Sklaverei und Diskriminierung vermocht hätte. Sie sind imstande, dasselbe Ergebnis zu erreichen. Fabulieren Sie, schaffen Sie Wortbilder und bieten Sie plastische Beispiele, mit denen sich Ihre Zuhörer gedanklich und auf der Gefühlsebene identifizieren können. Stellen Sie Ihre Hauptpunkte auf die drei Stützpfeiler der EBB-Formel: Zitieren Sie Experten, bringen Sie Beweise und benutzen Sie relevante Beispiele.

Verwenden Sie visuelle Hilfsmittel. Ein Bild ist mehr wert als tausend Worte. Visuelle Hilfen (Bilder, Modelle, Grafiken) können viele Punkte veranschaulichen, die sich schlecht mit Worten erklären lassen. Außerdem sprechen sie die Gefühle nachhaltiger an, als es verbale Reize können.

Zusammenfassung. Der einzige Zweck der Präsentation besteht darin, Handlungsimpulse zu wecken. Sie müssen die richtigen Worte auf die richtige Weise sagen. Setzen Sie sich bei der Planung Ihrer Präsentation ein klares Ziel. Entscheiden Sie, was genau Ihre Zuhörer tun sollen; dann stimmen Sie jedes einzelne Wort auf dieses Ziel ab. Strukturieren Sie Ihre Präsentation so, daß die Eröffnungsphase eine Übersicht enthält, der Hauptteil die Einzelheiten umfaßt, die Zusammenfassung das Gesagte verdichtet und die Beziehung zwischen den wichtigsten Punkten herstellt, und der Schlußteil die Handlungsbereitschaft nutzt, um eine positive Entscheidung zu erzielen.

Knüpfen Sie mit jedem Wort an die Probleme oder Ziele Ihrer Zuhörer an. Zeigen Sie genau, warum Ihr Lösungsvorschlag die richtige Alternative ist. Betonen Sie die Vorteile, nicht die Merkmale des Produkts. Erzählen Sie Ihrem Publikum, was Ihre Problemlösung für diese zu bewirken vermag. Vermeiden Sie unnötige Einzelheiten und zuviel Fachjargon. Bringen Sie einen starken, dynamischen Schlußteil; er sollte der Höhepunkt sein, auf den Ihre gesamte Präsentation hinausläuft. Bitten Sie dann auf nachhaltige, einprägsame Weise um eine positive Entscheidung. Mit anderen Worten, reden Sie nicht über Ihre Empfehlungen, sondern SCHWÖREN Sie Ihre Zuhörer darauf EIN!

Die Verbindung zum Publikum

Worte allein führen selten zu Ergebnissen. Ihr Auftreten, die Vortragsweise und das Gespür für Menschen haben ebenso großen Einfluß wie verbale Reize. Ihre Worte sollten die Lösung, die Sie anzubieten haben, mit der Situation verbinden. Durch Ihr Auftreten schaffen Sie ein Band der Sympathie (oder bewirken Antipathie). Sie brauchen beide Bindeglieder, fachliche Überzeugungskraft und menschliche Akzeptanz.. Das Publikum will zweifellos Lösungen, aber es möchte auch auf der menschlichen Ebene einen Bezug zu Ihnen herstellen können.

Im folgenden erfahren Sie etwas über die technische Seite der Präsentation, die Ihnen einen „guten Draht" zu Ihren Zuhörern verschafft. Hier werden zwei Themen angesprochen: – *die Vortragsweise* – allgemein gültige Methoden, um ein positives Bild von sich selbst und Ihrer Lösung zu vermitteln, und *der emotionale Kontakt,* d.h. Techniken, um sich in verschiedene Persönlichkeiten, Stimmungen und Situationen hineinzuversetzen und einzufühlen. Und Sie lernen etwas über die Wirkung Ihrer eigenen Charaktermerkmale auf Ihre Zuhörer.

Vortragsmethoden

Ihre Vortragsweise beeinflußt in hohem Maß, wie Ihr Publikum auf Ihre Darbietung reagiert. Fehlt es am „Gewußt-wie", machen Sie damit die Wirkung selbst klügster Worte zunichte; zeigen Sie auf diesem Gebiet dagegen außergewöhnliche Leistungen, überzeugen Sie einen potentiellen Kunden unter Umständen sogar dann, wenn Ihre Worte schwach gewählt sind. Natürlich wäre die Kombination, eine gut strukturierte Präsentation wirksam „rüberzubringen", ideal.

Ihr Vortrag muß Selbstbewußtsein und Vertrauen in Ihre Botschaft widerspiegeln. Je überzeugter Sie wirken, desto größer das Vertrauen und die Aufnahmebereitschaft Ihrer Zuhörer. Die folgende „Ich-Botschaft-Zuhörer-Skala" ist ein Gradmesser für Ihr Selbstvertrauen und Ihre Fähigkeit, spontan eine gute Verbindung zu Ihrem Publikum herzustellen. Machen Sie einen kleinen Test: Worauf konzentrieren Sie sich während einer Präsentation? Auf Sie selbst, Ihre Botschaft oder Ihre Zuhörer? Kreuzen Sie an, welcher Aspekt für Sie im Mittelpunkt steht:

Ich	*Botschaft*	*Zuhörer*
1 2 3	4 5 6	7 8 9

Ich – 1, 2, 3. In dieser Kategorie mangelt es Ihnen ganz entschieden an Selbstvertrauen. Sie haben nur Ihr Ego im Sinn und machen sich Sorgen, was die Leute wohl von Ihnen denken könnten. Sitzt meine Kleidung 100%ig? Stehe ich gerade? Ob sie auch wirklich das Gefühl haben, daß ich gut vorbereitet bin? Je mehr sich Ihre kleinen grauen Zellen auf das Bild konzentrieren, das Sie abgeben könnten, desto trauriger wird das Bild, das Sie tatsächlich abgeben. Also sagen Sie sich einfach: Ich mache eine gute Figur!

Botschaft – 4, 5, 6. In diesem Bereich der Skala haben Sie etwas mehr Selbstvertrauen. Sie richten Ihre Aufmerksamkeit auf die Ideen, die Sie Ihren Zuhörern übermitteln möchten. Sie bemühen sich nach besten Kräften, die richtigen Worte und visuellen Hilfsmittel zu finden. Leider sind Sie so beschäftigt mit Inhalt und Struktur Ihrer Präsentation, daß Sie es versäumen, die unerläßliche, zwischenmenschliche Beziehung zu Ihrem Publikum herzustellen. Also sagen Sie sich einfach: Ich werde eine Saite in Schwingung versetzen!

Zuhörer – 7, 8, 9. Sie verfügen über ein gesundes Maß an Selbstsicherheit und Vertrauen in Ihre Botschaft. Sie sind sich der Qualität Ihrer Präsentation so gewiß, daß Sie sich darauf konzentrieren können, eine persönliche Kommunikationsbrücke zu jedem einzelnen Zuhörer aufzubauen. Also sagen Sie sich: Ich finde den richtigen Draht!

Die ideale Punktezahl liegt zwischen sechs und sieben. Stellen Sie Ihr Ego für den Augenblick hintenan und konzentrieren Sie sich auf Ihre Botschaft und auf Ihre Zuhörer. Das gelingt Ihnen nicht, wenn Sie nicht zu sich selbst und zu dem Gesagten stehen. Sollten Sie nicht daran gewöhnt sein, Präsentationen durchzuführen, machen Sie sich vielleicht Sorgen um das Bild, das Sie abgeben, und um die Wirkung Ihrer Botschaft? Wenn Sie Ihre Präsentation nicht sorgfältig geplant und geprobt haben, kreisen Ihre Gedanken immer wieder um die Botschaft. Wenn Sie sich Ihrer Person und Ihrer Botschaft sicher sind, können Sie dagegen Ihre Aufmerksamkeit gleichmäßig zwischen Botschaft und Publikum verteilen, und das erleichtert Ihnen die Realisierung der Ergebnisse, die Sie anstreben.

Verschaffen Sie sich Respekt. Um irgend etwas zu erreichen, müssen Sie sich den Respekt Ihrer Zuhörer verschaffen. Ihr Auftreten sollte signalisieren, daß Sie Aufmerksamkeit erwarten, weil Sie ein aufmerksames Publikum verdienen. Sie können darauf hinweisen, daß Veranstaltungen, die Zeit kosten und fähige Mitarbeiter von anderen wichtigen Aufgaben abhalten, einem spezifischen Zweck dienen, und daß Sie dies respektieren.

Strahlen Sie Begeisterung aus. Wenn Ihr Verhalten beweist, daß Sie von Ihren Worten überzeugt sind, werden Ihre Zuhörer vermutlich eher geneigt sein, Ihnen zu glauben. Lassen Sie Ihr Publikum wissen: „Ich freue mich, hier zu sein. Ich habe Ihnen etwas Wichtiges zu sagen." Entschuldigen Sie sich niemals, z.B.: „Es tut mir leid, daß ich Ihre kostbare Zeit in Anspruch nehme." Sie stehlen niemandem Zeit. Sie bringen Antworten auf wichtige Fragen.

Halten Sie Blickkontakt. Wenn Sie Ihre Zuhörer ansehen, haben diese das Gefühl, daß Sie eine Verbindung zu ihnen herstellen. Fixieren Sie die Leute indessen nicht mit provokativem oder starrem Blick. Sehen Sie sie nur die meiste Zeit an.

Fesseln Sie die Aufmerksamkeit Ihrer Zuhörer. Wenn Ihnen das Publikum keine Aufmerksamkeit schenkt, warten Sie einfach zuversichtlich und schweigend ab, bis Ruhe eingekehrt ist. Reden Sie nicht, wenn einzelne Zuhörer lesen, sich visuelle Hilfsmittel anschauen, ein Telefongespräch beantworten oder anderweitig abgelenkt sind. Warten Sie und holen Sie sich dann die Aufmerksamkeit zurück.

Kontrollieren Sie Ihre Gesten. Ihre Gesten sollten Ihre Autorität unterstützen. Stehen Sie aufrecht, benutzen Sie Ihre Hände mit Nachdruck und vermeiden Sie jedes Anzeichen von Unsicherheit. Folgendes macht einen schlechten Eindruck: Arme verschränken, Hände fassungslos ringen, sich kratzen, stocksteif dastehen oder nervös hin- und herlaufen. Bringen Sie mittels Körpersprache zum Ausdruck, daß Sie sich wohlfühlen und Selbstvertrauen haben, weil Sie wissen, daß Sie den Teilnehmern helfen können.

Stehen Sie zu den Kosten. Entschuldigen Sie sich niemals wegen der Kosten Ihres Angebots, denn damit signalisieren Sie, daß Ihre Problemlösung das Geld nicht wert ist. Gehen Sie einer Diskussion über den finanziellen Aspekt weder aus dem Weg noch zögern Sie, darüber zu sprechen. Erwähnen Sie die Kosten auf ruhige, selbstbewußte Weise, die keinen Zweifel daran läßt, daß Sie diese für gerechtfertigt halten. Andererseits sollten Sie auch nicht ständig über den Preis reden. Ihre Zuhörer würden sich sonst fragen, warum Sie soviel Aufhebens darum machen.

Spielen Sie sich nicht als Schulmeister auf. Sprechen Sie zu Ihren Zuhörern, nicht in einem belehrenden Ton. Autorität ist wichtig, Arroganz dagegen unerträglich. Lassen Sie die Teilnehmer wissen, daß Sie ihnen Ihre Fachkenntnisse zur Verfügung stellen. Sie wollen gemeinsam mit ihnen an der Verwirklichung ihrer Ziele arbeiten.

Interpunktieren Sie mit der Stimme. Mündliche Präsentationen sind viel schwerer verständlich als schriftliche. Der Leser kann zu einem früheren Thema zurückblättern oder eine Passage ein zweites Mal lesen; der Zuhörer hat solche Möglichkeiten meistens nicht. Dazu kommt, daß schriftlich fixierte Sätze besser strukturiert sind als mündlich übermittelte. Sollten Sie Zweifel haben, zeichnen Sie doch mal eine Präsentation auf Band auf und notieren Sie dann Auszüge daraus. Wenn Sie Ihre Sätze schwarz auf weiß vor sich sehen, glauben Sie unter Umständen nicht, daß sie tatsächlich aus Ihrem Mund stammen! Viele sind zu lang, und einige lassen sich nicht einmal als vollständige Sätze bezeichnen. Außerdem wechseln Sie möglicherweise mitten im Satz das Thema, lassen Sätze im Nichts versanden usw. Wenn Sie die Abschrift lesen, werden Sie vielleicht entdecken, wie schwer es sein kann, Ihren eigenen Gedanken zu folgen.

Folglich muß es für einen Zuhörer noch schwieriger sein, Ihre Gedanken zu entschlüsseln. Machen Sie es ihm also leicht. Interpunktieren Sie mit Ihrer Stimme. Eine kurze Pause kommt einem Komma gleich, eine längere einem Punkt, und eine noch längere dem Absatz zwischen zwei Abschnitten. Heben Sie die Stimme am Ende einer Frage. Sprechen Sie lauter, um Ihre Schlüsselpunkte hervorzuheben. Diese Akzente halten das Interesse der Zuhörer lebendig und helfen ihnen, Ihre Ausführungen zu verstehen und Ihren Gedanken zu folgen.

Übung macht den Meister. Ohne die entsprechende Praxis werden Ihre Präsentationen nie flüssig und glatt über die Bühne gehen. Sie können keine professionelle Darbietung erwarten, wenn Sie diese vorher nicht mindestens zweimal geprobt haben. Vergewissern Sie sich, daß Sie alle Punkte, die Sie anschneiden wollen, die Reihenfolge, die Beispiele und alle anderen Nachweise zur Unterstützung Ihrer Argumente „wie Ihre Westentasche" kennen. Lernen Sie die Präsentation nicht auswendig. Wenn Ihr Vortrag einstudiert klingt, fehlt ihm Spontanität und Dynamik. Ihre Zuhörer wollen spüren, daß Sie sich direkt auf sie beziehen. Benutzen Sie ein Skript mit Anhaltspunkten, grob skizzierte Notizen und visuelle Hilfen, um auf Kurs zu bleiben, aber üben Sie so lange, bis Sie diese „Krücken" nicht mehr ständig brauchen.

Ungeachtet solcher Probeläufe wird es gelegentlich vorkommen, daß Sie einen Punkt vergessen. Zerbrechen Sie sich nicht weiter den Kopf, sondern fahren Sie im Text fort. Sich daran zu erinnern, macht sicher keinen großen Unterschied. Aber Ihre Zuhörer verlieren das Vertrauen in Sie, wenn Sie sich laut fragen: „Wo war ich gleich wieder stehengeblieben?"

Ermutigen Sie zum Dialog. Manchmal ist eine förmliche Präsentation angemessen. Aber normalerweise ist es besser, die Zuhörer in einen „kontrollierten" Dialog einzubeziehen. Ermutigen Sie Fragen und Kommentare, und reagieren Sie positiv darauf. Machen Sie von Zeit zu Zeit eine kurze Pause. Bitten Sie um Rückmeldungen und fahren Sie Ihre „Antennen" aus, um nonverbale Botschaften besser zu empfangen. Wenn Ihre Zuhörer den Eindruck machen, als wären sie irritiert, skeptisch oder gelangweilt, fahnden Sie nach dem Grund. Dann ändern Sie Schwerpunkte, Sprache, Tonfall oder Tempo Ihres Vortrags.

Emotionaler Kontakt

Es genügt nicht, eine gut strukturierte Präsentation auf eine selbstsichere, natürliche Weise darzubieten. Sie müssen sich auch in Persönlichkeiten,

Stimmungen und Situationen einfühlen können und sich der Wirkung Ihrer eigenen Persönlichkeit bewußt sein.

Stimmen Sie Ihre Präsentation auf das Persönlichkeitsprofil Ihrer Zuhörer ab. Es empfiehlt sich, die verschiedenen Persönlichkeitstypen bei Ihren Zuhörern zu kennen; Ihr Wissen sollte allerdings tiefer reichen als unsere grobe Zuordnung in dominante, distanzierte und beziehungsorientierte Kunden (Kapitel 4). Passen Sie die nachfolgenden Empfehlungen deshalb entsprechend an, um den anderen charakteristischen Merkmalen Rechnung zu tragen, die Sie bei den Teilnehmern Ihrer Präsentation beobachten konnten.

Der dominante Zuhörer: Er neigt zur Ungeduld und kann langen Präsentationen wenig abgewinnen. Also sollten Sie sich kurz fassen, Ihren Vortrag klar gliedern und vermeiden, daß Sie zu viele Einzelheiten einflechten oder die Wahrheit damit „strecken". Übertreibungen bestärken ihn in seinem angeborenen Mißtrauen. Außerdem hätte er damit eine Möglichkeit zur Hand, Sie anzugreifen, und wenn auch nur, um Sie zum „Duell" herauszufordern. Versuchen Sie gar nicht erst, jeden potentiellen Einwand vorauszuahnen und zu kontern. Damit würde Ihre Präsentation viel zu lang. Wenn Sie einen Einwand beantworten, ermutigen Sie ihn zum Dialog. Wenn er schweigend zuhört, haben Sie das Heft in der Hand, was ihm unangenehm ist. Dominante Zuhörer nehmen sehr aktiv an den meisten Präsentationen teil.

Es ist ungeheuer wichtig, daß Sie Ihre Autorität aufrechterhalten und die Fäden in der Hand behalten. Der dominante Zuhörer wird Sie möglicherweise ständig mit Einwänden und Fragen unterbrechen. Bekämpfen Sie dieses Störfeuer nicht und weichen Sie ihm nicht aus, aber sehen Sie zu, daß Sie die Situation unter Kontrolle haben. Andernfalls verlieren die anderen Teilnehmer das Vertrauen in Sie.

Der distanzierte Zuhörer: Er genießt es, Informationen zu sammeln, liebt Details und ist an Beweisen interessiert, die Ihre Argumente bestätigen. Ihre Präsentation sollte ausführlich, unpersönlich und sachlich-nüchtern sein, und sie darf ein wenig länger dauern als bei den beiden anderen Persönlichkeitstypen. Um sein Bedürfnis nach Einzelheiten und Belegen für Ihre Behauptungen zu befriedigen, können Sie vor Beginn der Veranstaltung schriftliches Informationsmaterial verteilen. Hier sollte das Gros der Details und Beweise enthalten sein; überprüfen Sie das Material noch einmal auf seine Richtigkeit und Aktualität. Der distanzierte Zuhörer liest diese Informationen sehr gründlich und duldet keine Fehler. Er wird vermutlich Fragen dazu stellen, also vergewissern Sie sich, daß Sie jeden einzelnen Punkt verstehen. Wenn er Sie wegen einer Nebensächlichkeit ins Kreuzverhör nimmt und Sie keine befriedigende Antwort aus dem Ärmel schütteln können, erleidet Ihre Glaubwürdigkeit möglicherweise eine Schlappe.

Der beziehungsorientierte Zuhörer: Er spricht sehr gut auf Autorität an, wenn diese mit menschlicher Wärme und echtem Interesse an seiner Person gekoppelt ist. Zeigen Sie durch Ihre Fachkompetenz, daß Ihnen etwas an diesem Zuhörertyp liegt, ohne in irgendeiner Form Druck auszuüben oder allzu forsch vorzugehen. Reden Sie über Menschen, ihre Sorgen und ihre Aktivitäten. Behalten Sie die Kontrolle, und ermutigen Sie ihn zum Dialog. Falls er vom Thema abschweift, bringen Sie ihn sanft wieder auf Kurs.

Passen Sie sich der Stimmung der Zuhörer an. Halten Sie stets Ausschau nach Anzeichen von Interessen, Akzeptanz, Zustimmung, Langeweile, Ungeduld, Verwirrung oder Feindseligkeit. Falls Sie etwas davon bemerken, modifizieren Sie Ihre Präsentation.

Interesse. Ihre Zuhörer bekunden ihr Interesse, indem sie sich nach vorne lehnen, Blickkontakt halten, zustimmend mit dem Kopf nicken, sich Notizen machen, visuelle Hilfsmittel oder Muster studieren und gezielte Fragen stellen. Welche Punkte waren für sie allem Anschein nach besonders interessant und wichtig? Welche scheinen irrelevant zu sein? Wenn nötig sollten Sie Schwerpunkt, Tempo oder sogar Ihre wichtigsten Punkte ändern.

Zustimmung und Meinungsverschiedenheiten: Wenn ein Zuhörer einem Ihrer Punkte nicht zustimmen kann, gilt: Je schneller Sie Ihre Präsentation anpassen, desto besser. Es ist besonders wichtig zu prüfen, ob Konsens herrscht, während Sie die Anforderungen Ihres Publikums zusammenfassen. Die Zeichen, die Zustimmung signalisieren, ähneln jenen, mit denen jemand Interesse bekundet, einschließlich verbaler Äußerungen wie „ganz richtig", „in Ordnung" oder „einverstanden". Wenn Ihre Zuhörer bei der Zusammenfassung anderer Meinung sind als Sie, klären Sie die strittigen Punkte unverzüglich; dann passen Sie Ihre Präsentation entsprechend an.

Langeweile und Ungeduld: Sie können es sich nicht leisten, Ihre Zuhörer „einzuschläfern". Selbst wenn sie genau das brauchen, was Sie anzubieten haben, kann eine langweilige Präsentation Sie eine klare Zusage kosten. Anzeichen von Langeweile sind Kritzeln, Zappeln, mit dem Finger oder dem Kugelschreiber auf dem Mobiliar herumtrommeln, Löcher in die Luft starren oder Kommentare wie: „Das versteht sich doch wohl von selbst."

Wenn Ihre Situationsanalyse richtig ist, Ihre Zuhörer aber ungeduldig oder gelangweilt reagieren, sprechen Sie vermutlich zu allgemein. Sie rücken vielleicht Ihre Lösung oder Firma in den Mittelpunkt, während Ihr Publikum lieber über seine spezifischen Bedürfnisse reden würde. Sollten Sie, aus welchen Gründen auch immer, Anzeichen von Langeweile oder Ungeduld entdecken, handeln Sie sofort! Lassen Sie das Thema so schnell und glatt wie möglich fallen und gehen Sie zu Aspekten über, die Ihre Zuhörer interessieren. Wenn jemand die gesamte Präsentation ermüdend findet, haben Sie vielleicht ein zu langsames Tempo angeschlagen. Lassen Sie einige Punkte fallen, komprimieren Sie andere und regen Sie eine Diskussion an. Die meisten Menschen reden lieber, als daß sie zuhören. Ein Gedanken- und Meinungsaustausch erhöht das Interesse, und die Anmerkungen helfen Ihnen, Ihre Präsentation neu auszurichten.

Verwirrung: Wenn Ihre Zuhörer irritiert scheinen, können Sie keine Zusage erwarten. Obwohl manche Signale direkt ins Auge springen, ist es vielen peinlich, zuzugeben oder auch nur zu zeigen, daß sie „im Wald stehen". Versuchen Sie also, unterschwellige Botschaften aufzufangen. Verständnislose Blicke sind leicht zu entdecken, blitzen aber manchmal nur für den Bruchteil von Sekunden auf. Die Wiederholung von Fragen oder Bitten um zusätzliche Informationen können auf Verwirrung hindeuten.

Wenn Sie spüren, daß Ihre Zuhörer Ihnen nicht mehr folgen können, sollten Sie niemals fragen: „Haben Sie den Faden verloren?" oder „Das ist schwer zu verstehen." Die Zuhörer könnten das Gefühl haben, daß Sie an ihrer Intelligenz zweifeln. Deuten Sie an, daß Sie sich vielleicht nicht klar genug ausgedrückt haben. Sagen Sie z.B.: „Ich glaube, ich habe diesen Punkt nicht deutlich genug zum Ausdruck gebracht. Lassen Sie es mich aus einem anderen Blickwinkel erklären." Tun Sie es, wenn die Zuhörer einverstanden sind. Andernfalls bleiben Sie bei Ihrer ursprünglichen Version, die Sie jedoch in einfachere Worte kleiden und mit mehr Beispielen veranschaulichen.

Skepsis. Die meisten Leute sind skeptisch. Sie wissen, daß viele Verkäufer übertreiben und ihre Empfehlungen im allerbesten Licht darbieten. Ein gewisses Maß an Skepsis ist natürlich, und das dürfen Sie getrost ignorieren. Falls Sie jedoch Anzeichen für beachtliches Mißtrauen entdecken, sollten Sie sanft nachhaken. Welche Zweifel hegen Ihre Zuhörer? Worin wurzeln diese? Räumen Sie diese Zweifel aus, und zwar mit hieb- und stichfesten Beweisen, Schreiben zufriedener Käufer oder Referenzen von Kunden, die Ihrer Analyse aus vollem Herzen zustimmen.

Feindseligkeit: Sie drückt sich in geballten Fäusten oder zusammengebissenen Zähnen aus; die Zuhörer weichen Ihrem Blick aus, zeigen mit dem Finger oder dem Stift auf Sie, sprechen mit donnernder Stimme, haben ein rotes Gesicht usw. Ihre natürliche Reaktion auf solche Aggressionen könnte Wut sein. Doch Sie können es sich nicht leisten, zornig zu werden. Wenn Sie Anzeichen von feindseligem Verhalten entdecken, sollten Sie vorsichtig den Ursachen auf den Grund gehen. Haben Sie etwas getan oder gesagt, was die Gemüter erhitzt hat? Entschuldigen Sie sich oder stellen Sie den falschen Eindruck richtig; dann bitten Sie darum, fortfahren zu dürfen. Diese Schritte tragen oft dazu bei, Spannungen abzubauen und bieten Ihnen die Möglichkeit, „Punkte zu sammeln".

Keine Reaktion: Der unbewegte Zuhörer ist am schwersten zu überzeugen. Sie möchten Rückmeldungen, sowohl, um eine definitive Zusage zu erhalten, als auch Ihres eigenen Wohlbefindens wegen. Reaktionsschwache Zuhörer machen manche Verkäufer so nervös, daß sie anfangen, zuviel, zu schnell und zu laut zu reden; einige übertreiben sogar oder lügen. Wenn Sie einen solchen Zuhörer vor sich haben, sollten Sie Ihre Präsentation kurz und sachlich halten und dann zum Abschluß übergehen. Versuchen Sie, ihn aus der Reserve zu locken, so daß er auf Ihre Handlungsaufforderung reagiert; seine Antwort hilft Ihnen bei der Planung des nächsten Schritts.

Zeitdruck: Vor Beginn der Präsentation sollten Sie herausfinden, wieviel Zeit die Zuhörer für Sie erübrigen können. Wenn es weniger ist als erwartet, fragen Sie, ob Sie ein wenig mehr Zeit haben können. Falls jemand zögert, kürzen Sie Ihren Vortrag, und falls nicht anders möglich, beraumen Sie einen neuen Termin an. Achten Sie darauf, den Zeitrahmen nicht zu überschreiten. Wenn die Zuhörer nervös werden und es nicht abwarten können, daß Sie endlich zum Schluß kommen, haben Sie keine Chance, um Auftragserteilung zu bitten. Kurze Präsentationen vor einem aufmerksamen Publikum aktivieren mehr als lange Monologe vor Zuhörern, die frustriert „abgeschaltet" haben.

Wettbewerb: Wenn sich Ihre Konkurrenten mit derselben Personengruppe treffen, sollten Sie versuchen, Ihre Präsentation als letzter durchzuführen. Normalerweise können Sie an den Reaktionen der Zuhörer ablesen, wie Ihr Angebot im Vergleich zu dem Ihrer Rivalen abschneidet und Ihre Präsentation, falls erforderlich, dementsprechend ändern. Sie können Ihre Lösung auch direkt mit dem Konkurrenzvorschlag vergleichen und dabei vor allem auf diejenigen Punkte eingehen, die für Ihre Zuhörer ganz besonders wichtig sind. Falls es Ihnen nicht gelingt, an die letzte Stelle auf der Präsentationsliste zu rutschen, versuchen Sie einfach, einen Termin für ein zweites Gespräch zu arrangieren, sobald sämtliche Rivalen an der Reihe waren. Dann sind Sie imstande, Einwände auszuräumen und interessante Vergleiche zu ziehen.

Störungen: Nehmen Sie Störungen so gleichmütig wie möglich hin. Sie können es sich nicht leisten, Verärgerung zu zeigen. Nach jeder Unterbrechung gehen Sie ein wenig in Ihrer Präsentation zurück, um sicherzugehen, daß Ihre Zuhörer Ihnen noch folgen. Vergewissern Sie sich, daß Sie ihre ungeteilte Aufmerksamkeit genießen, bevor Sie den Faden wiederaufnehmen. Wenn sie noch nicht ganz bei der Sache sind, bieten Sie an, mit der Fortsetzung Ihrer Präsentation zu warten, bis ihre neuen Probleme vom Tisch sind. Die meisten Zuhörer werden dann merken, daß Sie ihre volle Konzentration wollen, und Ihrem Wunsch entsprechen. Falls das nicht möglich ist, warten Sie ein paar Minuten, während das Problem diskutiert oder gelöst wird, oder Sie beraumen einen Termin zu einem späteren Zeitpunkt an.

Ablenkungen: Unterbrechungen sind nur eine Form der Ablenkung. In einem Büro gehen viele Menschen ein und aus, auf anderen Schreibtischen klingelt das Telefon, und irgendwo hört man den Krach einer Maschine oder ein lautes Gerät. Am besten bekommen Sie solche Ablenkungen in den Griff, wenn Sie für Abhilfe sorgen. Wenn möglich sollten Sie Ihre Präsentation also an einem ruhigen Ort abhalten; andernfalls versuchen Sie einfach, so gut wie möglich darüber hinwegzugehen. Falls der Geräuschpegel ein Problem darstellt, sprechen Sie langsamer und deutlicher. Benutzen Sie visuelle Hilfen, um das Interesse Ihrer Zuhörer wachzuhalten. Kürzen Sie Ihre Präsentation und rücken Sie die Diskussion in den Vordergrund, weil Ablenkungen die Konzentrationsspanne der Zuhörer verkürzen. Und, besonders wichtig, lassen Sie sich nicht aus dem Gleichgewicht bringen! Die Ablenkungen mögen an Ihren Nerven zerren, aber je nervöser und verärgerter Sie wirken, desto weniger empfänglich sind Ihre Zuhörer.

Passen Sie sich Ihren Zuhörern an. Sie sollten Ihr eigenes Persönlichkeitsprofil gut kennen. Überprüfen Sie während der Präsentation immer wieder die Wirkung, die Sie auf andere Menschen haben, und passen Sie sich Ihren Zuhörern an. Bauen Sie auf Ihren Stärken auf, und kompensieren Sie Ihre Schwächen.

Der dominante Referent: Wenn Sie zu den dominanten Menschen gehören, sind Ihre Präsentationen vermutlich kurz, gut strukturiert und zielgerichtet. Im allgemeinen strahlen Sie Fachkompetenz, Selbstvertrauen und Enthusiasmus aus. Das sind Stärken, die Ihnen als Fundament dienen.

Sie neigen indessen auch dazu, Probleme oberflächlich zu analysieren. Und wenn Sie in die Tiefe gehen, verknüpfen Sie Ihre Präsentation nicht direkt mit den Problemen und Interessen Ihres Publikums. Außerdem haben Sie vielleicht kein besonders ausgeprägtes Gespür für die Signale, die Ihnen Ihre Zuhörer während der Präsentation senden. Gehen Sie mehr auf Stimmungen ein. Halten Sie besonders nach Zeichen Ausschau, die darauf hindeuten, daß Sie zuviel Druck machen. Mit anderen Worten: Wenn Sie zu den dominanten Referenten gehören, sollten Sie Ihre natürliche Autorität nutzen; aber übertreiben Sie nicht und entwickeln Sie Fingerspitzengefühl.

Der distanzierte Referent: Wenn Sie in diese Kategorie fallen, sind Ihre Präsentationen vermutlich logisch und gut strukturiert. Außerdem haben

Sie überzeugende Beweise an der Hand, die Ihre Empfehlungen stützen. Ihrem Vortrag fehlt gleichwohl der emotionale Reiz, und er ist wahrscheinlich zu lang. Vielleicht versuchen Sie, das Gesamtbild zu skizzieren, einschließlich aller sekundären Fakten. Ihre Präsentationen gleichen eventuell eher einer akademischen Vorlesung als einer aktionsorientierten Veranstaltung.

Stellen Sie Ihre Stärken heraus, indem Sie z.B. eine gründliche Analyse durchführen und Ihre Gedanken strukturieren. Aber kürzen Sie Ihre Präsentation und sprechen Sie Ihre Zuhörer auch auf der emotionalen Ebene an. Ersetzen Sie Fakten und Statistiken durch Geschichten und Beispiele. Bei der Durchführung Ihrer Präsentation sollten Sie darauf achten, mehr menschliche Wärme und Intensität auszustrahlen. Halten Sie Blickkontakt und benutzen Sie kraftvolle Gesten, die Selbstvertrauen ausdrücken.

Der beziehungsorientierte Referent: Wenn Sie zu den beziehungsorientierten Persönlichkeitstypen zählen, sind Sie ziemlich empfänglich für die Botschaften, die Ihre Zuhörer Ihnen senden. Möglicherweise sind Sie sogar zu aufnahmebereit und besorgt wegen der Reaktionen, daß es Ihren Präsentationen an Kraft und Dynamik mangelt. Zum Beispiel könnten so viele Debatten stattfinden, so daß Ihr Vortrag zu einer lebhaften, vom Thema abweichenden Unterhaltung ausufert und mit einem klar strukturierten Versuch, eine Handlungsabsicht zu schaffen, nicht mehr das geringste zu tun hat. Sie lassen vielleicht sogar wichtige Themen aus, weil Sie Angst haben, Ihr Publikum zu kränken, zu verärgern oder zu langweilen. Bauen Sie auf Ihre Fähigkeit, eine starke Beziehung zu den Zuhörern herzustellen, aber achten Sie darauf, daß die Präsentation überzeugend, straff strukturiert und fachlich kompetent ist.

Zusammenfassung

Worte allein reichen nicht aus. Gut organisierte Präsentationen koppeln Ihre Lösung an die Probleme Ihrer Zuhörer an, aber Sie brauchen auch eine persönliche Beziehung zu Ihrem Publikum. Die Techniken, mit denen Sie Ihren Auftritt gestalten, und Ihr Einfühlungsvermögen tragen dazu bei, dieses Band zu knüpfen.

Gewinnen Sie die Aufmerksamkeit der Teilnehmer durch Ihr Selbstvertrauen, Ihren Enthusiasmus, schwungvolle Gesten und ständigen Blickkontakt. Helfen Sie ihnen, Ihrer Präsentation zu folgen, indem Sie auf Pausen und andere „Interpunktionszeichen" achten. Üben Sie so lange, bis Ihre Präsentation optimal läuft und natürlich klingt. Ermutigen Sie zum Dialog. Ihre Zuhörer werden dann stärker einbezogen, was Ihnen helfen wird, sich Persönlichkeitstypen, Stimmungen und Umständen anzupassen.

Und schließlich berücksichtigen Sie die Wirkung Ihrer eigenen Persönlichkeit. Wenn Sie ein dominanter Mensch sind, nutzen Sie Ihre natürliche Autorität, aber „erdrücken" Sie Ihre Zuhörer nicht. Gehen Sie vom Typ her zwischenmenschlich eher auf Distanz, sollten Sie Ihre analytischen und organisatorischen Fähigkeiten voll ausspielen, Ihre Präsentation jedoch kürzen, Gefühle ansprechen und menschliche Wärme bekunden. Haben zwischenmenschliche Beziehungen für Sie den höchsten Stellenwert, dann machen Sie von Ihrer Herzlichkeit und Ihrem Einfühlungsvermögen Gebrauch; aber achten Sie darauf, Ihre Präsentationen zwingender zu gestalten und straffer zu gliedern.

Lösung für das Fallbeispiel

Wenn Ihnen potentielle Kunden zuhören, aber keine Anstalten machen, zur Tat zu schreiten, liegt die Lösung darin, einen grundlegenden Konsens zu schaffen, daß Ihr Vorschlag seine Vorzüge hat und ernsthaft berücksichtigt werden sollte.

Angesichts dieser Umstände können Sie nur darauf hoffen, daß Ihr Verkaufsvorgang lebendig bleibt und ein Gremium gebildet wird, das sich mit der Entscheidungsfindung befaßt. Es muß das verbriefte Recht haben, nach der Besprechung alle erforderlichen Maßnahmen einzuleiten.

Nach der Präsentation bleibt noch viel zu tun. Was bisher erreicht wurde, ist, daß Sie nun Menschen von Ihrer Problemlösung überzeugen müssen.

Präsentationen stellen ein risikoreiches Umfeld dar. Wenn Planung und Durchführung zu wünschen übriglassen, können sie eine Katastrophe sein. Die Auswahl der Teilnehmer hat großen Einfluß auf den Verlauf der Veranstaltung. Präsentationen erfordern akribische Vorbereitungen und ein präzise aufeinander abgestimmtes Mix aller Instrumente. Wenn Sie den zuvor empfohlenen Schritten folgen, verfügen Sie über ein weiteres schlagkräftiges Verkaufshilfsmittel.

Mit der kniffligen Verkaufssituation, die zu Beginn des Kapitels geschildert wurde, sehen Sie sich bei Ihren meisten Kundenentwicklungsaktivitäten konfrontiert. Andere, gleichgeartete Umstände können ebenfalls eine formale Präsentation vor einer Gruppe unerläßlich machen. Ein Verkaufsprofi sollte solche Präsentationen vorhersehen und vorausplanen, so daß sie zu seinem Rüstzeug werden.

Eine ernsthafte Warnung erscheint hier angebracht: Eine Präsentation, der es an Qualität mangelt, kann verheerende Folgen haben und alles zunichte machen, was Sie bisher bei einem bestimmten Kunden erreicht haben. Und dafür gibt es keine Entschuldigung.

Kapitel 10

Verhandlung, Annäherung, Kompromiß

– Für den Kunden von Nutzen, für Sie kein Verlust –

Herausforderung:

Wie Sie Hürden im Verkauf umgehen

Als Verkäufer müssen Sie eine grundlegende Tatsache vestehen: Kunden kaufen, um die Bedürfnisse ihres Unternehmens zu befriedigen. Ihr Produkt wird im Markt angeboten, um solchen Bedürfnissen so weit wie möglich gerecht zu werden. Sowohl Abnehmer als auch Anbieter haben entdeckt, daß eine 100%ige Übereinstimmung selten erzielt werden kann; deshalb versuchen sie, die Lücke durch Verhandlung, Annäherung und Kompromisse zu verengen. Informationen und Fingerspitzengefühl zählen zu den unschätzbar, wertvollen Begleitern des Verkäufers bei der Abwicklung des mehrstufigen Verkaufsprozesses.

Fallbeispiel: Matt

In dieser Woche, so schien es Matt, hatte er mehr diskutiert als verkauft. Er hatte einige Wortgefechte gewonnen und andere verloren. Die Niederlagen waren entmutigend gewesen. Er mußte die Forderungen der Kunden abwehren, während er gleichzeitig versuchte, seine eigene Firma dazu zu bringen, mehr Flexibilität zu beweisen und den Kundenwünschen entgegenzukommen. Er fühlte sich wie der Überbringer einer Hiobsbotschaft, der niemandem willkommen ist.

Während der Woche hatte Matt versucht, Klarheit über den komplexen „Beschaffungsprozeß" bei Kenyann Enterprises zu gewinnen, von National Regulator hatte er eine formale Bitte um mehr Informationen erhalten. In der Anlage zum Brief hatte sich ein Produktbeschreibungsblatt mit 23 Fragen befunden, die ausführliche, freie Antworten erforderten. Matt hätte aus dem Stegreif sieben Firmen nennen können, die genau jetzt einen Blick auf das gleiche Schriftstück warfen.

Als frustrierende Barriere hatte sich in dieser Woche auch die sture Position seiner Firma hinsichtlich Bestellmengen und -häufigkeit erwiesen, kombiniert mit der glatten Weigerung, eine Leistungsgarantie zu geben. Von bestehenden und potentiellen Kunden war die Bitte nach Verlängerung der Laufzeit dieser Erfüllungsgarantie und die Weigerung gekommen, die Haftungsbeschränkungen anzuerkennen, wie sie in dem von Matt vorgelegten Kaufvertrag aufgeführt waren. Das war alles andere als eine fruchtbare Woche gewesen!

Verhandlung, Annäherung und Kompromiß sind im Geschäftsleben an der Tagesordnung. Häufigkeit und Grad hängen indessen von der Art der Geschäftstätigkeit ab. Traditionen, Gewohnheiten und Überzeugungen scheinen das Bedürfnis nach Verhandlungen zu stimulieren – eine weithin verbreitete Praxis, z.B. im Baugewerbe.

In der Welt des Verkaufs an gewerbliche Kunden, also im Business-to-Business-Bereich, kann es Verhandlungen geben, aber die meisten Anbieter und einige Kunden verstehen, daß dieses Verfahren auf sehr reale Grenzen stößt. Ungeachtet dessen geben sich manche Kunden die allergrößte Mühe, diese Praxis in den Beschaffungsprozeß zu integrieren. Das stellt den Verkäufer vor ein Problem. Er befindet sich zwischen zwei Stühlen (als Mittler, der für eine Annäherung der Standpunkte sorgt), und auf beiden Seiten liegen Verhandlung und Kompromiß wie eine Tabuzone. Daraus folgt, daß die Annäherung strategisch erfolgen muß, um die Abhängigkeit von den beiden Extremen zu verringern. Und selbst wenn Sie wenig oder gar keinen Spielraum für Verhandlungen und Kompromisse besitzen (wegen der Restriktionen Ihrer Firma), muß es so aussehen, als wären Ihnen die Hände nicht ganz so stark gebunden. Das ist ein Zauberkunststück und ein Spiel, auf das Sie sich unter Umständen einlassen müssen. Sie werden es gewinnen, wenn Sie den Verlauf vorhersehen, Regelverstöße aufspüren und eine Verteidigung aufbauen, die dem Käufer ein wenig verwirrend erscheinen mag.

Die meisten Leute denken bei Begriffen wie Verhandlung, Annäherung und Kompromiß sofort an Preise und Kosten. Beides kann damit zu tun haben, aber ein Verkäufer hat in Wirklichkeit kaum Spielraum, soweit es Preise oder Kosten angeht. Sicher ist, daß er die Kosten nicht steuern oder nachhaltig beeinflussen kann. Sie stellen eine vorgegebene Größe dar, die Kosten für Rohmaterialien, Werkzeugbestückung, Fertigung, Arbeitslohn usw. beinhaltet. Dann gibt es noch die Verpackungskosten zuzüglich der Versand- oder Transportkosten, nicht zu vergessen die Vertriebskosten, die allgemeinen Kosten und die Verwaltungskosten – nebst der Notwendigkeit, einen Gewinn zu erzielen, denn nur so kann sich Ihre Firma über Wasser halten. Das alles zusammengerechnet übersetzt sich in einen Festpreis.

Manche Käufer möchten *Verhandeln* mit *Gelegenheitskauf* gleichsetzen und letzteres zum festen Bestandteil ihres Beschaffungsprozesses machen. Bis zu einem gewissen Ausmaß war das immer so. Gelegenheitskauf bedeutet, daß man etwas billig oder günstig ersteht. Ein so vorteilhaftes Geschäft ist eine Regelung, die manchmal den zweifelhaften Ruf hat, jemand sei übervorteilt worden. Oft herrscht das Gefühl vor, wenn jemand ein Schnäppchen gemacht hat, sei er als Sieger hervorgegangen und der andere als Verlierer. Man behält einen bitteren Nachgeschmack und sagt sich, wenn man ein bißchen hartnäckiger gewesen wäre, hätte man bessere Konditionen aushandeln können. In weiteren Transaktionen mit demselben Käufer können Sie davon ausgehen, daß der letzte Gelegenheitskauf zum Standard und Ausgangspunkt für alle weiteren Verhandlungsrunden geworden ist. Der Verhandlungsprozeß ist zum Feilschen und Schachern ausgeartet. Und darauf möchte sich kein Verkäufer einlassen.

Annäherung ist ein Schritt, der den Verkaufs- und Beschaffungsprozeß wirklich voranbringt. Hier wird versucht, innerhalb vorgegebener Grenzen, die sowohl für den Anbieter als auch für den Käufer annehmbar sind, Interessen anzugleichen, Verfahrensweisen zu adaptieren und den „Modus operandi" anzupassen. Der Kompromiß ist eine Lösung, der Konzessionen enthalten kann, aber nicht enthalten muß. Normalerweise beinhaltet er, daß beide Parteien oder Seiten ein Stück von ihrem ursprünglichen Standpunkt abrücken.

Wir alle sind Tag für Tag in allen Lebensbereichen mit Verhandlungen, Annäherungen und Kompromissen befaßt. Wenn Sie sagen: „Dieser Punkt geht an Dich oder Sie", haben Sie entschieden, von Ihrer ursprünglichen Position abzugehen und dem Gesprächspartner oder der anderen Partei die Gelegenheit zu geben, fortzufahren. Der Satz „Ja, das verstehe und akzeptiere ich" hat ähnliche Wirkung.

Im Verkauf können Sie dem Gesprächspartner in allen Punkten nachgeben – bis auf einen: den Grund Ihres Besuchs. Sie wollen an ihn verkaufen. Wenn Sie es in Ihrem Fach zur Meisterschaft bringen, können Sie Kompromißbereitschaft zeigen und gleichzeitig Ihr primäres Interesse stärken. Die Punkte, in denen Sie Entgegenkommen beweisen, müssen für den Käufer von Wert sein, während Sie Ihrer Firma kaum oder gar keine Nachteile bringen. Auf diese Weise nachzugeben ist ein sehr ernsthaftes Geschäft, denn wenn es den Anschein hat, als hätten Sie Punkte verschleudert, kann ihnen der Käufer definitionsgemäß keinen großen Wert beimessen und Ihr Verhalten entsprechend würdigen.

Wenn der Kunde beispielsweise 10 000 Einheiten bestellen und innerhalb von 30 Tagen haben will, die normalen Lieferbedingungen aber eine Frist von 60 Tagen vorsehen, können Sie triftige Gründe vorbringen (Punkte sammeln), während Sie sich eine Technik überlegen, den Punktestand wieder auszugleichen. Sie erklären, daß sich eine solche Zusage nur machen und einhalten ließe, wenn die Mitarbeiter in Ihrer Firma am Wochenende arbeiten und sogar eine dritte Schicht fahren würden. Infolgedessen sei der übliche Preis nicht aufrechtzuerhalten. Es gäbe jedoch vielleicht eine Möglichkeit, einander auf halbem Weg entgegenzukommen.

Angenommen, es würde genügen, wenn einige der bestellten Einheiten zum gewünschten Zeitpunkt, andere normal innerhalb von 60 Tagen und der Rest im Rahmen von 90 Tagen im Kundenunternehmen einträfen. Das wäre ein „Anpassungsvorschlag", mit dem beide Parteien vermutlich leben könnten. Eventuell bietet ein solcher Kompromiß sogar die Möglichkeit, beim Standardpreis zu bleiben, obwohl Sie dem Wunsch des Kunden nach einer schnelleren Lieferung entgegenkommen. Sie wandeln eine Sackgasse in eine Situation um, in der alle Beteiligten gewinnen.

Manche Käufer fühlen sich nur wohl, wenn sie Ihnen klargemacht haben, daß sie alle Trümpfe in der Hand halten. Sie können nein sagen oder passiv reagieren. Wenn Sie mit Ihrem Kundenentwicklungsprogramm jedoch gute Fortschritte erzielt haben, sind solche „Machtspielchen" nicht erforderlich. Kundenentwicklung bedeutet nicht zuletzt, einer Hebelwirkung auf diesem Gebiet vorzubeugen. Sie sind ohnehin erfolgreich, wenn Ihr Problemlösungsvorschlag die Zustimmung des Topmanagements genießt. Während dieses Prozesses nehmen Sie Ihrem Verhandlungspartner letztendlich das Vetorecht oder neutralisieren ihn auf andere Weise. Er wird die Situation erkennen, aber Sie sollten sich nichts anmerken lassen. Sie spielen lediglich Ihr As aus, und die Entscheidung, wer die Trümpfe in der Hand hält, ist ebenfalls Teil des Prozesses.

Verhandlung

Wenn Verhandlungen stattfinden, ist im Normalfall ein spezielles Thema aufgetaucht, das der einen Partei wichtiger erscheint als der anderen. Eine oder beide der beteiligten Parteien sind zu der Schlußfolgerung gelangt, daß die andere Seite Entscheidungsspielraum besitzt und (um den Vorgang fairer zu gestalten) etwas aufgeben sollte. Wenn sich irgendeine Partei Zwängen gegenübersieht, die sich einem Verhandlungsprozeß entziehen, die andere Partei sich dieser Zwänge aber nicht bewußt ist oder sie nicht als real anerkennen will, könnte eine Pattsituation entstehen und die Transaktion im Keim erstickt werden.

In der Welt des Verkaufs scheinen manche Kunden den Begriff Verhandlung so zu definieren, daß der Anbieter etwas „draufgeben" muß, um das Geschäft abzuschließen. Sie nutzen jeden nur möglichen Vorteil, um diese eingleisige Verhandlungsplattform zu erreichen. Dazu gehört häufig die List, darauf hinzuweisen, daß ein Konkurrent nur zu gerne die genannten Bedingungen erfüllen würde und Sie folglich ebenfalls Interesse daran haben sollten. In der Regel geben Sie bei diesem Kunden klein bei, aber Sie werden dann bei allen nachfolgenden Transaktionen unter dem gleichen Druck stehen und irgendwann das Handtuch werfen. Aus der Verhandlung ist unversehens ein größeres Zugeständnis geworden – zu dem der Kunde Sie mehr oder weniger genötigt hat. Er ist der Sieger und stempelt Sie zum Verlierer ab. Hier herrscht die Sichtweise vor, daß der Kunde Sie „durchschaut" und sich nur das geholt hat, was ihm ohnehin von Anfang an zustand. Der Kunde ist standhaft geblieben, Sie haben nachgegeben.

Die Neigung zu Verhandlungen und das Gewicht, das Sie ihnen beimessen, stehen in umgekehrtem Verhältnis zu Ihren derzeitigen Aktivitäten in der Kundenorganisation. Wenn Sie auf höherer Managementebene den einen oder anderen Besuch abgestattet haben, werden Sie hier wenig oder gar kein Interesse an Verhandlungen antreffen. Die Gründe dafür sind in den vorherigen Kapiteln herausgearbeitet worden; lassen Sie uns einige Punkte noch einmal hervorheben.

Mitglieder der Top-Führungsriege lassen sich von Ideen, Möglichkeiten und potentiellen Nutzen überzeugen, die Sie auf diesen Hierarchieebenen „verkaufen" müssen. Zu diesem Zeitpunkt bestehen Fragen und Bedürfnisse nach mehr Informationen, um Ihre Problemlösung voll und ganz verstehen und fördern zu können bzw. um abzuklären, in welchem Maß sie befürwortet werden kann. In dieser Phase der Überlegungen gibt es de facto nichts zu verhandeln. Die Mitglieder des oberen Managements wissen, daß noch viele Einzelheiten zu klären sind, wie bei jedem ihrer Projekte, und sie wissen auch, daß sie über geschickte Mitarbeiter verfügen, die sich später mit den Details befassen werden.

Wenn Sie auf dem „Führungssprungbrett" mit Erfolg verkaufen, wird die Entscheidung definitionsgemäß nach unten weitergeleitet und erreicht die Umsetzungsebenen. Mit Fortschreiten des Prozesses kristallisieren sich Einzelheiten der Transaktion heraus, und viele erfordern spezielle, unwiderrufliche Antworten. Im Zuge dieser Abwärtsspirale entwickelt sich die Verhandlung zu einem Umsetzungsinstrument, und auf irgendeiner Ebene wird das Bedürfnis oder der Wunsch des Kunden nach Verhandlungen unvermeidlich.

Annäherung

Nach unserer Auffassung ist dies ein Schritt, der im gesamten Verkaufszyklus immer wieder in die Wege geleitet wird, um dem besten Interesse sowohl Ihres Kunden als auch Ihrer Firma zu dienen. Außerdem schieben Sie damit künftigen Versuchen des Kunden, eingleisig zu verhandeln und/oder Sie zu faulen Kompromissen zu nötigen, einen Riegel vor. Der Akt der Annäherung bietet dem Verkäufer möglicherweise die beste Gelegenheit, sein Problemlösungsgeschick unter Beweis zu stellen. In vielen Fällen verfügt er über Optionen und Alternativen, die den gesamten Verkaufsvorgang fördern. Ungeachtet dessen sollten Annäherungen nie automatisch oder ohne Anerkennung und/oder Belohnung erfolgen. Die meisten Verkaufszyklen beinhalten Phasen, in denen eine Annäherung eine merkliche Veränderung bewirken kann, vor allem, wenn sie die Lösung und den offenkundigen Nutzen für den Kunden maximiert.

Eine Geste des Entgegenkommens muß nicht zum „Nulltarif" erfolgen. Ein Beispiel: Mit Ihrem Produkt und seiner Anwendung ließen sich schnellere und verläßlichere Ergebnisse erzielen, wenn Sie das übliche Einweisungstraining ändern oder im Kundenunternehmen abhalten könnten. Ein guter Verkäufer wäre imstande, diese Schulung als Thema zu „verpacken" und auf dem kritischen Verkaufspfad zu plazieren – als ein Produkt, das die erwarteten Vorteile in kürzerer Zeit mit sich bringt. Er baut einen „Fall" auf, dessen Lösung er bereits in der Hand hält.

Nach der sorgfältigen Ausarbeitung eines kundenspezifischen Schulungskonzepts (aufgrund der besonderen Situation des Kunden), könnte der Verkäufer dann in Einklang mit der Strategie „zugeben", daß die

Einweisung ein schwaches Glied in der Implementierungskette darstellt. In Zusammenarbeit mit dem Kunden definiert er dann alle Dimensionen der spezifischen Trainingsbedürfnisse – er bietet keine vorgefertigte Lösung an, sondern sagt klipp und klar, daß er zu diesem Zeitpunkt noch nicht sagen kann, was eine solche Einweisung kostet, selbst wenn dieser Dienst bereitgestellt werden kann. In dieser Situation wurde eine hervorragende Plattform für eine Annäherung aufgebaut. Der Verkäufer baut sozusagen eine goldene Brücke, um dem Kunden bei der Lösung des Problems zu helfen. Die Annäherung, als solche erkannt und anerkannt, ist auch eine Barriere und Verteidigungsstrategie gegen die Bemühungen eines Ansprechpartners, später über einen Punkt zu verhandeln.

Schaffen Sie im Verkaufsvorgang die Möglichkeit einer Annäherung; Sie möchten sich doch Trümpfe verschaffen, die Sie in nachfolgenden Phasen des Verkaufsprozesses ausspielen können. Sie sollten Ihre Mitspieler wissen lassen, daß Sie sich im Besitz dieser Trümpfe befinden. Diese Vorgehensweise bewirkt, daß Ihre Gesprächspartner zögern, es vielleicht sogar als peinlich empfinden, etwas Ungebührliches von Ihnen zu verlangen.

Kompromiß

Wenn dieser Punkt erreicht ist, räumen beide Parteien in der Regel ein, daß sie ein kleines Stück von ihrem Standpunkt abrücken müssen. Es ist eine Situation, die aus Geben und Nehmen besteht, aber beide müssen sich darauf verständigen. In fast allen Verkaufs-/Kaufsituationen bleibt Raum für positive Kompromisse. Es ist besser, irgendwo einen Kompromiß zu schließen, als sich überall in harten Verhandlungen behaupten zu müssen. Kunden scheinen zwischen diesen beiden Begriffen sehr klar zu unterscheiden. Diese Differenzierung könnte sich daraus ergeben, daß sie an die Notwendigkeit gewöhnt sind, im Privatleben Kompromisse zu schließen; aber in diesem Umfeld werden Verhandlungen als letzter Ausweg aus einem Dilemma selten erforderlich. Verhandlungen scheinen besser in die Geschäftswelt zu passen, in der beide Parteien um Geld „pokern", das letztlich nicht ihnen gehört. Deshalb ist der Prozeß unpersönlich und mit einem spannenden Spiel vergleichbar.

Spielregeln

Wenn Sie ein wenig Spielraum bezüglich Ihrer Verhandlungs-, Annäherungs- und Kompromißmöglichkeiten besitzen, sollten Sie das niemals erkennen lassen, und sich nie – n i e – ohne Gegenleistung darauf einlassen. Andernfalls wird man Sie bald als „Trottel" abstempeln und außerdem vielleicht noch glauben, Sie versuchten mehr zu bekommen, als Ihnen zusteht. Falls ein Kunde dieses Gefühl hat, ist es nur noch ein kleiner Schritt bis zu der Schlußfolgerung, daß Sie nicht ganz ehrlich sind. Der Kunde glaubt, daß man Sie immer auf die Probe stellen muß, und sei es auch nur, um Sie in eine Position zu bringen, in der Sie von Anfang an hätten sein sollen. Falls Sie aufgeben müssen, sollten Sie dem Kunden sagen, daß er Sie und Ihre Firma übervorteilt hat und es nicht klug wäre, die Geschäftsbeziehung auf diese Weise fortzusetzen. Erklären Sie ihm, daß Sie ihn leider falsch eingeschätzt haben. Sorgen Sie ruhig für einigen Wirbel. Falls Sie passiv bleiben, wird der Kunde meinen, er müßte Sie auch weiterhin mit Nachdruck zu einem fairen Geschäftsabschluß bringen und man könne Ihnen nicht wirklich vertrauen. Fazit: Am Schluß wird er sich wohler fühlen, mit jemand anderem Geschäfte zu tätigen.

Wenn Sie nur wenig Spielraum für Verhandlungen oder Kompromisse haben, sollten Sie nach angemessenen Möglichkeiten Ausschau halten, dies Ihrem Kunden von Anfang an klarzumachen. Daraus sollte niemals ein Schwerpunkt oder Thema im Verkaufsvorgang werden, auf das sich die Aufmerksamkeit konzentriert. Lassen Sie nicht zu, daß sich derartige Überlegungen im Kopf des Kunden festsetzen. Die Technik für den Umgang mit einem solchen Problem ähnelt in vieler Hinsicht derjenigen, mit der Sie die schwierigsten Verkaufssituationen für sich entscheiden. Sie müssen sich mental darauf einstellen und ihm vorbeugen, und zwar so früh wie möglich im Verkaufsprozeß. Je weiter unten Sie sich auf der Unternehmensleiter befinden, desto größer ist die Wahrscheinlichkeit, daß Sie auf Probleme in Zusammenhang mit Verhandlungen und Kompromissen stoßen. Daraus folgt, daß Ihre Abwehrmechanismen schon auf höherer Hierarchieebene vorhanden sein sollten.

Es ist leicht zu erkennen, in welcher Hinsicht Kundenentwicklung und Kundenbesuche auf oberer Managementebene eine Schlüsselrolle im „Verkauf" jener Dinge spielen, die Ihnen dabei helfen, Ihre Schutzwälle zu errichten. Sie haben vielleicht den Kontakt und einen Dialog mit Führungskräften auf hoher Ebene angebahnt, zu denen Ihr derzeitiger Ansprechpartner kaum oder gar keinen Zugang hat. Erstaunlicherweise ist diese Situation typisch. Ihr Gegenüber weiß von Ihrem Kontakt, aber Sie überbringen ihm Informationen, von denen er keine Ahnung hatte und deren Wahrheitsgehalt er auch nicht leicht nachprüfen kann. Außerdem wird er ein gewisses Maß an Vorsicht walten lassen, wenn es gilt, Schritte einzuleiten oder Situationen zu schaffen, die den Plänen oder Interessen eines Firmenangehörigen auf höherer Ebene zuwiderlaufen könnten. Sie befinden sich in der Position, daß Sie ihm nun helfen werden, seine Aufgaben zu erledigen.

Wenn Sie in einer Firma tätig sind, die ihre Produkte und/oder Dienstleistungen landesweit verkauft und über eine große Anzahl von Beschäftigten im Verkauf und viele Kunden verfügt, dann wird die Preisintegrität außerordentlich wichtig. Die Preise müssen für alle Kunden gleich sein. Stellen Sie sich andernfalls nur die zahllosen Probleme vor, die Sie im Markt herbeiführen würden – einschließlich der Gefahr, mit dem Gesetz in Konflikt zu geraten. Manche Kunden, die sich dieser Probleme eigentlich voll bewußt sein müßten, bestehen vielleicht trotzdem darauf, daß es in ihrem Fall einen Aspekt oder mehrere gibt, die eine Ausnahme rechtfertigen. Wie verhalten Sie sich?

Es gibt zwar keine Patentlösung, aber verschiedene Methoden, an die Sie sich halten können. Als erstes sollten Sie versuchen, das Thema „Sonderfall" vom Tisch zu bringen und unter „ferner liefen" einzureihen. Die meisten Umstände sind, aus einer globalen Perspektive betrachtet, keineswegs einzigartig, weil sie sich in dieser oder ähnlicher Form jeden Tag irgendwo ergeben. Ihre Firma wird Ihnen kaum eine Preisliste oder einen Katalog mitgegeben haben, in denen unterschiedliche Preise je nach Umständen aufgeführt sind; denn dann müßten Sie einige Muskelmänner beschäftigen, um Ihnen die „Wälzer" hinterherzutragen. Selbst wenn Sie die Logik und Stärke der Argumente einsehen, mit denen der Kunde seine spezifischen Umstände untermauert, sollten Sie ihm nicht beipflichten oder behaupten, daß sich jede Art von Zugeständnis rechtfertigen ließe. Es reicht aus, wenn Sie ein gewisses Maß an Verständnis und Einfühlungsvermögen bekunden. Doch was tun Sie, wenn Sie wissen, daß der Kunde in diesem Punkt klar im „Vorteil" ist?

Sie können versuchen, das Problem (die Umstände) langsam schrumpfen zu lassen und auf einen Punkt zu bringen, den beide Parteien als Gegenleistung oder als ein Merkmal des Transaktionsprozesses einstufen können, das einer Überlegung wert wäre. Vielleicht können Sie etwas mit Hilfe Ihrer Niederlassung vor Ort in die Wege leiten, vor allem, wenn Sie Optionen und Alternativen bis zu einem gewissen Grad eigenständig ausloten dürfen.

In dieser Hinsicht können Sie nicht zulassen, daß die Geschäftsleitung Ihres Unternehmens mit der Situation konfrontiert wird, daß Ihr Kunde „mauert" und keine Möglichkeiten erkennbar sind, die Hürde zu nehmen. Verkäufer, die nicht mehr als eine Alternative aufzeigen können, sind keine guten Problemlöser – und vermutlich auch keine guten Verkäufer. Die Situation noch einmal aus verschiedenen Blickwinkeln zu betrachten und Bewegung in die verhärteten Fronten zu bringen, setzt ein gewisses Maß an Flexibilität und Nachgeben auf beiden Seiten voraus. Positionen zu finden, mit denen alle betroffenen Parteien leben können, erfordert sowohl Annäherungs- als auch Kompromißbereitschaft – auf beiden Seiten.

Die meisten Anbieter haben irgendwo einen gewissen Entscheidungsspielraum. Doch ungeachtet dessen kann ein unvorsichtiger Verkäufer in eine Position geraten, in der letztlich keiner mehr manövrierfähig ist. Das Verkaufsprinzip, das man hier beherzigen sollte, lautet: Wenn Sie sagen (oder auch nur andeuten), daß Sie die Angelegenheit noch einmal in Ihrer Firma besprechen und sehen wollen, was sich machen läßt, dann rechnet der Kunde mit einer rundum zufriedenstellenden Lösung. Wenn nur noch ein „Zinnsoldat" übrigbleibt, dann erwartet er, daß dieser für ihn ist. Der Kunde glaubt, Sie wüßten genau, wo Ihre Firma Zugeständnisse machen kann und wo nicht, und hält die in Aussicht gestellte Option für die Lösung, die er erwarten kann (infolge des Versäumnisses, weitere aufzuzeigen). Sie sollten deshalb niemals Ihre Firma, Ihren Kunden oder sich selbst in eine so unhaltbare Position bringen. Wenn Ihnen dieser Fehler häufiger unterläuft, wird die Zahl der Kunden, die mit Ihnen Geschäfte abschließen, zunehmend schwinden – denn sie werden in ihren Erwartungen enttäuscht. Und Sie müssen feststellen, daß es immer schwieriger wird, mit Ihren Vorgesetzten auszukommen, denn sie werden mit festgefahrenen Situationen konfrontiert.

Vorprogrammierte Käufer

Viele Käufer sind „vorprogrammiert". Sie spiegeln charakteristische Merkmale wider, die sie als Teil der Verkaufsmethoden im eigenen Unternehmen gesehen und verinnerlicht haben. Natürlich kommt es vor, daß manche aufgrund eigener Beobachtungen die Verkaufstätigkeit durch eine anders getönte Brille sehen und den Verkäufer als Profi betrachten, der mit beiden Füßen im Leben steht und sympathisch ist. Vielleicht kennen sie in ihrer eigenen Firma Verkaufsleiter, die sich ein Bein ausreißen, um dem Kunden entgegenzukommen, und trotzdem hat dieser nicht die bestmöglichen Konditionen erhalten. Wie soll sich da also Vertrauen und Optimismus in der Geschäftsbeziehung zu Ihnen entwickeln?

In vielen Firmen gelten die Mitglieder der Verkaufsmannschaft als habgierige Exoten mit Starallüren: Man unterstellt ihnen, sie müßten immer in Samt und Seide gekleidet sein, das neueste Auto fahren, ein fettes Spesenkonto haben, das sie hemmungslos für eigene Zwecke nutzen, ständig auf Reisen sein, sich in den teuersten Hotels einquartieren, sich bei Geschäftsessen und Kundenbetreuung – sprich „Amüsements" diverser Art – schadlos halten und zu allem Überfluß auch noch eine Stange Geld verdienen! Wie soll sich da also Vertrauen und Optimismus in der Geschäftsbeziehung zu Ihnen entwickeln?

Eine weitere Voreingenommenheit des Käufers betrifft das Wissen oder die Ansicht, nach welchen Kriterien seine Leistungen gemessen werden. Er hat sich ausgerechnet, was man von einem kompetenten Beschaffungsexperten erwarten kann. Einige befolgen im Kaufprozeß lediglich Anweisungen von oben, während andere die letzten Phasen eigenständig überwachen und koordinieren. Letztere gehören vielleicht zu Unternehmen, die Wert auf eine gründliche Schulung und Weiterbildung ihrer Mitarbeiter im Einkauf legen. Das bedeutet, daß diese Leute darauf geeicht sind, bei allen Beschaffungsvorgängen im Auftrag ihres Unternehmens Fairneß und die besten Konditionen zu erreichen. Sie können Einblick in ihre Denkweise gewinnen, wenn Sie einmal darüber nachdenken, wie Sie ihren Aufgaben nachkämen, wenn Sie in ihren Schuhen steckten. Wie hart und zäh müßten Sie sein? Welches Maß an Informationsgenauigkeit und Engagement würden Sie vom Anbieter erwarten? Wie schnell würden Sie vom Verkäufer angepriesene Vorteile „abhaken", die in keinem direkten Bezug zu Ihren Leistungsanforderungen und Zielen stehen?

Die letzte Dimension des Problems besteht darin, daß der Verkäufer sich benachteiligt fühlen mag (weil der Kunde nicht ja sagen muß), der Käufer aber zu der Schlußfolgerung gelangt, daß er selbst kein „gutes Blatt" hat. Er ist sich der Tatsache bewußt, daß der Anbieter alles über das Produkt und seine Anwendungen weiß. Außerdem kennt er höchstwahrscheinlich alle verfügbaren Konkurrenzprodukte, ihre Preise und die damit verbundenen Konditionen. Er weiß, daß Verkäufer ziemlich viel herumkommen und Mitarbeiter im Kundenunternehmen beeinflussen können – mehr jedenfalls, als es in seiner Macht stünde. Deshalb sind ihm manche Informationen vielleicht nicht bekannt, die der Anbieter andernorts im Unternehmen erhalten hat. Er könnte auch das Gefühl haben, daß dem Verkäufer viel Zeit zur Verfügung steht, um seine Transaktion über die Bühne zu bringen, während er selbst überlastet ist und nur das Bedürfnis hat, diesen Kaufvorgang abzuschließen, weil der nächste bereits wartet.

Alle diese Faktoren wirken zusammen und beeinflussen die Einstellung oder Denkweise des Käufers, wenn er seiner Aufgabenstellung nachgeht. Und wie wirkt sich das alles auf den Kauf- und Verkaufsprozeß aus?

Einige Käufer versuchen, jeden persönlichen Kontakt mit dem Anbieter zu vermeiden. Alle Vorgänge werden auf die Schriftform beschränkt. Sie arbeiten einen seitenlangen Katalog von Fragen aus und fordern den Verkäufer auf, jede einzelne schriftlich zu beantworten. Auf diese Weise beugen sie jedem persönlichen Gespräch mit dem Verkäufer und anderen möglicherweise betrügerischen Praktiken vor.

Auch die nachfolgend genannten Aktivitäten finden im Namen eines fairen Beschaffungsverfahrens statt:

- Je nach Beschaffenheit (Größe und Komplexität) des Kaufobjekts wird einer kleinen Anzahl potentieller Anbieter gestattet, ihr Leistungspotential zu präsentieren und/oder zu demonstrieren. Ganz besonders pfiffige Einkäufer benutzen diese Gelegenheit als „Freifahrschein" für zusätzliche Gespräche über Verkaufs- und Lieferbedingungen. Irgendwann muß es ja sein, und sie haben kaum eine andere Wahl.

- Zu diesem Zeitpunkt ist der Käufer zu der Ansicht gelangt, daß alle Zugeständnisse, um die er nicht kämpfen mußte, wenig oder gar keinen Wert besitzen; sie haben den Anbieter nichts „gekostet". Und folglich sollte der Verhandlungsprozeß weitergehen.
- Ein geschulter Käufer wird schnell zwei Techniken einsetzen: Erstens: das Maximum-Minimum-Regulierungskonzept. Er hat bei den wichtigsten Punkten des Beschaffungsprozesses die Kriterien unter die Lupe genommen, die ihm das höchstmögliche Regulierungsniveau garantieren. Er versucht herauszufinden, welches das niedrigstmögliche Regulierungsniveau des Anbieters ist, und er arbeitet während der Verhandlungen daran, es noch weiter zu drücken.
- Zweitens: Der Käufer nutzt die „Skala"-Suchtechnik. Wenn der Anbieter in puncto Preis oder Verkaufsmodalitäten sehr leicht von seiner ursprünglichen Position abrückt, nimmt der Käufer an, daß er ein besseres Geschäft in einer niedrigen Preisklasse aushandeln kann und wird alles daran setzen, diese Skala zu finden.

Während der Kundenentwicklung sollten Sie sich Kopien von mehreren „maßgeschneiderten" Verträgen Ihres Kunden beschaffen. Eine sorgfältige Überprüfung der Verkaufs- und Lieferbedingungen dient der Klärung derjenigen Kriterien, die Beschaffungsexperten dieses Unternehmens für wichtig halten. Damit haben Sie außerdem eine Orientierungshilfe um herauszufinden, welche weniger gewichtigen Zugeständnisse Sie schon in einer frühen Phase des Verkaufsvorgangs machen können. In einem solchen Fall besteht Ihr Ziel darin, aus Ihrem geringfügigen Entgegenkommen guten Nutzen zu ziehen. Wenn Sie sich gleich zu Beginn darauf einlassen, verhindern Sie, daß man Sie später zu größeren Zugeständnissen drängt. Natürlich sollten Sie mental die Punkte beider Parteien vermerken und im weiteren Verlauf des Prozesses ein gewisses Gleichgewicht des Gebens und Nehmens anstreben.

Manche Annäherungen können sich unter dem Deckmantel eines Zugeständnisses verbergen. Ihr Entgegenkommen ist in den meisten Fällen eine Geste des guten Willens, die sich so verpacken läßt, daß sie für den Käufer von Nutzen ist, Ihrer Firma aber nicht schadet. Im Rahmen Ihrer Annäherungsstrategie haben Sie kaum mehr Raum zum Manövrieren. Dann wird es für Sie unerläßlich, Flexibilität und gleichzeitig Standfestigkeit zu beweisen. Das läßt sich am besten bewerkstelligen, wenn Sie klar darauf hinweisen, welche Anpassungsleistungen Sie erbracht oder versucht haben. Lassen Sie nie auch nur andeutungsweise erkennen, daß es im Rahmen Ihrer Verkaufs- und Lieferbedingungen einen gewissen Entscheidungsspielraum gibt. Benutzen Sie nie ein Vokabular, das auf Annäherungsbereitschaft schließen läßt, und versuchen Sie nie, Ihre Verkaufs- und Lieferbedingungen zu erklären oder zu rechtfertigen.

Stehen Sie zu den Preisen und der Konditionenpolitik Ihrer Firma. Vermitteln Sie diese Botschaft bei der ersten Gelegenheit, die sich anbietet. Sie wurden nicht mit Preisen, Verkaufs- und Lieferbedingungen losgeschickt, mit denen Sie nichts gewinnen können. Kein Kunde kennt und versteht den Markt für Ihr Produkt so gut wie Ihre eigene Firma. Sie wissen alles über Kosten, Nachfrage, Nutzen, Vorteile usw. Preise, Verkaufs- und Lieferbedingungen wurden nicht gemacht, damit Sie und Ihr Kunde daran „herumbasteln", sie auf den Kopf stellen oder anderweitig darüber verhandeln. Davon abgesehen sollten Sie aber soviel wie möglich darüber in Erfahrung bringen, wie Ihre Firma zu diesen Parametern gelangt ist.

Der Blick über den Zaun – Unternehmen und Käufer

Jedes Unternehmen muß gewisse Regeln oder Richtlinien bezüglich der Art aufstellen, wie es seine Geschäfte tätigt. Alle Firmen kaufen, und alle verkaufen. Daraus folgt, daß sie alle über Praktiken und/oder ein bestimmtes Procedere für ihre Kauf- und Verkaufstätigkeit verfügen. Je kleiner die Organisation, desto größer die Ähnlichkeiten zwischen Einkaufs- und Verkaufsgewohnheiten. In einem winzigen Betrieb kann ein und dieselbe Person als Verkäufer und Käufer fungieren. Im Rahmen der Beschaffung muß eine solche kleine Firma unter Umständen mehr auf den Tisch blättern, weil sie keine starke Verhandlungsposition hat. Im Verkaufsumfeld berechnet sie vielleicht weniger als üblich, weil sie in hohem Maß auf Aufträge oder Abschlüsse angewiesen ist. Deshalb bieten diese Transaktionen Raum für Verhandlungen und Kompromisse, weil der Abnehmer sehr viel mehr Macht als der Anbieter besitzt. Kleine Lieferbetriebe brauchen eine Menge Willenskraft, um sich nicht in ihren Zielen beirren zu lassen.

In größeren Unternehmen besteht meistens eine strikte Trennung zwischen Einkauf und Verkauf und es gibt Unterschiede zwischen den Praktiken, die sich in den beiden Szenarien eingebürgert haben. Wenn Sie auf der Größenskala nach oben gehen, weist die Verkaufsseite für gewöhnlich eine klare Strukturierung in Form einer festgelegten Verkaufs- und Lieferpolitik auf, während die Beschaffungsseite von den Merkmalen jedes einzelnen Kaufvorgangs geprägt wird. Die Anzahl der Kaufberechtigten kann variieren, und da formale Beschaffungspraktiken fehlen, erwartet man von ihnen lediglich die gebührende Sorgfalt.

Wenn Sie an Abnehmer von diesem Kaliber verkaufen, sind Sie vermutlich selbst an eine formalisierte Preisliste nebst dazugehörigen Verkaufs- und Lieferbedingungen gebunden, während Ihre Ansprechpartner nur angehalten sind, die nötige Sorgfalt walten zu lassen. Ein gewissenhafter Einkäufer fühlt sich bemüßigt, den besten Preis und die besten Verkaufs- und Lieferbedingungen zu ermitteln. Seine Reaktion wird vom Verhalten des Anbieters bestimmt. Wenn er das Gefühl hat, daß der Vorgang fair und ehrlich gehandhabt wird, kann das Geschäft zum Abschluß kommen. Daher besteht Ihre Aufgabe als Repräsentant des Anbieters darin, dem Käufer diese Schlußfolgerung zu erleichtern. Sie müssen die Kontrolle über den Vorgang behalten, andernfalls bleibt Ihrem Käufer kaum eine andere Wahl, als zu Verhandlungen Zuflucht zu nehmen. In einem solchen Fall haben Sie jedweden Vorteil eingebüßt, denn höchstwahrscheinlich ist der Käufer kein Meister in der Kunst subtiler geschäftlicher Verhandlungen. Er geht mit Brachialgewalt vor und hält sich an das Motto: „Du gibst, ich nehme." Er sitzt „fest im Sattel", und je nachdem, wie erfolgreich er sich fühlt, kann sehr schnell eine feindselige Atmosphäre entstehen – dann ist Ihre Verkaufschance vermutlich vertan.

Wenn der Käufer merkt, daß er sein Ziel eher durch Zwang als freiwilliges Geben Ihrerseits erreicht, macht er sich möglicherweise Vorwürfe. Er fragt sich, was übrig geblieben ist – und ob er mit ein bißchen mehr Hartnäckigkeit nicht imstande gewesen wäre, sich auch noch den Rest zu holen. Selbst nach dem Kauf fühlt er sich nicht fair und ehrlich behandelt. Überlegen Sie, wie Ihre nächste Begegnung mit einer solchen Person aussieht, wenn ein neuer Kaufvorgang ins Haus steht. Als Anbieter sollten Sie gewillt sein, notfalls auch auf einen Abschluß zu verzichten, und wichtiger noch, Sie müssen dem Kunden diese Botschaft unterschwellig übermitteln.

Wenden wir uns nun wieder den großen Unternehmen zu: Hier hat sich der Kaufvorgang zu einer eigenständigen Funktion entwickelt, die von formalisierten Praktiken und Verfahrensweisen reguliert wird. Im routinemäßigen Beschaffungsrahmen hat der Anbieter weniger Kontakt mit Menschen, dafür aber mehr mit Prozessen. Faktisch werden Schritte wie Verhandlung und Annäherung pauschal gehandhabt, und der Anbieter ist gezwungen, Kompromisse gemäß den Bedingungen zu schließen, die von den Beschaffungskriterien des Kunden festgelegt wurden. Viele verfangen sich in diesem Netz und sind nie mehr imstande, ihm zu entfliehen. Hier kommt weder die Kunst des Verkaufens zum Tragen, noch werden die indirekten Vorzüge Ihres Produkts oder die peripheren Eigenschaften, die einen Zusatznutzen darstellen, geprüft oder berücksichtigt. Sie sollten es sich zum Ziel setzen, diese Fußangel zu umgehen, sich nicht gegen die Konkurrenz ausspielen zu lassen, Ihre Rivalen auf der Anbieterseite abzuhängen und schließlich am Hebel zu rütteln, den die Beschaffungsexperten in der Hand zu halten meinen!

Der „Spezialitäteneinkäufer" richtet sich in stärkerem Maß an der Anwendung oder „Verwendung" der erworbenen Produkte oder Dienstleistungen aus. Ihn trifft man häufig in Unternehmen an, die Ihr Produkt zur Herstellung der eigenen Erzeugnisse brauchen. Diesen Einkäufer stellt man sich am besten als zusätzliches Mitglied der Fertigungsmannschaft vor, und als solches empfindet er Ihre Leistung als Lieferant sowohl für ihn selbst als auch für seine Gruppe als ungeheuer wichtig. Er wird sich nach besten Kräften vergewissern, daß die Bestellung pünktlich ausgeliefert wird und den Leistungsbeschreibungen entspricht. Er erwartet, daß Zusagen buchstabengetreu eingehalten werden – ein Punkt, der fest in die vertraglich festgelegte Geschäftsbeziehung eingebunden ist. Wenn Sie Ihre Versprechen nicht halten, ist er der Dumme! Deshalb schlägt er verschiedene Wege ein, um Ihr Angebotsniveau zu überprüfen und sicherzustellen, daß Sie und Ihre Firma das erforderliche Leistungspotential und Leistungsprofil besitzen.

Diese Einkäufer sind in hohem Maß vertraut mit den Kaufobjekten und deren Verwendung. Und sie halten regelmäßig Besprechungen mit Ingenieuren, Planern usw. ab, um auf dem laufenden zu bleiben. Sie sind in den Prozeß der Materialbedarfsplanung einbezogen und vermeiden unnötige Lagerbestände, fordern aber absolut pünktliche Lieferungen. In diesem Bereich wird der größte Druck auf den Anbieter ausgeübt.

Der Lieferant entdeckt vielleicht, daß er durch diesen Käufer zu Verhandlungen über Verkaufs- und Lieferbedingungen gedrängt wird, die seine Gewinnspanne durch eine Kostenerhöhung schmälern. Die fertigungssynchrone Materialwirtschaft, die für den Käufer eine Unternehmensphilosophie darstellt, bedeutet für den Anbieter größere Bestände oder kürzere Maschinenlaufzyklen, und möglicherweise die Übernahme bestimmter Qualitätskontrollfunktionen. Davon abgesehen versteht der professionelle Einkäufer, daß Ihre Firma in der Gewinnzone bleiben muß, um sich auf lange Sicht als zuverlässiger Lieferant zu erweisen.

Der Einkäufer in diesen Bereichen zieht eine enge und durch Freimut geprägte Geschäftsbeziehung mit seinen Lieferanten vor. Er möchte im voraus gewarnt werden, wenn sich Schwierigkeiten abzeichnen, und ist kein Freund von Überraschungen. Auf der Liste der Kriterien für die Auswahl des Anbieters steht Ehrlichkeit ganz oben. Ein solcher Einkäufer hat beispielsweise einmal gesagt: „Ich entscheide nicht, was gekauft wird, wohl aber, von wem."

Der „Einkaufsagent" (in großen amerikanischen und europäischen Warenhäusern) oder Leiter der Einkaufsabteilung ist nicht der Verwender Ihrer Waren und Dienstleistungen noch diejenige Person, die entschieden hat, daß sie gebraucht werden. Seine Funktion wurde geschaffen, als viele Kaufprozesse lästig und/oder Routine wurden. Er und seine Mannschaft übernahmen die Aufgabe, den Beschaffungsprozeß zu überwachen; sie sind mit der Erledigung des ausgehenden und eingehenden Schriftverkehrs befaßt und halten sich an die Praktiken, die von anderen abgesegnet wurden.

In vielen Fällen wurden der Einkaufsabteilung zusätzliche Aufgaben zugewiesen. Ihre Angehörigen besichtigen die Niederlassungen von Lieferanten und berufen Besprechungen mit ihnen ein, um sich aus erster Hand ein Bild über das Leistungspotential in bezug auf technische Voraussetzungen und Kompetenz zu machen. Das bedeutet ganz klar, daß der Verkauf auf der Beschaffungsebene stattfinden kann und sollte.

Das Kundenentwicklungsziel, das in diesem Buch immer wieder angesprochen wurde, besteht darin, Ihre Fähigkeiten im Umgang mit Einkäufern und Einkaufsgremien oder -abteilungen zu verbessern. Dieses Ziel dient bei richtiger Umsetzung dazu, diesen betrieblichen Leistungsträgern bei der Bewältigung ihrer Aufgaben zu helfen und gleichzeitig das Verkaufsvolumen Ihrer eigenen Firma zu erhöhen. Die Einkäufer sollten allerdings nicht als „Puffer" betrachtet werden und Sie daran hindern, hautnahen Kontakt zu Anwendern, Planern und Entscheidern in den mittleren Führungsrängen und im Topmanagement anzubahnen. Sie alle haben eine Funktion, die Beachtung verdient. Genau wie Sie!

Lösung für das Fallbeispiel

Im Verkauf an gewerbliche Adressen setzen sich Abnehmer und Anbieter mit ihren ureigenen (getrennten und unterschiedlichen) Vorstellungen von den Verkaufs- bzw. Kauf- und Lieferbedingungen an den Verhandlungstisch. Viele Faktoren haben die Bedürfnisse und Wünsche hinsichtlich der Abwicklung geschäftlicher Transaktionen bis dato beeinflußt. In den meisten Fällen können beide Parteien legitime betriebstechnische und logische Gründe anführen, die ihren Wunsch stützen, ein Geschäft auf bestimmte Weise zu tätigen. Beide haben gelernt, daß die Themenliste in nichtverhandelbare und verhandlungsfähige eingeteilt werden kann. Der Anbieter sollte sich daran erinnern, daß nur wenige Dinge wirklich bis in alle Ewigkeit festgeschrieben sind.

Die meisten Käufer und Verkäufer verstehen die Parameter und Spielräume, in denen *sie* während eines Verkaufs-/Kaufvorgangs die Entscheidungsgewalt in den Händen halten. Sie haben auch bestimmte Bereiche ausgemacht, in denen ein beidseitiges Geben und Nehmen bis zu einem gewissen Grad möglich ist, aber endgültige Zusagen außerhalb ihrer Entscheidungsbefugnis liegen. Und sie kennen diejenigen Punkte, in denen ihr Unternehmen keinen Zentimeter von seinem Standpunkt abrücken kann oder wird. Doch selbst diese „letzte Bastion" muß gelegentlich auf ihre Durchlässigkeit abgeklopft werden, denn man hat erkannt, daß unter bestimmten Umständen nichts ewig währt. Innerhalb dieses Rahmenwerks sollte man nicht vergessen, daß der Abnehmer kaufen und der Anbieter verkaufen möchte!

Matt muß sich klarmachen, daß es sowohl für ihn als auch für seinen Kunden ungewöhnlich ist, sofort einen Konsens in dem Sinne zu erzielen, daß ein Produkt alle Bedürfnisse befriedigt und die Präferenzen bezüglich der Verkaufs- und Lieferbedingungen 100%ig übereinstimmen. Matt sollte in seiner neuen Verkaufsstrategie dem Gedanken Rechnung tragen, daß er und sein Kunde nicht streiten, sondern diskutieren, und Alternativen durchdenken, bis sie eine neue, für beide Seiten annehmbare Position finden. Der Verkäufer ist dafür verantwortlich, daß sich dieser Dialog auf streng professioneller, geschäftsmäßiger Ebene bewegt.

Matt muß die Realität akzeptieren: Er kann nicht erfolgreich verkaufen, solange sein Produkt den Bedürfnissen des Kunden nicht wirklich entspricht. Er muß sich zu einem echten Problemlösungsexperten entwickeln. Verkaufen heißt, zwei Situationen so aufeinander abzustimmen, daß sie zu einer verschmelzen. Der problemlösungsorientierte Ansatz signalisiert dem Käufer darüber hinaus auch persönliches Interesse, Innovationsbereitschaft und Flexibilität. Dies sind Vorzüge, die den Käufer veranlassen, Gleiches mit Gleichem zu vergelten.

Sowohl Matt als auch der Kunde unterliegen zahlreichen Zwängen, die lediglich als Folge von Verfahrensgewohnheiten entstanden sind. Deshalb gibt es Situationen, in denen es gilt, seiner eigenen Firma etwas zu „verkaufen" oder schmackhaft zu machen. Dazu muß er jedoch genau wissen, warum sich sein Kunde an eine bestimmte Position klammert und außerstande scheint, auch nur einen Zentimeter von seinem Standpunkt abzurücken.

Schließlich sollte Matt Kundenkontakte in den Schaltzentralen der Macht anbahnen und Aktivitäten in die Wege leiten, die in diesem Buch im Rahmen der Kundenentwicklung beschrieben sind. Dabei legt er einen Grundstein für seine Firma und ihre Produkte, auf dem sich eine Akzeptanz der bestehenden Verkaufs- und Lieferbedingungen aufbauen kann. Weitere Bausteine in diesem Interaktionsprozeß sind die Elemente Verhandlung, Annäherung und Kompromiß.

Kapitel 11

Investitionsprogramm für die Kundenbetreuung

– Investieren Sie in Verkaufschancen und reduzieren Sie Ihr Engagement bei unergiebiger Rendite –

Herausforderung:

Sie können nicht überall gleichzeitig sein

Ihr Auffangnetz ist niemals groß genug, und das hat gelegentlich zur Folge, daß Sie den einen oder anderen Kunden unwiderruflich abschreiben müssen – ein frustrierender Aspekt im Leben, dem Sie sich vermutlich so lange gegenübersehen, wie Sie im Verkauf tätig sind. Der Trick besteht darin, die Karten zu Ihren Gunsten neu zu mischen, so daß der Verlust der abgesprungenen Kunden leichter zu verkraften ist und weniger wiegt als Ihr Bemühen, Ihre treuen Kunden bei der Stange zu halten. Ein neues Blatt teilen Sie aus, wenn Sie Strategie und Planung bezüglich der Bearbeitung Ihres Verkaufsgebiets ändern. Obwohl sich die oben beschriebene problematische Verkaufssituation niemals ganz ausklammern läßt, gibt es Möglichkeiten, ihren negativen Aspekten entgegenzuwirken. Das wichtigste Instrument ist dabei die Entwicklung und Implementierung eines individuellen Investitionsprogramms zur Kundenbetreuung.

Fallbeispiel: Karen

Vor vier Monaten hatte Karen ihr Training beendet und ein Verkaufsgebiet zugewiesen bekommen, zu dem 28 gewerbliche Kunden, elf namentlich bekannte potentielle Kunden und ein geografischer Bereich gehörten, der sich über zwei US-Bundesstaaten erstreckte. Seither hatte sie alle 28 bestehenden und sechs der potentiellen Kunden besucht und ihre Interessentenliste um acht Unternehmen erweitert, aber noch keine Zeit gefunden, sich mit dieser Gruppe näher zu befassen.

Ein großer Teil von Karens Umsätzen war von den Nachbestellungen der Kunden abhängig. Sie erhielt regelmäßig einmal pro Woche einen Bericht über den aktuellen Auftragsstand, der die Bestellmenge je Kunde und Monat, die Aufträge der Vorwoche und eine Auflistung von Jahresbeginn bis heute enthielt. Sie stellte fest, daß drei Kunden mit einem Sternchen hervorgehoben waren, was darauf hindeutete, daß eine Änderung im üblichen Kaufverhalten eigetreten war – sie hatten zwei Monate hintereinander nichts mehr geordert.

Karen stattete ihnen kurz nach der Übernahme des Verkaufsgebiets einen Besuch ab, aber sie hatte keine Zeit für nachfassende Maßnahmen. Ihr Reisekostenbudget war bereits überzogen, und sie mußte versuchen, ihren Terminplan wieder in den Griff zu bekommen. Sie wußte, daß sie nicht mehr Stunden aus einem Tag herausholen und nicht an zwei Orten gleichzeitig sein konnte. Auf der anderen Seite konnte sie auch nicht sang- und klanglos hinnehmen, daß der Strom der Aufträge immer langsamer wurde und schließlich ganz versiegte. Sie war entschlossen, dem Problem auf den Grund zu gehen und eine sowohl logische als auch umsetzbare Lösung zu finden.

Das Investitionsumfeld

Eines der aufregendsten Merkmale am „Besitz" eines Verkaufsgebiets ist die Möglichkeit, es wie eine eigene Firma zu betrachten. Ein Verkäufer kann in die Rolle des innovativen, wagemutigen Unternehmers schlüpfen und gleichzeitig viele der Risiken vermeiden, denen sich der Inhaber eines kleinen Betriebs gegenübersieht. Firmenexterne Verkäufer (Handelsvertreter, Kommissionäre) sind in der Regel „Besitzer" und arbeiten auf eigene Rechnung; ein angestellter Mitarbeiter im Verkauf ist imstande, das gleiche „Gefühl" zu erleben. Ein Verkaufsgebiet ist etwas, worauf man stolz sein kann; in diesem Umfeld sind Sie in der Lage, auf der persönlichen und beruflichen Ebene gleichermaßen zu wachsen. Einen solchen Vermögenswert sollten Sie also hegen und pflegen.

Im Business-to-Business-Bereich haben die meisten Außendienstmitarbeiter ein zugewiesenes Verkaufsgebiet. Dieses „Terrain" ist bisweilen nach geografischen Gesichtspunkten definiert, und alle derzeitigen und potentiellen Kunden innerhalb dieser spezifischen Grenzen „gehören" dem Verkäufer. Ein weitverbreiteter Ansatz besteht auch darin, die Branchenspezialisierung in den Mittelpunkt zu stellen, so daß der Verkäufer umfassende Kenntnisse in einem bestimmten, benannten Tätigkeitsfeld erwerben kann. Ihm könnte beispielsweise die Verantwortung für alle bestehenden und potentiellen Kreditgenossenschaftskunden obliegen, obwohl sie in geographischen Bereichen angesiedelt sind, die einem Kollegen zugewiesen wurden. Häufig umfaßt ein solches Verkaufsgebiet auch spezielle Firmen, die bestehende Kunden oder Interessenten sein können. Wie dem auch sei, das Verkaufsgebiet ist meistens gut definiert. Bei großen Unternehmen mit verschiedenen Produktlinien besuchen vielleicht mehrere Verkäufer den selben Kunden. Das kann eine Notwendigkeit sein, je nach Komplexität oder besonderer Verwendung des Produkts, aber auch zu Verwirrung im Umfeld des Kunden führen.

Die meisten Verkaufsgebiete haben eine Geschichte, die sich auf die Zeit vor dem derzeitigen Verkäufer zurückdatieren läßt. Falls der Vorgänger ein As war, sieht der Kunde seinem Weggang möglicherweise mit Grauen entgegen und nimmt an, daß der „Neue" nie imstande sein wird, dem anderen das Wasser zu reichen. War der Vorgänger dagegen eine „Niete", dann könnte sich der Kunde eine schlechte Meinung gebildet und sie auf die Firma und ihr(e) Produkt(e) übertragen haben. Diesem Problem sollte man möglichst schnell ins Gesicht sehen und ein Ende bereiten. Ein neuer Verkäufer erhält keine Schonfrist und muß sehr bald zeigen, welche Qualitäten in ihm stecken.

Ein Investitionsprogramm nach Maß für die Kundenbetreuung

Wenn Sie Ihre Kunden nie besuchen und keine anderen Möglichkeiten finden, sie zu unterstützen, können Sie auch nicht erwarten, daß Ihre Geschäftsbeziehung von Dauer sein wird. Das Investitionsprogramm für die Kundenbetreuung ist ein umfassendes Konzept, um Ihre verfügbare Zeit optimal einzuteilen. Die praktische Umsetzung muß kundenspezifisch, also „nach Maß" erfolgen; sie ist u.a. vom Produkt und von Merkmalen im Kaufverhalten, Gebietsbesonderheiten, Unternehmensleitlinien, Verkaufszielen und zahlreichen anderen Parametern abhängig, die für Ihr Verkaufsgebiet charakteristisch sind. Jeder Verkäufer ist in einem Umfeld tätig, das den Investitionsprozeß für die Kundenbetreuung solange zurechtrückt, bis er von selbst eine optimale Form angenommen hat.

Monetäre Ziele zur Bestimmung der Marschroute

Das Privileg, Ihr Unternehmen im zugewiesenen Verkaufsgebiet zu repräsentieren, sollten Sie als ernstzunehmende Aufgabe betrachten. Gleichgültig, ob es ganz neu für Sie ist oder schon eine Weile unter Ihrer Obhut steht, gilt es, seine Merkmale mit akribischer Genauigkeit aufzulisten. (Hoffentlich besitzen Sie einen PC und die erforderliche Software, um ein solches Profil auf einfache Weise zu erstellen!)

Ihr Gebietsprofil sollte die finanzielle Komponente der Beziehung zu jedem einzelnen Kunden enthalten. Da es sich um Ihr Geschäft handelt, möchten Sie ja sicher das Ertragspotential vorab einschätzen; Ihre Prognose sollte sich auf die Werte der Vergangenheit stützen und von den bestmöglichen Aussichten für die Zukunft gefärbt sein. Diese Zukunft hängt weitgehend von der Entwicklung Ihrer eigenen *Methode zur Zeitoptimierung* ab. Sie brauchen einen numerischen Kompaß, um einen Kurs zu finden, mit dem sich Ihre Arbeitsaktivitäten verbessern lassen.

Die meisten Außendienstmitarbeiter arbeiten im Rahmen eines leistungsorientierten Kompensationssystems. Hier werden die Ergebnisse definiert, für die ein Unternehmen zu zahlen bereit ist. Viele Systeme dieser Art motivieren mehr in der einen und weniger in der anderen Richtung. Wenn die Provisionen berechnet werden, sind vielleicht nicht alle Umsätze von gleicher Wertigkeit. Das leistungsorientierte Kompensationssystem soll eine treibende Kraft in dem Sinne sein, daß es Ihre Verkaufsaktivitäten lenkt.

Dieses Anreizsystem, gekoppelt mit Ihren Kundenprofilen kann die Basis für Ihre gebietsspezifische Gesamtstrategie werden. Wo Sie Ihre Zeit verbringen, ist die Ausgangsbasis für Ihre Gebietsplanung. Da Ihre Ertragsschätzwerte nicht für alle Kundenunternehmen gleich sind, ist davon auszugehen, daß Sie manchen mehr und anderen weniger Zeit widmen. Ungeachtet dessen sollten Sie Ihre Pläne jedoch überprüfen, indem Sie jedem Kunden einen Besuch abstatten und bestimmen, ob Sie mit Ihrer Ertragsprognose einigermaßen ins Schwarze getroffen haben.

Leistungsziele

Höchstwahrscheinlich hat man Ihnen bestimmte Ziele vorgegeben, z.B. Quoten oder bestimmte Umsatzzahlen. Wenn Sie diese mit Ihren Kundenprofilen und den Ertragsprognosen vergleichen, haben Sie eine weitere Komponente für Ihre Zeitoptimierungsmethode. Sie rechnen beispielsweise damit, daß Ihre Umsätze in nächster Zeit um 30% zurückgehen. Diese Umsatzeinbuße bedeutet, daß Sie mit Ihren derzeitigen Kunden Ihre monetären Ziele nicht erreichen können und eine weitere Einkommensquelle in Form neuer Kunden erschließen müssen, die nun zum Schlüsselfaktor bei der Aufteilung Ihrer Zeit werden.

Persönliche Ziele

Eine weitere finanzielle Dimension bezieht sich auf Ihre persönlichen Einkommensziele. Sie werden die Provisionsanreize, die im Verkaufsplan Ihres Unternehmens enthalten sind, besser verstehen und erkennen, daß sie eine magnetische Wirkung auf Ihre Aktivitäten im Verkaufsgebiet haben sollten- sie ziehen Sie in eine Richtung, lenken weg vom entgegengesetzten Pol. Sie können nun Ihre Provisionen, gestützt auf diesen Plan und gekoppelt mit den erwarteten Erträgen aus Ihrem Verkaufsgebiet, ausrechnen. Wenn Ihre Schlußfolgerungen unannehmbar sind, sollten Sie vielleicht wieder zur Umsatzeinbußenrechnung zurückkehren und irgendeinen Faktor innerhalb dieser Formel ändern.

Kundenklassifikation

Ihre Investition in die Kundenbetreuung hängt von der Einschätzung der Kunden ab, die Zeit und Mühe rechtfertigen, weil sie dazu beitragen, Ihre Ertragsposition zu halten, oder weil sie gute Wachstumschancen bieten. Bei dieser Analyse können Sie auch diejenigen Kunden ermitteln, die weder über das eine noch das andere Attribut verfügen und nur in geringem Maß den Voraussetzungen für eine hohe Investition in die Kundenbetreuung genügen. Wir unterscheiden folgende Investitionsebenen:

1. Nullrundenkunden
2. Minimalkunden
3. Platzhalterkunden
4. Wachstumskunden
5. Qualifizierte Interessenten

Der Nullrundenkunde

In dieser Kategorie finden Sie den inaktiven oder passiven Kunden. Er hat früher von Ihrem Unternehmen gekauft, aber nie in großen Mengen und nicht ständig oder nach einem vorhersehbaren Zeitplan. Wenn möglich, sollten Sie einige Stippvisiten anberaumen, um sich zu vergewissern, daß die Einschätzung richtig war und sich tatsächlich kein Silberstreif am Horizont abzeichnet.

Wenn ein solcher inaktiver Kunde durch die Verkaufsunterlagen (Ihre eigenen oder die eines Vorgängers) leicht auszumachen ist, stöbern Sie zugleich vielleicht die Namen von Kontaktpersonen auf, die als Ausgangsbasis für eine allgemeine Streuung Ihrer Produktinformationen dienen könnten. Verlieren Sie nicht Ihren Gleichmut, der unerläßlich ist, um den Kunden in dieser „Runde" buchstäblich „null" Beachtung zu schenken. Halten Sie sich vor Augen, daß Sie Ihrem Verkaufsgebiet nur ein begrenztes Maß an Zeit widmen können; alle Stunden und Aktivitäten, die Sie diesen Nullrundenkandidaten widmen, gehen den bestehenden und potentiellen Kunden der vielversprechenderen Gruppen verloren.

Der Minimalkunde

Dieser Kunde ist nicht inaktiv, aber sein Beitrag zu Ihrem Verkaufsvolumen ist so geringfügig, daß es für Sie ohne große Folgen bliebe, wenn er vollends abspringen würde. Bei der Analyse Ihrer Neugeschäfte haben Sie vielleicht schon festgestellt, daß sich der eine oder andere aus dieser Gruppe zum Nullrundenkandidaten entwickeln könnte, und jede Veränderung in seinen Kaufgewohnheiten könnte zu einem Aufstieg oder Abstieg in Ihren Kundenebenenkategorien führen. Wahrscheinlich ist jedoch, daß er genau dort bleibt, wo er sich befindet. Alle Forderungen, die er von sich aus an Ihre Zeit stellt, würden eine Neueinstufung nach sich ziehen. Wenn er sich beispielsweise zum Problem entwickelt, weil er bei Ihrer Firma noch „in der Kreide steht", oder Sie vor eine ungeheuer vertrackte Verkaufssituation stellt, könnten Sie es durchaus rechtfertigen, ihn der Nullrunde zuzuordnen.

Ein Minimalkunde ist ein Mailing mit neuen Produktinformationen wert und, wenn Sie Zeit haben, vierteljährlich einen Besuch oder Anruf. Sie müssen den Mindestbetreuungs-Streuplan genau skizzieren und bei jenen Kunden umsetzen, die Sie dieser Gruppe zugeordnet haben.

Der Platzhalterkunde

Dieser Kunde kauft stetig und in ausreichender Menge, so daß er sowohl für Sie als auch für die Konkurrenz von Interesse ist. Sie haben die mit ihm erzielten Erträge bereits in Ihrer generellen Gebietsprognose kalkuliert und den Prozentsatz errechnet, den er zum Endergebnis beiträgt. Dieser Prozentsatz kann sehr aufschlußreich sein und möglicherweise sogar zu einer Rückstufung in die Minimalkategorie führen. Der Platzhalterkunde beansprucht einen großen Teil Ihrer Aktivitäten im Verkaufsgebiet.

Der Wachstumskunde

Wie der Name schon andeutet, ist diese Ebene die höchste in Ihrem Kundenbetreuungs-Investitionsplan. Sie haben alle Hände voll damit zu tun, das derzeitige Ertragsniveau in einem Umfeld zu schützen, in dem Sie gleichzeitig mit guten Umsatzsteigerungen rechnen können. Hier konzentrieren Sie den Löwenanteil Ihrer Zeit auf persönliche, unmittelbare Verkaufskontakte (Face-to-Face-Selling) und die Pflege aller unterstützenden Ressourcen, zu denen Sie Zugang finden.

Qualifizierte Interessenten

Obwohl Sie nur eine hypothetische Ertragsprognose auf der Grundlage der Abschlüsse mit Neukunden erstellen können, wissen Sie, daß alle noch verbleibenden Einbußen durch diese Quelle gedeckt werden müssen. Deshalb wird der Stellenwert potentieller Kunden und Interessenten und die Zeit, die Sie ihnen zu widmen gedenken, in hohem Maß von der Größe Ihres Ertragsdefizits bestimmt. Außerdem könnten die Ihnen vorgegebenen Ziele oder der Leistungsanreizplan Ihres Unternehmens Ihnen ebenfalls zwingend nahelegen, sich aktiv auf die Suche nach Neukunden zu begeben. Wie dem auch sei, vermutlich werden Sie einen beachtlichen Teil der Zeit damit verbringen, im persönlichen Gespräch Ihre qualifizierten Interessenten in Neukunden umzuwandeln.

Investitionsmethoden für die Kundenbetreuung

Die Kommunikationsmedien und -techniken sind die mächtigsten Verbündeten eines vielbeschäftigten Verkäufers. Er kann optimale Anwendungen für die meisten dieser verfügbaren Hilfsmittel finden, vor allem, wenn sich das Verkaufsgebiet nach den oben beschriebenen Kategorien einstufen läßt. Mit Kommunikation ist in diesem Zusammenhang lediglich gemeint, auf sinnvolle Weise den Kontakt zu Kunden zu pflegen. Im allgemeinen lassen sich die Kontaktpflegetechniken auf vier Gruppen verdichten: Dialog am Telefon, Mailings, Einsatz von unterstützenden Mitarbeitern Ihrer Firma und das persönliche Gespräch. Da in jedem Kapitel des Buches das persönliche, unmittelbare Gespräch im Mittelpunkt stand, gehen wir nun kurz auf die drei anderen Kontaktmöglichkeiten ein.

Telefonkontakte

In einem Umfeld, das so arbeitsintensiv ist wie ein Verkaufsgebiet, muß das Telefon automatisch der Erweiterung Ihres Kundenbearbeitungskonzepts dienen. Voice Mail* ist eine Technik, die sich auf dem Vormarsch befindet und sich persönlicher gestalten läßt, wenn die Botschaften von jemandem in Ihrer Firma entgegengenommen werden, der dann den Anrufer auffordert, sich mit Ihrer elektronischen Mailbox verbinden zu lassen. Das Autotelefon bietet die Möglichkeit, während einer ansonsten unproduktiven Tätigkeit produktiv zu werden und sich über den aktuellen Stand Ihrer Voice-Mail-Botschaften auf dem laufenden zu halten. Solche eingehenden Anrufe und Ihre zeitgerechte Beantwortung sind Teil Ihrer Betreuungs-Investmentaktivitäten. Ihre Telefonate nach außen dienen einem Zweck, der für Ihre Betreuungs-Investition noch relevanter ist, und wenn auch nur, weil sie von *Ihnen* fest eingeplant wurden. Die Produktivität Ihrer Telefongespräche wird erhöht, wenn Sie sich diese als Untergruppe der persönlichen Kontakte vorstellen. Sie sollten das Telefon als Schlüsselkomponente Ihres Kundenstreuplans in Ihr Betreuungs-Investitionsprogramm einbinden.

Mailings

Briefe, Notizen, Ankündigungen und zu einem wirksamen Paket verschnürte Produktinformationen können Sie ebenfalls erstklassig „vertreten", falls Ihnen die Zeit für einen persönlichen Besuch fehlt. Bei sorgfältiger Vorbereitung bekunden Mailings Ihr Interesse am Kunden auf andere Weise, als es via Telefon möglich wäre. Die heutigen Möglichkeiten der Textverarbeitung gestatten eine Personalisierung der Korrespondenz bei geringem Aufwand an Zeit und Mühe. Wenn die schriftliche Kommunikation zum eingeplanten Bestandteil Ihres Betreuungs-Investitionsprogramms wird, entwickelt auch sie sich zu einem vorrangigen Kontaktpflegeinstrument, das Sie immer dann einsetzen können, wenn Sie selbst nicht einsatzbereit sind.

Verbündete in Ihrer eigenen Firma

Ein vielbeschäftigter Verkäufer muß sich aller nur verfügbaren menschlichen Ressourcen bedienen, um bei seiner Arbeit Unterstützung zu erhalten. Dazu könnten z.B. Angehörige aus der Verwaltung, aus dem techni-

---

* Botschaften, die ins Telefon gesprochen, in digitale Form umgewandelt und im Computer gespeichert werden; bei Abruf werden sie in Sprache rekonvertiert

schen Kundendienst und am Standort des Kundenunternehmens verfügbare Führungskräfte Ihrer Firma zählen. Es hat seine Vorteile, den Kunden wissen zu lassen, daß es noch andere Leute in Ihrer Organisation gibt, die seine Person und sein Geschäft anerkennen und Interesse bekunden.

Die meisten Verkäufer bedienen sich der zuvor beschriebenen Methoden. Sie werden allerdings häufig spontan und seltener als unerläßlicher Baustein eines Gebietsbearbeitungs- oder Streuplans eingesetzt. Folglich büßen sie einen Teil der Wirkung ein, die sie haben könnten. Wenn Ihr Ziel darin besteht, Ihren Aktionsradius über Ihre persönlichen Kapazitäten hinaus auszudehnen, spielen diese alternativen Kommunikationsinstrumente eine vorrangigere oder aktivere Rolle.

Vorteile eines Investitionsprogramms für die Kundenbetreuung

Die selektive Einteilung Ihrer Zeit und die selektive Anwendung Ihrer Verkaufsfähigkeiten sollten nach menschlichem Ermessen bestimmte Vorteile mit sich bringen, die andernfalls häufig dem Zufall überlassen bleiben. Als erstes müssen Sie versuchen, das Ertragsniveau, das Sie mit Schlüsselkunden erzielen, um Klassen zu verbessern. Sie werden beweisen, daß Sie und Ihre Firma Spitzenformat besitzen, und dürfen hoffen, im Kreis der Lieferanten die Favoritenrolle zu übernehmen. Kurz gesagt: Ihre Betreuungs-Investition beweist, daß Sie genau das liefern, was Sie versprochen haben und was Ihre Kunden erwarten! Es kann keinen Zweifel daran geben, daß Sie einen umfassenden After-sales-Service anzubieten haben, und nicht eine Illusion von Kundendienstleistungen und handfester Unterstützung. Im Rahmen dieses Prozesses können Sie ganz bestimmte wichtige Pluspunkte für sich verbuchen.

Sie verkaufen mehr, noch bevor es an der Zeit ist, den nächsten Verkaufsvorgang anzubahnen. Die zufriedenen Kunden loben Sie und Ihr Produkt bei anderen. Sie machen weitere Angehörige des Kundenunternehmens auf Sie aufmerksam, und diese könnten potentielle Verwender und/oder Käufer Ihres Produkts sein. Sie haben diese Personen in äußerst wirksame Referenzquellen verwandelt. Gelegentlich brauchen Sie auch ein ideales Umfeld für Ihr Produkt, um zu demonstrieren, daß es sich unter realen Bedingungen bewährt hat; damit gelingt es Ihnen, den Geschäftsvorgang mit einem Neukunden zum Abschluß zu bringen. Die *Bereitschaft* eines Kunden, Ihnen ein ideales Verkaufsumfeld für Produktdemonstrationen zur Verfügung zu stellen, sollte zu den besonderen Zielen Ihrer Betreuungs-Investition gehören.

Kunden, die von Ihrer Betreuungs-Investition Notiz nehmen und davon profitieren, sind darüber hinaus ein fruchtbarer Nährboden für Experimente mit neuen Ideen, die in Zusammenhang mit der Anwendung Ihres Produkts stehen. Sie können hier „Feldforschung" betreiben, weil Sie die Achtung und den Respekt dieser Leute genießen. Außerdem wird man Sie gerne über sachrelevante Vorgänge im Unternehmen auf dem laufenden halten, was vielleicht eine Entwicklung neuer Anwendungen für Ihr Produkt zur Folge hat. Solche Kunden sind oft eine unermüdliche Quelle der Inspiration; sie können zur Geburt von Ideen und Techniken beitragen, die Sie in Ihre Neukundenaktivitäten einbringen.

Selektive Streuung Ihrer Investitionen

Die angemessene Investitionsebene für die Kundenbetreuung in Ihrem gesamten Verkaufsgebiet ist in hohem Maß von Ihren Einkommenszielen, der Kundenklassifikation und der Einteilung Ihrer Zeit abhängig. Daß eine selektive „Streuung" Ihrer Betreuungs-Investitionen ein absolutes Muß ist, wurde ja hinlänglich betont. Es gilt, den prachtvollen Pflanzen in Ihrem Garten zu einem gedeihlichen Wachstum zu verhelfen, und nicht Unkraut zu züchten! Sobald die Saat aufgeht, können Sie Ihre Keimlinge „verpflanzen".

Lösung für das Fallbeispiel

Karen sind Fehler bei der strategischen Bearbeitung ihres Verkaufsgebiets unterlaufen. Sie bemerkt eine Veränderung im Kaufverhalten mehrerer Kunden. Sie beeilt sich, jedem der ihr zugewiesenen Kunden einen Besuch abzustatten, um dem Problem abzuhelfen, hat aber nirgendwo genug Zeit, um konkrete Fortschritte zu erzielen.

Karen sollte einen Schritt zurücktreten und ihr Verkaufsgebiet wie eine eigene Firma betrachten. Dann muß sie ein Kundenbetreuungs-Investitionsprogramm nach Maß entwickeln. Im Anschluß daran kann sie ihre Kunden auf realistischer Basis einer der fünf Investitionsebenen zuordnen und die angemessenen Betreuungsmethoden für jede einzelne Kategorie festlegen und einsetzen.

Karen befindet sich in einer schwierigen Verkaufssituation, für die es keine schnellen Lösungen oder gar Patentlösungen gibt. Sie muß diese Schwachstelle erkennen und wissen, daß sie nicht überall gleichzeitig sein kann. Wenn sie diese Tatsache akzeptiert und einen Plan ausarbeitet, um ihre verfügbare Zeit und ihre Aktivitäten optimal einzuteilen, kann sie die negativen Auswirkungen dieser Situation überwinden.

Kapitel 12

Veränderungen im Kundenunternehmen aktiv herbeiführen

– Nehmen Sie, was Sie haben, und machen Sie das Allerbeste daraus –

Herausforderung:

Wie Sie alte Kunden an neue Methoden gewöhnen

Ihre Kontaktpersonen im Kundenunternehmen kennen Sie und sind an Ihr Geschäftsgebaren gewöhnt; Sie haben bestimmte Verhaltensmuster erkennen lassen, gute oder schlechte, die Ihre Ansprechpartner inzwischen erwarten und vorhersehen können. Nun sind Sie zu der Schlußfolgerung gelangt, ein frischer Wind tue not. Sie beabsichtigen, ein neues Verkaufskonzept zu erarbeiten und in die Praxis umzusetzen. Zu den Veränderungen gehört eine andere Verkaufsstrategie, ein professionellerer Verkaufsstil und sogar neue Besuchstechniken. Ihre Persönlichkeit können Sie indessen nicht völlig umkrempeln, und auch nicht die alten Kundenkontakte gegen neue austauschen. Sie möchten mitten im Rennen eine folgenschwere Kurskorrektur vornehmen, einschließlich intensiverer Bemühungen um Ihre umsatzstar-

ken Kunden und einer geringeren Kontaktfrequenz bei anderen. Ihre Kunden werden diesen Wandel spüren, und ihre Reaktion läßt sich nicht vorhersagen. Manche sind dafür vielleicht nicht empfänglich.

Fallbeispiel: Greg

Greg ist seit fast drei Jahren im Außendienst tätig. Familie und Freunde hatten immer geglaubt, er sei der geborene Verkäufer. Aber wie sich herausstellte, konnte er nur geringe Erfolge vorweisen. Er war gerne mit Menschen zusammen und besuchte alle seine Kunden ziemlich oft. Er war redegewandt und verließ sich auf seine natürliche Begabung, schnell Kontakt zu finden, um hervorragend zu verkaufen. Trotzdem legten seine Kunden selten die gleiche Begeisterung an den Tag und revanchierten sich nicht, indem sie „hervorragend" kauften.

Greg erkannte, daß seine zwischenmenschlichen Beziehungen nur oberflächlich waren; sie beinhalteten nicht zwangsläufig, daß er auf beruflicher Ebene geachtet und respektiert wurde. Er wußte, daß seine Konkurrenten einen großen Teil der Abschlüsse an Land zogen, mit denen er gerechnet hatte. Er war bereit, alle Problemlösungsmöglichkeiten, die ihm durch den Kopf gingen, gründlich auszuloten. Die beiden vernünftigsten waren, entweder den Beruf zu wechseln oder bessere Verkaufsleistungen zu erbringen. Er entschied sich für die zweite Option.

Greg nahm an einem erstklassigen Verkaufstraining teil, das sich auf Konzepte der Kundenentwicklung stützte. Er verinnerlichte das neue Wissen und reduzierte die praktische Anwendung auf diejenigen Methoden und Aktivitäten, die ihm unverzüglich Vorteile bringen würden. Er hat die Weichen neu gestellt und wird die erforderlichen Veränderungen bewältigen.

Greg hat das Gefühl, daß seine Kunden ihn zwar mögen, aber bisher nicht richtig ernstgenommen haben. Er weiß, warum sie auf diese Weise reagieren. Er richtet sein Besuchskonzept nun auf zielorientierte Aktivitäten aus und denkt an eine gute Planung im Vorfeld. Er will auch beweisen, daß er ein „Tüftler" und bereit ist, solange nachzuhaken, bis er ein Problem 100%ig versteht; er ist fest entschlossen, seinen Beitrag zur Lösung der Kundenprobleme zu leisten und zu seinen Zusagen zu stehen. Greg weiß, wie schwer es ist, alte Kunden an neue Methoden zu gewöhnen. Er weiß aber auch, daß ihm keine andere Wahl bleibt.

Wenn Sie bereits im Verkauf tätig sind, können Sie die einzelnen Schritte der Kurskorrektur, die nachfolgend beschrieben werden, nach und nach einführen – langsam deshalb, weil Sie ein Geschäft leiten. Ihr Verkaufsgebiet ist Ihre Firma, und Sie sind zwar in der Lage, bestimmte Bereiche in die richtige Bahn zu lenken oder qualitativ zu verbessern, aber nicht alles aufzugeben, um wieder von vorne zu beginnen. Kurz gesagt: Sie können sich den Luxus nicht leisten, Verkaufschancen zu verspielen und wieder zum Ausgangspunkt zurückzugehen. Wofür Sie sich auch entscheiden mögen, Sie müssen sich weiter abstrampeln, weil Ihre Leistungen zumindest auf einem einigermaßen annehmbaren Niveau angesiedelt sind.

Wo fangen Sie also mit dem „Umbau" an? In den Bereichen Ihres Verkaufsgebiets, wo es am meisten zu verbessern gibt, oder wo Sie mit Hilfe neuer Bearbeitungsmethoden und Techniken die größte Veränderung bewirken? Wenn Ihnen keine der beiden Überlegungen zusagt, dann schlagen wir eine umfassende Ausgangsbasis vor.

Die umfassende Ausgangsbasis – Verbessern Sie die Qualität Ihrer Kundenbesuche

Sie können noch einmal zur Beschreibung des Verkaufsprozesses in Kapitel 7 zurückblättern, die einzelnen Schritte nachlesen und überlegen, wie Sie diese in Ihre Besuchsaktivitäten einbauen und wann und wo sich eine solche Eingliederung anbietet. Wie verfolgen Sie Ihre eigenen Fortschritte, so daß Sie nicht sofort wieder in Ihre alten Gewohnheiten zurückfallen? Später können Sie Maßnahmen anderer Art in den Verkaufsprozeß integrieren, die zu einem griffigen Kundenentwicklungsprogramm führen. Und sobald Ihre Besuche an Qualität gewinnen, zahlen sich Ihre Investitionen schneller aus. Die qualitative Verbesserung der Kundenbesuche ist also eine Plattform, mit der Sie immer „richtig liegen".

Diese universelle Ausgangsbasis muß mehr sein als reine Gedankenakrobatik, und über die Absicht hinausgehen, Ihre persönlichen Verkaufskontakte effizienter zu gestalten. Andernfalls wird alles laufen wie gehabt, nur legen Sie dabei eine etwas härtere Gangart ein.

Der Verkaufsprozeß ist vielschichtig und umfassend. Wir bezweifeln, daß es Leute gibt, die ihn genau erforschen und sofort alle Schritte in ihre Besuchsstrategien einführen und umsetzen können. Anfangs sollten Sie nicht mehr als einen oder zwei wichtige Bausteine in den Prozeß integrieren. Glauben Sie beispielsweise, daß Sie lernen könnten, aufmerksamer zuzuhören? Wenn ja, würden Sie mehr Fakten in Erfahrung bringen und Probleme wirksamer lösen. Ihr Kunde, der Ihre Konzentration zur Kenntnis nimmt, ist dann sicher bereit, Ihnen mehr Informationen zukommen zu lassen. Wenn Sie diese Vorteile ausschöpfen möchten, dann üben Sie, offene Fragen zu stellen und aktiv zuzuhören. Da Sie an nur zwei Punkten arbeiten, sind Sie in der Lage, selbst zu beurteilen, welche Fortschritte Sie erzielen.

Es ist vernünftig, sich Gedanken über die Akzeptanz und Reaktion Ihrer festgefügten Kundenkontakte zu machen, sobald Ihre Besuche eine andere Form annehmen. Wir denken, daß Sie diese Kursanpassung vornehmen können, ohne daß sich Ihre Ansprechpartner dessen bewußt sind. Angenommen, Sie hätten seit mehr als zwei Jahren Herrn X regelmäßig einmal im Monat aufgesucht. Heute tauchen Sie wieder bei ihm auf; Sie nutzen und messen den Erfolg Ihres „Trainings", indem Sie eine Frage stellen und dann zuhören. Nach der Begrüßung sagen Sie: „Herr X, ich habe mich oft gefragt, wie Sie die Bestellmengen kalkulieren, wenn Sie meine Produkte ordern – würde es Ihnen etwas ausmachen, mir dieses Verfahren einmal zu erklären?"

Wenn Herr X mit seiner Antwort zögert, sollten Sie dem Drang widerstehen, auch nur ein einziges Wort zu sagen. Er *wird* reagieren, und Sie sollten sich auf das konzentrieren, was er zu sagen hat. Wenn es Sinn macht, können Sie das Thema mit einer Frage abschließen, die ihm eine begrenzte Anzahl von Antworten zur Wahl läßt, z.B.: „Herr X, wie es aussieht, können Sie mit dieser Bestelltechnik die Lagerbestände gering halten; dadurch kommen Sie aber nicht in den Genuß unseres Mengenrabatts. Wären Sie an einer Bestellmöglichkeit interessiert, die Ihnen hilft, beide Ziele zu realisieren?" Früher hat Herr X möglicherweise gedacht, daß Sie ihm selten richtig zuhörten. Doch während der heutigen Unterhaltung denkt er nicht an die Vergangenheit, sondern nimmt nur das Hier und Jetzt wahr.

Wenn Sie die Qualität Ihrer Kundenbesuche verbessern, haben Sie ein ideales Mittel zur Hand, um die Zeit mit dem Kunden produktiver zu gestalten, ohne daß der Kunde allzuviel Notiz von der Veränderung nimmt. Später notieren Sie sich, welche Technik Sie verwendet haben, so daß Sie die Wirkung beim nächsten Mal durch eine Wiederholung verstärken und ein oder zwei weitere Techniken hinzufügen. Da Sie neue Methoden einführen, sollten Sie dem Kunden Gelegenheit geben, sich darauf einzustellen.

Eine andere Ausgangsbasis – Besuche auf höherer Managementebene

Halten Sie sich noch einmal das Konzept vom unsichtbaren Verkaufszyklus vor Augen, das in Kapitel 2 beschrieben wurde. Ungeachtet Ihres Produkts oder Ihrer Dienstleistung sollten Sie darüber nachdenken, welche Aktivitäten jetzt und in Zukunft im unsichtbaren Teil des Verkaufsvorgangs stattfinden und Einfluß auf die Nachfrage nach Ihrem Produkt haben könnten – oder nach anderen Produkten, die dem Ihren ähneln. Denken Sie daran, daß die Personen hinter den Kulissen (im unsichtbaren Teil des Verkaufszyklus) Prozesse in Gang setzen, die letztlich den Ausschlag für den Kauf von Produkten und Dienstleistungen geben. Und vergessen Sie nicht die Mitglieder der Führungsmannschaft, die auf der hierarchischen Leiter einige Stufen über dem Anwender und Käufer stehen: Sie sind vielleicht in die Planung von Veränderungen einbezogen, die – wenn auch nur entfernt – Interesse an einem Produkt wie dem Ihrem wecken.

Fragen Sie sich, welche Art von Ereignissen einen Bedarf an Ihren Produkten und Dienstleistungen schaffen könnte.

Erhöht sich mit der Nachfrage nach den Erzeugnissen des Kundenunternehmens auch die Nachfrage nach den Produkten und/oder Dienstleistungen Ihrer Firma? Und falls ja, läßt sich eine solche Nachfrageerhöhung voraussehen? Hat dieses Unternehmen neue und ungewöhnliche Aktivitäten eingeleitet, die nach eigenen Angaben zu einer Bedarfssteigerung beitragen könnten? Worum handelt es sich? Welche Veränderungen stehen ins Haus? Wie können Sie etwas darüber in Erfahrung bringen? Falls die Absicht besteht, die Produktlinie zu erweitern, wie könnte sich dies auf das Geschäftsvolumen mit Ihnen auswirken? Oder falls beschlossen wurde, eine Produktlinie aus dem Programm zu nehmen – wäre es möglich, daß Sie die Folgen zu spüren bekommen?

Ihnen fallen vermutlich mehrere Kundenaktionen ein, die nicht spurlos an Ihrer Geschäftsbeziehung mit dem betreffenden Unternehmen vorübergegangen sind. Wenn Sie eine Chance haben wollen, sich vorab in den Besitz von Informationen über solche Vorgänge zu bringen, müssen Sie Kontakte zu Angehörigen des Topmanagements anbahnen. Sie sind in dem Bereich tätig, den wir als unsichtbaren Teil des Verkaufszyklus bezeichnen.

Selbst wenn Sie ein Produkt anbieten, das „an jeder Ecke" zu kaufen ist, von Ihrem Kunden aber in großen Mengen benötigt wird, hat das Topmanagement wahrscheinlich darüber nachgedacht – oder sollte es zumindest. Es hat dabei möglicherweise keinen speziellen Artikel im Auge, wohl aber die Höhe der Aufwendungen. Höchstwahrscheinlich sind Produkte mit den gleichen Merkmalen wie Ihres irgendwann einmal in einem Gespräch im unsichtbaren Teil des Verkaufszyklus aufgetaucht. Wenn Sie herausgefunden haben, was hier passiert sein könnte, sollten Sie sich eine „Zielperson" höheren Orts suchen und Ihren nächsten Schritt genau planen; sehen Sie sich dazu noch einmal Kapitel 6 (Der Weg in die Schaltzentralen der Macht) und Kapitel 8 (Kundenbesuch nach Maß) an. Wenn Ihnen Bedenken kommen, wählen Sie einen Ansprechpartner aus, bei dem Sie wenig oder nichts zu verlieren haben. Definitionsgemäß ist bei einem solchen Besuch auch nicht viel zu gewinnen, außer eine Erfahrung mehr und Selbstvertrauen. Ein Kunde, bei dem ein Konkurrent fest im Sattel sitzt, könnte ein gutes Ziel für Sie sein.

Wenn Sie sich einem Kundenunternehmen gegenübersehen, in dem Sie auf unterer Ebene gute Kontakte geknüpft, Ihren neuen „Draht" nach oben aber nie erwähnt haben, könnte Ärger auf Sie warten. Vielleicht sind Ihre Ansprechpartner nicht gerade erpicht darauf, „übergangen" zu werden und bitten Sie (oder fordern Sie unmißverständlich auf), Ihre Besuche auf den oberen Etagen in Zukunft einzustellen. Diese Leute denken mit Sicherheit – und sagen es vielleicht auch –, daß Sie Ihre Geschäfte mit ihnen oder jemand Gleichrangigem abwickeln sollten. Sie haben ganz neue Methoden eingeführt, und das gefällt ihnen nicht.

In solchen Situationen haben sich folgende Methoden bewährt:

1. Es ist besser, um Verzeihung als um Erlaubnis zu bitten. Sie machen Ihren Besuch in den Schaltzentralen der Macht, und wenn Ihre Ansprechpartner davon erfahren oder es von Vorteil ist, ihnen gleich reinen Wein einzuschenken, machen Sie einfach ein verdutztes Gesicht; Sie hatten schließlich keine Ahnung, daß sie daran interessiert oder deswegen besorgt sein könnten. Sie wollten lediglich das Management in Kenntnis setzen, daß Ihre Firma die Geschäftsbeziehung zu schätzen wisse, und außerdem habe man im Rahmen Ihrer Verkaufstrainings nachhaltig empfohlen, den Führungskräften im Kundenunternehmen einen Antrittsbesuch abzustatten. Wie dem auch sei – was geschehen ist, ist geschehen, und Ihre Kontaktpersonen werden lernen müssen, damit zu leben. Es bringt nichts, wenn sie Ihnen den „Lapsus" für dieses Mal durchgehen lassen und Ihnen gleichzeitig nahelegen, einen solchen Fehltritt nie wieder zu begehen. Eine solche Machtposition dürfen Sie ihnen nicht zugestehen.
2. Die zweite Methode erfordert mehr Phantasie und Arbeitsaufwand. Sie entwickeln ein problematisches Szenario oder eine Reihe von Fragen, die Ihre Kontaktpersonen auf unterer Ebene nicht beantworten oder in Angriff nehmen können. Sie möchten beispielsweise Herrn Groß als Referenten für einen Vortrag vor einer Gruppe gewinnen, mit der Ihre Firma geschäftlich verbunden ist. Sie möchten daher Herrn Groß fragen, ob sein Unternehmen bereit wäre, einen Beitrag (gleich welcher Art) zu dieser Veranstaltung zu leisten. Vielleicht ist Ihr Produkt so beschaffen, daß Sie einen hieb- und stichfesten Grund finden, um auf höherer Ebene vorstellig zu werden. In jedem Fall können Sie Ihren eigenen Kontaktpersonen auf unterer Hierarchieebene vorab ankündigen, was Sie beabsichtigen und warum. Sie werden die Rechtmäßigkeit dieser Bedürfnisse und die Tatsache anerkennen, daß sie Ihnen in dieser Angelegenheit nicht weiterhelfen können.
3. Die dritte Methode ist eine „Abkürzung" und immer vertretbar. Sie werden dem Topmanagement einen Besuch abstatten (oder haben bereits Ihre Fühler ausgestreckt), weil Sie von Ihrem Vorgesetzten die Anweisung hatten. Ihnen bleibt (blieb) gar keine andere Wahl. Sie werden

sehen: Falls Sie außerstande sind, den Kontakt auf eigene Faust zustande zu bringen, werden Ihre Ansprechpartner alles für Sie einfädeln! Wenn Sie beim ersten Kundenbesuch in Begleitung einer Führungskraft Ihrer eigenen Firma aufgetaucht sind, gewinnt diese Technik an Überzeugungskraft.

Eine Ausgangsbasis, die sich auf Aktivitäten stützt

Der Zeitpunkt mag bei jedem anders sein, aber es wird unweigerlich der Tag kommen, an dem Sie bereit sind, einen Strategieplan für Ihr Verkaufsgebiet zu entwickeln. Es ist bemerkenswert, wie vorteilhaft dieses praxisnahe Dokument sein kann, das beschreibt, wie die Sachlage derzeit aussieht, welche Faktoren geändert werden sollten und wie sich die Anpassungen herbeiführen lassen. Dieses Bestreben trägt dazu bei, das Bedürfnis nach spezifischen Aktivitäten offenkundig zu machen. Eine solche Strategie wird nicht mit einem „Pinselstrich" skizziert, sondern Stück für Stück aufgebaut. Dabei muß es sich weder um eine Zerreißprobe für die Nerven noch um einen hochkomplizierten Prozeß handeln.

Der nachfolgende Ansatz besteht aus drei breitgefächerten Abschnitten:

– Die besten Beschreibungen der gegenwärtigen Situation,
– Ihre Einschätzung möglicher Verbesserungen und
– Aktivitäten, die diese Verbesserungen bewirken.

Hierzu ein Beispiel:
Iron Stamp, Inc.

Derzeitige Situation:

1. Drei Kontakte auf Anwenderebene,
2. 30 000 Dollar Jahresumsatz.
3. Ich muß um jeden Auftrag bitten.
4. Sie kaufen auch von drei weiteren Anbietern.

Mögliche Verbesserungen:

1. Mehr Informationen nötig, z.B. Gesamtaufwendungen für ähnliche Produkte.
2. Ich könnte neue Dry-fast-Anwendung einführen (Schnelltrockenstempel der Marke Dry-fast).
3. Einführung nur bei Werksleiter möglich.
4. Größeren Anteil gewinnen (von Konkurrenten).

Aktivitäten:

1. Leiter Kostenrechnung aufsuchen wegen Preisnachlaß bei größerem Anteil am Gesamtvolumen.
2. Unseren technischen Leiter bei Managerbesuch mitnehmen.
3. Dry-fast-Angebot ausarbeiten und vorlegen.
4. Werksleiter und Belegschaft bitten, sich Angebot anzusehen.

Der erste „Schnitt" ist vermutlich tiefer und spezifischer. Der Schlüssel liegt darin, daß es nicht viel Zeit oder Mühe erfordert, mögliche Aktivitäten auszumachen, mit denen sich Neuland erforschen und erschließen läßt.

Das gilt für jeden Ihrer bestehenden und potentiellen Kunden. Bei Durchführung dieser Aktivitäten wird es einige Kundenunternehmen geben, in denen Sie keine der Verbesserungen entdecken können, auf die Sie gehofft hatten. In solchen Fällen sollten Sie überprüfen, ob Sie den „Markt" wirklich genug bearbeiten, um Ihre derzeitige Position zu halten – falls sie überhaupt einen Schutz rechtfertigt. Es wäre verständlich, wenn Sie sich entschließen würden, einige dieser Kunden noch einmal zu analysieren und neu zu klassifizieren.

Lösung für das Fallbeispiel

Greg weiß, daß seine Verkaufsfähigkeiten in vielen Bereichen verbesserungsbedürftig sind. Er hat sich zu seiner selbstkritischen Haltung und dem Mut gratuliert, der Realität ins Auge zu blicken und zu erkennen, daß er sich seit drei Jahren mitttels seiner angeborenen Instinkte „durchmogelt".

Sie stellen zwar einen nicht zu unterschätzenden Aktivposten dar, doch ihr Wert im Verkauf sollte durch bewährte Techniken abgerundet werden, die mit Geschick und Selbstdisziplin eingesetzt werden müssen. Greg hat beschlossen, als ersten Veränderungsschritt alle empfohlenen Bausteine zu benutzen, die zu einer qualitativen Verbesserung seiner Kundenbesuche führen. Ob er die Herausforderung so bezeichnen würde oder nicht, sei dahingestellt. Aber sein Instinkt warnt ihn, daß viele seiner derzeitigen Kunden einen „neuen" Greg, der ein völlig anderes Verhalten an den Tag legt, nicht akzeptieren könnten. Er ist fest entschlossen, den Stein auf taktvolle und professionelle Weise ins Rollen zu bringen.

Greg hat die Wende geschafft. Bewaffnet mit dem Kundenentwicklungskonzept und dem geschärften Bewußtsein für verschiedene Persönlichkeitstypen und dynamische Kommunikationstechniken hat er die Herausforderung angenommen und Verbesserungen in seinen persönlichen Verkaufsgesprächen erzielt, die Quantensprüngen gleichen. Der Prozeß des Wandels ist angelaufen.

Gregs Anstrengungen sind von Erfolg gekrönt; er entdeckt, daß ihm die Veränderung seines „Modus operandi" allem Anschein nach mehr Kopfzerbrechen bereitet als seinen Kunden. Sie hätten anders reagieren können, aber Greg hat alle neuen Techniken vorsichtig und mit großem Fingerspitzengefühl eingeführt. Nicht zuletzt deshalb erkennen seine Kunden die Ernsthaftigkeit seiner Absichten und die Bereitschaft an, neue und bessere Anwendungsmöglichkeiten für seine Produkte vorzuschlagen. Greg darf getrost mit weiteren Verbesserungen rechnen. Er kann seine Fortschritte und die Vorteile der Kontakte auf Topmanagementebene genießen. Greg wird ein Gewinner sein, und niemand wird ihm den Platz an der Spitze des Rennens streitig machen.

Anhang A

Persönlichkeitsprofile und Verkaufsstrategien (Zusammenfassung für sehr beschäftigte Verkäufer)

I. Profil eines geborenen Verkäufers
   A. Guter Psychologe
   B. Erfolgreich
   C. Tut instinktiv das richtige, weiß aber nicht, warum

II. Persönlichkeitstypen
   A. Drei Basistypen
      1. Dominant
      2. Distanziert
      3. Beziehungsorientiert
   B. Jeder läßt in seinem Verhalten alle drei Muster erkennen, obwohl den meisten vorwiegend Merkmale eines Typs zu eigen sind.
   C. Merkmale „dominanter" Persönlichkeiten
      1. Auf Kontrolle bedacht
      2. Wettbewerbsorientiert - Gewinnen ist das einzige Ziel, das zählt
      3. Statusbewußt
      4. Unsensibel
      5. Neigen dazu, anderen zu mißtrauen
      6. Auf Unabhängigkeit und Individualität bedacht - „Entweder-du-spielst-nach-meinen-Regeln-oder-gar-nicht"-Haltung
      7. Absolute Macht über beziehungsorientierte Menschen; umgeben sich oft mit Personen, die sie herumkommandieren können
      8. Frustriert von distanzierten Persönlichkeiten; können es nicht leiden, ignoriert zu werden

D. Der dominante Verkäufer

1. Wettbewerbsorientierter Ansatz; übt großen Druck aus
2. Im allgemeinen kein guter Planer; ist lieber dort, wo „die Musik spielt"
3. Versucht, sofort die Kontrolle an sich zu reißen
4. Nimmt an, er wüßte besser, was der potentielle Kunde braucht
5. Seine Informationen für die Kunden sind gut strukturiert, stehen aber nicht immer in unmittelbarem Zusammenhang mit den Kundenbedürfnissen
6. Einwände werden selten unter die Lupe genommen
7. Abschluß (Konsens erzielen) ist seine Stärke
8. Mitteilungen und Berichte sind selten organisiert und nicht auf dem neuesten Stand
9. Follow-up ist selten und oberflächlich
10. Haßt Selbstanalyse, aber noch mehr, zu verlieren

E. Der dominante Kunde

1. Mißtrauisch; hat Angst, übervorteilt und besiegt zu werden
2. Zieht den Umgang mit oberen Managementebenen oder Leuten vor, die autoritär genug sind, um seinen Respekt zu gewinnen
3. Seine verborgene Frage: Bist du gut genug, um mit mir ins Geschäft zu kommen?

F. Wirksamster Verkaufsansatz: sanfte Dominanz

1. Beweisen Sie Durchsetzungsvermögen und Kompetenz, ohne den potentiellen Kunden in die Verliererrolle zu drängen
2. Pläne sollten gründlich durchdacht sein
3. Gesprächseröffnung kurz und sachlich, aber nicht bedrohlich
4. Offene Fragen stellen; aktiv zuhören
5. Informationen sollten knapp, gut gegliedert und absout präzise sein
6. Einwände gründlich analysieren, bevor Sie antworten
7. Schlußfolgerungen sollten direkt und zwingend, aber nicht fordernd sein.

8. Nachdem das Geschäft unter Dach und Fach ist, sollten Sie sich sofort verabschieden
9. Nachfaßaktionen kurz und sachlich halten

G. Merkmale „distanzierter" Persönlichkeiten

1. Fühlen sich wohler im Umgang mit Dingen, Ideen oder Zahlen als mit Menschen
2. Haben kein Verständnis für Emotionen und versuchen, Gefühlsäußerungen zu vermeiden
3. Lieben Ordnung und Vorhersehbarkeit
4. Unabhängig; wollen allein gelassen werden
5. Offen für neue Ideen und objektiv
6. Beziehungen zu anderen distanzierten Menschen sind angenehm, aber kühl
7. Betrachten beziehungsorientierte Menschen als unlogisch und emotional
8. Betrachten dominante Menschen als unlogisch und tyrannisch

H. Der distanzierte Verkäufer

1. Strategie ist logisch, unpersönlich, wenig Druck
2. Ausgezeichnete Planung
3. Gesprächseröffnung kühl und nüchtern; es fehlt der Versuch, spontan Beziehung aufzubauen
4. Analyse der objektiven Fakten ist gründlich
5. Aktuelle Informationen, sachlich und logisch präsentiert
6. Hört aufmerksam zu, bietet Informationen; kann jedoch nicht mit Hinhaltemanövern oder verborgenen Einwänden umgehen
7. Verbesserungen in Bereichen, die er bereits beherrscht; arbeitet aber nicht an tatsächlichen Schwächen

I. Der distanzierte Kunde

1. Bringt Leuten, die auf Verhandlungen abzielen, Mißtrauen und wenig Sympathie entgegen
2. Seine verborgene Frage: Willst du mich manipulieren?

J. Wirksamster Ansatz: unpersönlich, auf Fakten gestützt
   1. Alle Fakten kennen
   2. Gesprächseröffnung sollte kurz und sachlich-nüchtern sein
   3. Ehrliche gezielte Fragen stellen, um benötigte Informationen zu erhalten
   4. Erklärungen sollten ausführlich und durch umfassendes Material unterstützt sein
   5. Bedeutung von Einwänden genau analysieren, dann logisch beantworten
   6. Den naheliegendsten Aktionskurs vorschlagen
   7. Letzte Fassung der Empfehlung muß vollständig dokumentiert sein
   8. Follow-up sollte gründlich sein; Kontaktaufnahme nur bei wichtigen Informationen

K. Merkmale „beziehungsorientierter" Persönlichkeiten
   1. Großes Bedürfnis nach Akzeptanz und Zustimmung anderer
   2. Zufrieden damit, Teil einer Gruppe zu sein
   3. Gute Zuhörer, gutes Gespür für andere Menschen
   4. Kooperativ und angepaßt (bis unterwürfig)
   5. Sind meistens die Gebenden
   6. Brauchen ständig Bestätigung
   7. Unsicher; leicht auszunutzen und zu manipulieren
   8. Kommen gut mit anderen beziehungsorientierten Menschen aus
   9. Lassen sich von dominanten Menschen tyrannisieren und ausbeuten
   10. Distanzierte Menschen frustrieren sie

L. Der beziehungsorientierte Verkäufer
   1. Strategie zielt darauf ab, Sympathie zu gewinnen
   2. Konzentriert sich auf Menschen, nicht auf Verkaufschancen
   3. Eröffnung herzlich, freundlich, viel zu lang
   4. Sammelt Fülle von Informationen, aber vieles ist irrelevant
   5. Kommunikation vage oder übermäßig lang
   6. Hört aufmerksam zu; Einfühlsamkeit und zwischenmensch-

liches Interesse machen es potentiellen Kunden leicht, verborgene Einwände geltend zu machen
7. Abschluß ist größte Schwäche
8. Verwendet nach Übereinkunft zuviel Zeit auf privates „Geplauder"
9. Follow-up in der Regel tadellos
10. Kooperiert bei Trainings, wehrt sich jedoch, an wirklichen Schwächen zu arbeiten

M. Der beziehungsorientierte Kunde

1. Am einfachsten zu kontaktieren
2. Seine verborgene Frage: Interessierst du dich wirklich für mich?

N. Wirksamster Ansatz

1. Freundlich und dominant
2. Pläne müssen nicht detailliert sein
3. Bringen Sie etwas über persönliche Interessen/Hobbies in Erfahrung
4. Kommunikation sollte herzlich, freundlich und ohne Eile sein
5. Direktes Gespräch über Bereiche, die Sie erkunden müssen; gelegentliche „Umwege" in Kauf nehmen
6. Informationen sollten knapp sein; nicht unpersönlich, sondern Herzlichkeit und Sachverstand ausdrücken
7. Abschluß mit Autorität, aber freundlich
8. Nach Abschluß des Geschäfts ein paar Minuten plaudern
9. Follow-up ist äußerst wichtig

III. Wie Sie Ihre Persönlichkeit optimal für sich arbeiten lassen

A. Vorwiegend dominant

1. Beim allgemeinen Ansatz Zügel lockerer lassen
2. Mehr Zeit auf Planung und Analyse verwenden
3. Sorgfältig zuhören; nach verborgenen Problemen und Irritationen Ausschau halten
4. Auf dominante und beziehungsorientierte Persönlichkeiten konzentrieren

B. Vorwiegend distanziert
1. Widmen Sie Interessen und Problemen anderer Personen Aufmerksamkeit
2. Gesprächsphase sollte länger und herzlicher, Informationen kürzer und zielgerichteter sein
3. Nach verborgenen Problemen forschen
4. Wiederholt um Zustimmung bitten; Fortschritte sorgfältig überwachen
5. Bei Produkten und Dienstleistungen bleiben, die Analyse erfordern; auf distanzierte Menschen konzentrieren

C. Vorwiegend beziehungsorientiert
1. Versuchen Sie, draufgängerischer und analytisch zu sein
2. Machen Sie sich keine Sorgen, ob man Sie mag; sich zu sehr um Akzeptanz zu bemühen, kann Sie die Achtung Ihrer potentiellen Kunden und den Auftrag kosten
3. Sorgfältiger planen
4. Gesprächseröffnung kürzer und sachlicher
5. Ständig den Stand der Dinge überprüfen

IV. Schlußfolgerung

A. Wir alle verfügen über primäre Persönlichkeitsmerkmale

B. Beurteilen Sie sich selbst und andere, mit denen Sie im Kommunikations- oder Verkaufsprozeß Kontakt haben, nach dieser Typologie

C. Sie können Ihrer Meinung mehr Gewicht verleihen, wenn Sie verstehen, mit welchen Persönlichkeitstypen Sie zu tun haben

Anhang B

Der Verkaufsprozeß (Skizziert für sehr beschäftigte Verkäufer)

These: Angenommen, Sie sind nicht imstande, Ihr Erfolgspotential voll auszuschöpfen und können vielleicht nicht einmal mehr das gleiche Leistungsniveau wie früher erreichen.

I. Planung

    A. Ziel

        1. Qualifizierte Interessenten gewinnen
        2. Mehr über Probleme und Ressourcen des potentiellen Neukunden in Erfahrung bringen
        3. Verkauf tätigen
        4. Kommunikationskanal mit inaktiven (passiven) Kunden wiedereröffnen
        5. Follow-up nach dem Verkauf
        6. Eine Serviceleistung liefern

    B. Ergebnisse des letzten Kontakts

        1. Vorhandene Informationen helfen bei Wiederaufnahme der Beziehung
        2. Potentieller Kunde wird beeindruckt von Ihrem Wissen um seine Bedürfnisse sein

    C. Persönlichkeitsprofil

        1. Beschreiben, mit Adjektiven
            a) dominant, distanziert, beziehungsorientiert
            b) jung oder alt
            c) vorsichtig oder impulsiv
            d) vertrauensvoll oder mißtrauisch
            e) freundlich oder unfreundlich

    D. Vergewissern Sie sich, daß Sie vor einem Kundenbesuch alle nötigen Informationen beisammen haben

II. Eröffnungsphase
   A. Verkauf vor dem Verkauf
   B. Ziele
      1. Sich selbst und Ihre Firma vorstellen
         a) Langsam sprechen
         b) Ihren Namen deutlich aussprechen; kurze Beschreibung Ihres Unternehmens
      2. Aussage, die spontan Beziehung herstellt
         a) Etwas zur Sprache bringen, worauf der potentielle Kunde stolz sein kann
         b) Einen gemeinsamen Bekannten erwähnen
         c) Gemeinsamkeiten erwähnen
         d) Verständnis verbal äußern

III. Analyse
   A. Nutzen/Vorteile
      1. Richtiges Produkt oder richtige Dienstleistung präsentieren
      2. Überzeugendste Verkaufsargumente vortragen; direkt mit Bedürfnissen und Problemen des potentiellen Kunden in Verbindung bringen
      3. Atmosphäre schaffen, die Suche nach gemeisamer Problemlösung erleichtert
      4. Aufnahmebereitschaft des potentiellen Kunden durch aufmerksames Zuhören und Bemühen um Verständnis erhöhen
      5. Mehr Besuche beim Kunden machen
   B. Techniken der Informationssammlung
      1. Den Kunden zum Reden bringen
      2. Sanft versuchen, das Thema zu wechseln, um Dialog auf Kurs zu bringen
      3. Offene Fragen stellen
      4. Aktiv zuhören
         a) Sich Konzentrieren
         b) Still sein
         c) Niemals unterbrechen

        d) Schweigen als Instrument benutzen
        e) Offen für neue Ideen sein
        f) Zeigen, daß Sie begriffen haben

   C. Integration der Techniken (Vor- und Nachteile)

      1. Aktives Zuhören
        a) Ermöglicht Höchstmaß an Informationen
        b) Großer Teil der Informationen kann irrelevant sein
      2. Offene Fragen
        a) Bieten mehr Kontrolle als aktives Zuhören
        b) Mehr Informationen als durch Fragen mit vorgegebenen Antwortmöglichkeiten
        c) Können zeitraubend sein
        d) Informationen sind teilweise irrelevant
      3. Fragen mit vorgegebenen Antwortmöglichkeiten
        a) Bieten Höchstmaß an Kontrolle
        b) Sie erhalten genau die Informationen, die Sie brauchen
        c) Beinhalten keine Informationen, um die Sie nicht gebeten haben
        d) Können Kunden frustrieren
      4. Benutzen Sie alle drei Techniken, von der einen zur anderen wechselnd, wie gerade erforderlich

   D. Schlußfolgerungen

      1. Absichten sind wichtiger als Techniken
      2. Spielentscheidende Frage: Wie sieht das Problem des potentiellen Kunden aus?
      3. Vorstellungen des Kunden bestimmen Reaktion auf Ihre Empfehlung

IV. Präsentation

   A. Setzen Sie klare Ziele

   B. Strukturieren Sie Ihre Präsentation

      1. Eröffnungsphase - Themenübersicht
      2. Hauptteil - Detaillierte Informationen über jedes wichtige Thema

       3. Zusammenfassung - Wiederholung der wichtigsten Nutzen/Vorteile
       4. Schlußteil - Ergebnis
- C. Fassen Sie sich kurz
- D. Betonen Sie Nutzen, nicht Merkmale
- E. Ermutigen Sie zum Dialog
    1. Bemühen Sie sich, das Problem des potentiellen Kunden zu verstehen
    2. Heben Sie den Nutzen hervor, der sich in diesem Fall erzielen läßt
    3. Passen Sie sich laufend den Reaktionen des potentiellen Kunden an

V. Abschlußphase - Äußern Sie Ihre Bitte!

VI. Einwände ausräumen
- A. Klärung
    1. Grundlegende Technik: Einwand als Frage wiederholen, dann innehalten und auf Rückmeldung warten
    2. Positive Auswirkungen
        - a) Zwingt potentielle Kunden behutsam anzudeuten, ob Sie Problem richtig verstanden haben
        - b) Zeigt, daß Sie Einwand ernst nehmen
        - c) Potentieller Kunde ist weniger defensiv und eher bereit, offen zu sprechen
        - d) Respekt und Wunsch bekunden, Problem zu verstehen, ohne Einwand durch Zustimmung zu bekräftigen
- B. Klassifizierung von Einwänden
    1. Hinhaltemanöver
        - a) Jeder Grund, um Handeln zu verzögern
        - b) Manche sind legitim, andere Vorwand
    2. Versteckte Einwände
        - a) Unlogische Einwände
        - b) Große Zahl von Einwänden

        c) Weigerung, zwingend logische Antworten auf Einwände zu akzeptieren
3. Leicht auszuräumende Einwände - Basierend auf Mißverständnis oder Mangel an Informationen
4. Schwerwiegende Einwände - Wunsch nach Nutzen, den Ihr Produkt nicht bietet

C. Reaktion auf Einwände

1. Hinhaltemanöver - Vorteil sofortigen Handelns und Risiken/Nachteile bei Verzögerung betonen
2. Versteckte Einwände - Grundlegenden Bedenken auf die Spur kommen
3. Leicht auszuräumende Einwände - Erforderliche Informationen bereitstellen
4. Schwerwiegende Einwände - Fehlenden Nutzen in Hintergrund rücken; realisierbare Vorteile betonen

D. Nutzen/Vorteile wiederholen und Abschluß

1. Überprüfen, ob potentieller Kunde Antworten auf Einwände akzeptiert
2. Nutzen/Vorteile noch einmal schildern
3. Verkaufsprozeß aktiv voranbringen

VII. Follow-up

A. Für den Kunden sind Sie das Aushängeschild Ihres Unternehmens

1. Nehmen Sie die Chance wahr, sich durch exzellente Serviceleistungen nach dem Kauf zu profilieren
2. Kunde wird zufriedener mit Ihren Produkten sein
3. Wahrscheinlichkeit wird größer, daß er wieder kauft und Sie Freunden weiterempfiehlt

Anhang C

Präsentationen (Zusammenfassung für sehr beschäftigte Verkäufer)

Einführung: Lesen Sie die nachfolgende Zusammenstellung vor jeder Präsentation durch. Lassen Sie Ihre Augen einige Sekunden auf jedem Punkt ruhen und denken Sie kurz darüber nach, in welcher Hinsicht er für Ihre Präsentation relevant ist. Arbeiten Sie als erstes ein Besuchskonzept aus. Sie können sicher sein, daß diese wenigen Minuten einen Riesenunterschied bewirken.

I. Logistik vor der Präsentation

    A. Präsentation in Ihrer Firma:

        1. Tagungsraum reservieren
        2. Helfer organisieren
        3. Prüfen, ob jeder den Weg kennt

    B. Präsentation im Kundenunternehmen:

        1. Raum gleich in Augenschein nehmen
        2. Kunden um Helfer bitten
        3. Verfügbarkeit und Zustand der Ausrüstung überprüfen
        4. Informationen über Gewohnheiten des potentiellen Kunden bei solchen Veranstaltungen sammeln

II. Tag der Präsentation

    A. Früher kommen, um Vorbereitungen zu treffen

    B. Teilnehmer bei Ankunft mit Handschlag begrüßen

III. Von Anfang an Kontrolle übernehmen

    A. Stehen; Zweck der Zusammenkunft und Tagesordnung erklären

    B. Freundliche Gesichter suchen

    C. Auf Entscheidungsträger konzentrieren

D. Beziehung zu jedem Anwesenden herstellen

IV. In Schwung kommen

A. Sich selbst hintenanstellen

B. Die eigene Botschaft rüberbringen

C. Die Zuhörer aktiv einbeziehen

V. Vortragstechniken üben

VI. An die Strukturierung des Inhalts denken

A. Steht die Eröffnung auf einem soliden Fundament?

1. Haben Sie Ihre Erwartungen skizziert?
2. Vergewissern Sie sich, daß Sie damit Konsens unter den Teilnehmern erzielen

B. Wie viele Schlüsselthemen enthält der Hauptteil?

1. Vergessen Sie die Präsentationshilfen nicht
2. Denken Sie daran: Informationen als richtig bestätigen lassen und miteinander verknüpfen

C. Ihre Zusammenfassung muß alle Punkte enthalten - betonen Sie den Nutzen, den Nutzen und immer wieder den Nutzen

D. Präsentieren Sie einen starken Schlußteil und bitten Sie um eine Entscheidung/Zusage - um das, worauf Sie abzielen

VII. Verlassen Sie sich auf die grundlegenden Verkaufsfähigkeiten

A. Lesen Sie Anhang B noch einmal

B. Stellen Sie sich mental vor, wie Sie folgendes tun:

1. Ihre Argumente knapp und zügig vortragen
2. Dem Kunden nicht Ihr Produkt einreden, sondern ihn auf Ihre Problemlösung einschwören!
3. Eine gute Geschichte/Analogie erzählen
4. Visuelle Hilfen einsetzen
5. Enthusiasmus zeigen

Stichwortverzeichnis

A

Abfangmanöver, 40
Abschluß(-), 161
- phase, 146
- strategie, 214
Angebots, Vorbereitung des, 147
Ankopplungstechnik, 95
Annäherung, 234, 237
Ansprechpartner, 34, 129
Aufmerksamkeit, ungeteilte, 17

B

Bedarfsanalyse, 146
Berührung, 93
Beschaffungsexperten, 41, 242
Bestätigungsbrief, 185
Besuchs-
- ebenen, 178
- ziel, 178
Beziehungen,
- zu Kunden und Lieferanten, 52
- familiäre, 22
Bilder, mentale, 103
Bindeglieder, 94
- logische, 97
Business-to-Business-Bereich, 13, 232, 253

D

Datenmaterial, 55
Distanz, 67
Dominanz, 67

E

Eindruck, negativer, 89
Einkäufer(-), 34, 119, 247
- gremien, Präsentationen vor, 198
Einstellung, 107
Einwand, 147, 164
- auszuräumender, 167
- schwerwiegender, 167
- versteckter, 167
Ereignis, unerwartetes, 44
Eröffnungsphase, 146

F

Follow-up, 147

Führungsetage, 183
- Zugang zur, 121

H

Handschlag, 93
Hierarchieebene, untere, 188
Hilfsmittel, visuelle, 205, 215
Hinhaltemanöver, 166

I

Informationen, 55, 183
- bildhafte, 103
Informations-
- quellen, 53
- sammlung, 155
Interaktionen, 67
Investitionsumfeld, 252

K

Käufer, vorprogrammierte, 242
Kaufzyklus, 188
Kommunikation(s-), 91
- ansatz, 91
- nuancen, 93
Kompromiß, 238
Konfrontationskurs, 67
Konkurrenz, 113
Kontakt(-), 47
- personen, 31
Kunde,
- beziehungsorientierter, 81
- distanzierter, 76
- dominanter, 70
Kunden-
- besuch, 266
-- maßgeschneiderter, 184
-- unproduktiver, 143
- betreuung, 251, 254, 258
- entwicklung(s-), 33, 40, 244
-- aktive, 14
-- konzept, 42
-- programm, 39
-- strategie, 91, 117
- klassifikation, 256
- kontakte, 189
- organisation, 57
- unternehmen, 263

L

Linienmanager, 58

M

Management, mittleres, 60
Minimalkunde, 257

N

Neukunde, 118
Nullrundenkunde, 256
Nutzen, 161

O

Organisationsstruktur,
- betriebliche, 49
- informelle, 50
Orientierungshilfen, 56, 183

P

Penetrationspolitik, 116
Persönlichkeitsprofil, 82
Planung, 146
Platzhalterkunde, 257
Präsentation, 145f, 159, 216
Präsentations-
- eröffnung, 211
- stil, 67
Probleme, persönliche, 19

R

Referent,
- beziehungsorientierter, 227
- distanzierter, 226
- dominanter, 226

S

Schaltzentralen der Macht, 115
Selbstakzeptanz, 22
Sitzordnung, 205
Sponsor, 185
Stabsmanager, 58
Statusdenken, 68

T

Telefonkontakte, 258
Topmanagement, 181

Topmanager, 58

U

Unternehmensspitze, 116

V

Verhandlung, 233, 235
Verkäufer,
- beziehungsorientierter, 79
- distanzierter, 73
- dominanter, 69
Verkaufs-
- argumente, 159
- gebiet, 252
- gesprächs, Analyse des, 169
- kanone, 101
- kontrolle, 145
- mannschaft, 242
- prozeß, 281
- strategien, 42
- technik, 144
- - grundlegende, 214
- zyklus, Phasen des, 35
Vortragsweise, 216

W

Wachstumskunde, 257
Wesen, einnehmendes, 94
Widerstandsfähigkeit, mentale, 18

Z

Zielperson, 37, 180
- Profil der, 37
Zuhören, 100